転換期の日本企業

その適応の戦略と管理

井沢良智　杉原英夫 編著
井上善海　大場敏男
加藤　巌　矢野富夫

税務経理協会

はしがき

日本企業は，かつてない大きな転換期にある。一定の時間の経過のなかで，やがては景気がかわっていく循環不況とは違って，いわゆる構造的な変動に巻き込まれてしまい，マクロ次元でも決め手となる経済政策を欠いた長期の低迷を余儀なくされている。当然ミクロの企業レベルでも，業績はもとより，旧来の経営の舵取りでは事態の収束が図り難くなって，いわゆるリストラに奔走せざるをえない。本来ならば，このリストラは，restructuring，つまり，事業の見直しによる再構築という地に足のついた確かな経営のイメージのはずが，解雇，首切りの意に解釈せざるをえない奇妙な状況に陥っている。

振り返ってみると，国際社会の中で，われわれはかなり特異な経営のパターンと生活のスタイルを，自分たちにもっとも適合するものとして，さほど不自然にも感じないまま，言ってしまえば，戦後このかたずっと通してきたといってよい。もとより，労使の紛争一つを取り上げても，その激しさや社会的関連の度合い，組合員意識の変化，産業別から個別企業主体へと形態や基盤の置き方なりが，大きく変わったことは疑いない。それでも，バブル経済の崩壊まで，総じて右肩上がりの成長経済を謳歌してきた。

ことに記憶に鮮明なのは，二度にわたるオイル・ショックからの復興の鮮やかさであり，大きなダメージを受けた国際社会の中で，日本だけは一次ショックを突破すると，再繁栄を享受した唯一無二の国になったことである。「もう欧米に学ぶものはない」と豪語し，事実欧米にも「ジャパン・アズ・ナンバー・ワン」と囃されて，日本人の気持ちが高揚したのは確かであった。「奢れる者は久しからず」と言うが，往時と現在の状況を対比して，われわれはいま茫然自失に近く，語るにふさわしい言葉を持ち合わせていない。

われわれは，国内から発する内在的な発想なり自覚，ニーズ，その他これまでのパターンやスタイルを変える必要性を，自らほとんど感じることもなく，むしろ在来のパターンを基本的に踏襲，継続する心境でいたといってよいであろう。そこに，急激かつ大幅な変動や不慣れな基準，標準値がどっと来襲してきたのである。予兆がまったくなかったわけではないが，これほどの変身なり変容を求める激動は，まったく予測がつかなかったというのが正しい。

こうした国内的な経済・経営の運営に係わる環境の大きな変容に合わせて，地理的基盤と歴史的一体性を否応なく共にする，いわば一衣帯水のアジアの近隣国といつのまにか強固な紐帯を築いたことも，日本の宿命であると同時に，存立の因果関係なり脈絡としていよいよわれわれに強いインパクトを与えるところとなった。1997年にタイのバンコクに発したアジア金融危機を一つの典型として，アジアにとって日本はラスト・リゾート（Last Resort＝頼みの綱）であり，復興のための拠り所であった。われわれは，国内問題にだけかまけているわけにはいかなかったし，いかないのである。

内外に目配りをしながら，しかもすっかり基準なり標的が変わったなかで，自己革新，変容を遂げていく，ともかく状況は逼塞の連続であり，それも重症であった。しかも，バブルが踊った後の日本経済の舞台では，蓄積してきたはずの行動基準，綱領，能力はほとんど用をなさない，適用すべき将来との断絶があまりにも大きかった。アジアに頼られても，大競争がいわれる時代には，こちらから頼って行けるリゾートは不在である。逆にパートナーであるアジアも，ときには手強いライバルと化すこともある。

競争と互恵の狭間で，しかもすべての事象が間断なく変化する国際社会で，日本の，そして日本企業の存立のアイデンティティーとして何をどう見据えて成就して行くか，われわれの混迷も極に達したここ数年であった。しかしながら，混乱と混迷だけでときの流れに身を任せ続けるわけにはいかない。新しい基準を樹立し，具体策を選択することが一刻の猶予もなく必要である。

現在われわれは，新規の標準と政策の選択に確たる自信を得て，短中期の踏み出しに十分成算あり，と言い切るにはまだ距離がある。ましてや長期の展望を描くには，不得要領な要素があまりにも多い。悪いことに，これまでわれわれが頼りとしてきた基準なり価値観，倫理は，国際社会の，あるいはグローバル市場での評価が，日本に対してかなり辛らつな批判になって幾重にも押し寄せているというのが，最新のありのままの事情である。

企業なり経営者責任として，経営の不透明さ，accountability（説明責任）の希薄さ，企業統治の遅れなどが，矢継ぎ早に指摘され，げんに破綻企業にはそうした指摘が該当するケースが続出した。雇用問題にこまやかな心配りがなされているとのこれまでの評価も，女子社員や海外の拠点で処遇が不公平で，女性や現地人が日本企業では能力を発揮しきれないというイメージの劣化に取って替わられている。こまやかな心配りも帳消しである。

かくして，われわれには，いまもって日本企業のアイデンティティーを確立し，経営の実行策を固めるという基本作業，いわば利益主体である企業の存立に立ち向かう具体的な取り組みの問題と，そうした主体がどう倫理的，理念的，道義的，そして精神的な一つの中軸として国際社会で認知され，評価を得ることができるか，という二つの課題に否応なく取り組まざるをえない。

標準の変化，理念なり綱領の変質，そして産業活動に不可避のさまざまなテクノロジーの劣化，こうしたツールなり手段，方策，そしてエネルギーには，われわれが堅持すべきものが多々あるにしても，自ら変えていかなければならない部分がきわめて多い。このことを確実に認識することから始めなければならない。そして，堅持するものと変わる，あるいは変えるべき部分との真に公平，公正な確認をなしえたとき，はじめてわれわれは経済活動の新たな挑戦に，敢然として取り組むことができるはずである。その意味で，変えること，変わることをわれわれは決して恐れてはならない。幸いにも，既得の素材なり基礎条件はすでに一定のレベルにある。

本書を執筆した一同は，以上に述べてきた日本の現状，転換期にある企業の実態を認識して，ずるずると現状を延長するだけでなく，道義的にも，あるいは行動基準としても，もとよりそれらを支える高いテクノロジーも当然不可欠であるが，何が問題で，何をどう変えるべきかを常々論じてきた。大海におけるあまりにもささやかな取り組みではあるが，本書の提起が，今後論議が盛んになるきっかけの一つになればよいと愚考してる。

こうしたわれわれの考察と論議の過程を支え，ついに本書の出版に漕ぎつけえたのは，なんといっても，全メンバーが所属している日本経営教育学会のバックアップ，なかんずく，森本三男会長をはじめとするリーダー諸氏の温かい助言なり，自由活発な学会活動への督励があった。ほとんど地方在住の研究者でまとめてしまったが，特別の意図はない。次のチャンスには，ぜひ他の地域の会員諸氏とも研究の機会を共にしたいと念じている。

いぜんとして硬派の出版事情が厳しいなか，税務経理協会には特別の配慮と編集をかたじけのうした。とくに編集局の峯村英治氏，石田孝男氏の両次長には，時間の制約がまことに多いなか，最良の編集をしていただいた。心からの謝意を表したい。

2000年の初春

執筆者を代表して

井 沢 良 智

杉 原 英 夫

執筆者一覧（執筆順）

井 沢 良 智（九州産業大学経営学部教授）……………第１章・第４章

加 藤 　 巌（中京学院大学経営学部専任講師）………第２章・第11章

井 上 善 海（九州情報大学経営情報学部専任講師）…第３章・第９章

杉 原 英 夫（九州共立大学経済学部教授）……………第５章・第10章

大 場 敏 男（元東海大学福岡短期大学教授）…………第６章・第８章

矢 野 富 夫（東筑紫短期大学他非常勤講師）…………第７章・第12章

目　　次

第二部　経営機能から見た問題と適応の発想

第三部　適応の企業戦略と管理行動

第　一　部

苦悩する産業社会の実態と課題

第1章　経営環境の変化と混迷の企業適応

1　はじめに

社会の変化に遅れをとらぬように最新の動向に注意を払うなかで，ときに往時と現在とを比較対比し，回顧，反省，見直しをするきっかけでもあると，不変だと思っていたことが，すっかり新しい中身に代わっているのに驚くことがある。経営や経済関連の社会動向は，筆者にとって専門を自負する以上かなり掌握しているつもりでも，新しい概念や基準があまりにも頻繁に登場するので，すべてを正確に理解して別の状況に適用できないことがこれまた，毎度のことである。判断の基礎になる原理，原則自体が入れ替わってしまうと，しばらくは新しい事態，基準の正確な理解，正しい応用に習熟するのに，思ったよりも難儀し，ときにはお手上げになる。

筆者の取り組んでいる，一応は専門分野だといってもよい領域でも，たとえば，この近年コーポレート・ガバナンス（corporate governance）やらアカウンタビリティー（accountability），あるいは透明性といった用語がごく普通に人々の間で使われるようになった。戦後の長きにわたって高度成長を謳歌してきた日本は，その成長の拠り所，根拠とした日本型経営のやり方，方法，理念が，ここにいたって国際社会の常識，標準，一般的適応性に比べて異色であり，ルールの独自性が際立って，閉鎖・閉塞的な個の埋没のなかで集団性に片寄った，海外から見ると，「悪しき平等」が跋扈（ばっこ）する不透明な社会であり，それを許す組織慣行が支配している，との批判を集中砲火のように受けている。

われわれにすれば，人間主義，現場主義，あるいは政府なり社会の欠陥を補完する企業内福利といった施策には，日本企業がこれまで適用して，実際に通用した実績，成果があるとの自負と執着がある。しかし，国際社会や国際市場の，厳しいあるいは声高に繰り返される批判や言い分には，正面切って反論するには太刀打ちし難い重量感がある。少なくとも経営の実態については，説明責任の意を尽くし，これまでのように問題を先送りしたり，管理運営の失敗や経営政策上の齟齬（そご）を不透明なまま姑息に隠蔽するやり方を払拭し，旧習から脱却することは，批判を受けると否とにかかわらず最優先の課題である。

長所，強みをどう堅持するかは，われわれにとって重要ではあるが，負の側面，経営の近代化なり合理性，民主性に照らしても遅れが認められる弱点，障害については，その改革に真剣に取り組むことが緊要である。でなければ，厳しくなる一方の大競争（mega-competition）の舞台，国際市場で日本企業のプレゼンスも日本経済の優位性もこれまた一途に消失しかねない。

それにしても，こうした社会が，国内にとどまらず国際的な広がりのなかで，さまざまな因果関係と変化してやまない時代相に翻弄されているコンテクストは，われわれの生半（なまなか）な表現なり説明を越え，それゆえにどう受けとめ，どう判断し，どう対処するかは，かぎりなく困難である。

経済の混乱が収束し落ち着いて来たかにみえる現在，われわれも全体を顧みるゆとりと判断の尺度を徐々に取り戻してはいるが，国内・外に同時平行的に対面する立場の難しいことが，かえって浮き彫りになった。経済危機に際しては，自国の建て直しに専念すれば済む立場ではなく，国と企業のいずれにもアジアはラスト・リゾート（last resort＝拠り所）として切羽詰まった支援を求めてきた。国内にも次々に厳しい事態が続発するなかで，複雑な経済・金融システム，メカニズムを的確に見据えて均衡のとれた対策を打ち出すことは，時間にも限りある状況下ではいかんせん難しい負荷であった。

現在，われわれは，時代の急激な変化とその振幅の大きさに，とかく対応が遅れることを慨嘆しながら，必要な知識なり情報が決して十分ではないことを知り，なんとか対処すべく体制固めに挑んではいる。しかし，循環不景気が一定のタイム・ラグでやがて好景気局面に変わっていくパターンを，このアジア危機なり日本経済の構造不況と称される事態にも当てはめられるか否かは，もはや語るに十分な自信はない。ただ，事態が推移，展開するなかでは，マクロの政策はともかく，個別企業のミクロ的対処の基本は，もっとも基礎的な原理・原則への回帰にあるのではないか，との思いを却って筆者は深めている。経済混迷の影響をどこもが例外なしに蒙ったにもかかわらず，その後の破綻と回復の状況や見込まれる展望が示唆するものは，企業行動の原理・原則が確実に生きており，健在である，ということである。

ありとあらゆる価値基準が変わり，しかもそれが国境を抜けてグローバルに広がっていくにしても，原則回帰を訴えるアンチ・テーゼは必ず存在するはずである。本書では，そうした原点から現在の状況を俯瞰し，今後基本となる対処についてデッサンし，展望することをテーマとしている。

2　環境変化の実態と背後にある諸要因

(1)　日本企業——成長から停滞への軌跡と低落した評価

第2次世界大戦の終結後朝鮮戦争をはじめ日本経済の成長と下降，停滞を決するさまざまな要因がひしめくなかで，もとより景気循環と無縁ではありえなかったものの，1980年代までは，すう勢として日本企業は継続する成長を謳歌する僥倖の歳月に恵まれた。むろんそこには，単に僥倖と言うだけでは正確さを欠く経済活動の各主体における汗の営為があったことは，否定できない。われわれは，ある意味で成長を当たり前とする状況に慣れ過ぎ，倦んだ経済，社会の感性のなかで，国際社会から見れば，厳しさを欠いた独特の経営手法，慣行，ルティーン化した営みを平然と繰り返してきた，といわざるをえないであろう。

良し悪しはともかく，濃密な人間関係の経営風土で，日本に有利に作用した国際市場環境のおかげで順調な成長の果実に恵まれたことはあらためて指摘するまでもない。しかし，バブル経済に黄色が点滅し始めたあたりから，いくつかの警戒を思わせる兆候が感じられたことも，今にして思い当たる予兆現象であった。消費税，社会保険料，その他諸費の負担増に端を発し，心理的に消費者，企業，そして社会全体が負担の重荷を直感し備えに入ったことが，かつて経験しなかった経済の破綻状態を一気に招いてしまった。この強気から弱気へ変幻する心理的な振幅の大きさや早さは，わが日本社会の特徴の一つともいえるが，経済活動の上下動・浮沈を招きやすい生来の日本的インパクトの発現の仕方として日本の風土性，気質を象徴的に示している。

しかし，われわれが心理的に状況に左右されやすいのは事実だとしても，環境自体が往時とはまったく異なった変わりようを見せていることも間違いない。そうした変化に公私にわたってさまざまな場面で影響を受け，国家，地域社会，企業，その他各種組織体，などにおける公的な対処と家庭や個人の私的な生き方，処世といった，われわれが対応すべき場面は多岐にわたっている。

こうしたなかで，何が実際われわれの前に現れ，どんな行動を規定し律しようというのか。それに対して，われわれは的確な対処の仕方ができるのかどうか。特に経済活動なり個々の企業の経営行動として，どんな実態を世に見せているのか。そして，それぞれの事実に刻印されている評価は将来の好ましい展望を約束するものかどうか。

遺憾ながら，21世紀を直前にしたこの時点で，われわれは，経営活動の頂点に立つ人たちやそれを支えたはずの母体企業なりが，決して好ましいとは言えない批判の対象になっている様を少なからず目撃している。目先の失態を隠蔽して，問題を先送りし，企業の実態も公表されたものだけでは分かりにくく，株主総会では経営の実態についての説明が不十分なために，事態が判明すると手の打ちようのないまでに悪化している問題企業が続出，これが20世紀末を迎えた日本に見られた実態であった。しかもそれが，根が深く容易に変えようもない構造的な障害であるように見えて，その実，破綻の後に明らかになったところでは，基本的な原因はいたって単純，明快である事実のケースが多かったことも実はいまになって指摘できるのである。

⑵　日本企業に求められる内外への配慮と実行の困難性

さて，こうした事態をもう少し具体的に詳らかにし，基本的な背景を捉えてみよう。そのなかから，今後の展開の構図を描写し，公私にわたる対応の基本を明らかにしてみたい。

日本経済を語る場合，とかくわれわれは，戦後の復興から説き起こして，いかに日本的経営，日本型慣行が日本経済の興隆，日本企業の国際優位に寄与したかを逍遙しつつ，現在迫ってきつつあるグローバル・スタンダードが西欧的な価値観に偏り，アジア的ないし日本的モデルに専断的優位性を誇示していることに反発する，というパターンに陥りやすい。とはいえ，強い反発を自信をもって返すこともできない。いつのまにか押し切られ，経済，経営のあらゆる分野にすっかり欧米的価値，スタンダードが押し入ってきたかにみえる。

アジア的なるものを共有しているつもりでも，戦前は欧米諸国の植民地として感化され，戦後は大量の留学生の派遣や残った旧宗主国文化の影響で，アジア諸国には，日本に対する以上に欧米の慣行にむしろ親近感をさえ持っている。こうした域内国は，逆に日本型の諸慣行に必ずしもなじまないで，違和感さえ示してはばからない[1)]。これもまた，アジア的現実の一つの断面である。

しかし，1997年7月にタイのバンコクに発したアジア金融危機に事後対処するなかで明らかになったように，アジアの経済的基礎条件は，いったん事あるときは基盤がいかにも脆弱で，低位からの脱却にはいぜんほど遠い水準にある。われわれはこのことをあらためて思い知らされた。そうしたアジアが，経済の回復に日本にぼうだいな額の支援を求めてきた。まさに経済の基礎条件固めは一朝にしてはならないことを物語る国際開発の一断面であった。1999年の後半には，どうやらアジア経済の回復も軌道に乗ってきたかにみえるが，本質的な基礎作りは，いぜんアジアの重く大きい課題として残っている。

かくして，日本経済は，好むと否とにかかわらず自らの競争優位の回復・確立という課題を抱え，それに劣らぬウエイトでアジアとますます関わりを深める立場から逃れられなくなっている。自らの復活・確立と世界のGNPの18%を占める国に似つかわしい支援活動との両立は，重く，しかし日本と日本企業にとり不可避のテーマである。

(3) 内なる統治体制の見直しと競争優位の確立

さて，以上の基本認識のうえで，いったい何をどう構築し直すべきであろうか。広範な分野にまたがる膨大な対象をすべて万全なまでに検証することは，実際問題としてわれわれのよく対処しうるところではない。そこで，われわれが直面しつつある特段に重みのある課題を取り上げ，論じてみることにしたい。ただ，その対象としていったい何を措定するかも，それ自体が難題である。

周知のように，バブル経済の崩壊後日本経済はさまざまな分野で破綻をきたし，まさかと思われるような老舗，大企業にさえ倒産という冷厳な事態が頻発した。われわれの庶民常識には，北海道拓殖銀行，山一證券，日本長期信用銀行……などは，いずれもわが国最高レベルの一流企業として特別視され，経済の牽引役としてこそ期待されていた企業群以外の何物でもなかった。その後これらの企業がどうなったか，あるいはどんな処置がこれからとられようとしているのか。驚愕の次にきたのは，いずれも常識ある誰もが意気を阻喪する破綻の続出という異常事態であった。

ところで，なぜこうした事態が次々と起こったのであろうか。問題がこれまで皆無ではなかったにしても，企業業績は相応に上がり，日本経済も成熟化したとはいえ，先進工業国としては，一応妥当な成長率を維持してきたのではなかったか。こうした凋落の局面に急激に落ち込んだ背後には，どんな因果関係なり不測の要因があったのであろう。

国際社会なり市場の潮流に予兆として何か今日の事態をすでに察知させるものがあったのか。こうした予兆めいたものはあった，あるいは唐突に発生した，そのどちらを言っても的外れではなさそうである。すでに国際市場における大競争（mega-competition）時代の到来が論じられ，現に分野によっては競争優位をめぐる確執が国，企業入り乱れて始まっているのは事実である。

グローバル化の進行は，単に観念の域にとどまらないで，価値観の衝突からやがては事実上の標準（defacto standard）が勝ちを制するという事態も当然予想される。21世紀には，さまざまな分野で結果が明らかになり，冷厳な事実と価値判断を含む判定によって，苦境に陥った企業や国をついには破綻に追い込む処置が執行されることも，政策としてはっきりと目論（もくろ）まれている。市場経済制度の持つ冷酷なまでの判定の結末であり，こうした処置のすう勢について，われわれもまったく知らないで済ますわけにはいかない。

グローバル規模の標準なり価値尺度が，単に国内にとどまらないで国境なき縦横な適用を事実上容認されて，われわれのルーチン上の規範として入りこんでくることは，もはや少なくとも原理・原則としては，動かしようのない既定路線ともいってよい。その基準は，日本企業の行動を律し，業績なり財務体質を決定付け，それに応じきれない企業が破綻への最短距離にある，ということになる。どんな基準に及第しえないのか，それは一律には論じられないが，たとえば，BIS（国際決済銀行）基準で問題になる自己資本比率８％の水準は，伝統的な日本企業の実行レベルがこの半分以下で回ってきた過去と対比すると，グローバル・スタンダードの典型的基準に翻弄されている実態がより明瞭に察せられよう。

これに対し，近年日本企業の基礎体質の悪しき一面としてクローズアップされているのが，シャンシャン株主総会などに代表される企業実態の不透明性，その結果として指摘される accountability（説明責任）の乏しさであり，特異な閉鎖的 corporate governance（企業統治）である。

(4)　株式所有の分散といわゆる関係者

周知のように，現代企業の所有構造は，多種多様な個人，法人の参加によって特徴づけられる。持株比率の低い経営者が所有とは無関係に専門経営者として経営に参与し，個人株主の分散，多数化も近年ごく普通の現象になってきた。個人株主以上に金融機関を筆頭とするいわゆる機関投資家が増える機関所有化と企業集団による株の持ち合いも進んだが，近年この点にも変化の兆しがある。

注目されるのは，社員が持株制度を活用して当該企業の株式所有の一隅に加わってきたことで，日本企業の新しい特質ともいえるものが，ゆっくりと，しかし着実に形作られつつある状況が垣間みえる。いわゆる日本的経営の構築に与（くみ）する要素形成の可能性は，状況との因果関係から浮上するものがいまだありうるのである。往時は企業内組合の体質を増長し，労使協調の慣行化の礎となったものが，いまや企業に対する強固な告発者，批判派として無視できない存在になっていく可能性は，あって今後はなんの不思議もないであろう。

ところで，国際社会では，近年言われるところの，狭義の概念でいう株主（stockholder）の権利に経営の責任論を集中する米国型経営思想に対して，企業に関わりのあるすべての関係者を包摂して，いわゆるステイクホルダー（stakeholder＝関係者）に均衡のとれた目配りをすべきと説く，これまでの英米型とは異質の経営思想の登場が注目されるようになっている。

この関係者の概念に含まれるのは，企業の社会的責任の専門研究者，アンダーソン Jr（J.W.Anderson, Jr）の挙げるところでは，従業員，株主，消費者，マイノリティ，女性団体，納入業者，競合他社，地域住民，文化団体，教会組織，慈善組織，労働組合，環境保護活動団体，金融機関，公益団体，地方自治体，州，連邦政府，報道機関である[2)]。

今日企業にとっていかに利害関係者の幅，範囲が広がっているかを示す一端が，このリストにはみられる。前述した説明責任や企業統治の概念とも通底する企業存立の目的なり統治責任の考え方の変化，あるいは，あの米国型株主優先主義にさえ，経営理念なり環境問題の比重の高まりにつれて，これまでの思潮とは異なった主義，思想が高揚し始めている傾向は明らかに認められる。

もともと，ある程度同感されるように，こうしたステイクホルダーの考え方は，むしろ日本的発想に近似しているともいえる。グローバル・スタンダードをめぐる葛藤は，西欧的標準がすべてを制すると固定的に考えるのではなく，時代の潮流はグローバルなレベルをも変えると考えるが，正確であろう。

しかし，さまざまに評価の混乱，交錯があるにせよ，いま日本が，そして日本企業が，これまで当然と考えてきた伝統的なやり方，慣習を根本から見直すべき転換の時期にきているのは事実である。前述したように，この近年否応なく目にし，報道される日本企業の経営破綻やそれに連動するモラル・ハザード（倫理の欠如）は，まさに日本的常識や微温的経営の旧習が国際社会で通用しない現実を赤裸々に見せつけたものである。

では，一方で西欧，あるいはアメリカ型モデルとアジア的価値基準とが衝突し，これを弱肉強食の非条理として批判するアジアでありながら，同時に自己撞着ともいうべき選好で，欧米式に依拠しようとし，日本を「頼みの綱（last resort)」としてさほど重視しない反応，行動に傾くことを，ある意味で孤立に近い存在の日本はどう納得するか。独自の立場をなお持続すべきか。

論ずべき項目はあまりにも多く，既存の価値観を逆転するほどの発想が随所に必要であろうが，考えられるいくつかの問題に焦点を当ててみる。

3　適応すべき企業環境の実像とその背景

(1)　企業経営は誰のために誰が行うのか

バーリ，ミーンズ（A.Berle & G.C.Means）が発表して以来，いぜんとして取り上げられる論点に，所有と経営の分離というテーマがある。このテーマから析出された「経営者支配（management control)」の概念は，バーリ，ミーンズが，はるか1930年当時のアメリカ企業で，持株比率が低いにもかかわらず，支配権を持って経営者が企業を事実上コントロール（支配）している実態に注目して，1932年公刊の著書で唱えたものであった。[3)]

周知のように，株式会社の株主は，そのマジョリティが変わる推移を見せている。英米，ことにアメリカ社会に顕著な株主最優先の経営思想の社会でも，株主自体が個人の大株主から証券市場で投資した大衆株主といわゆる機関投資家，あるいは法人株主といわれる企業，金融機関に比重が移っている。近年では，各種の基金財団が基金の運用を目的に加わってきており，特にアメリカではシェアを上げて，機関投資家の多様化を促す代表的な存在になっている。

日本の所有構造で他国と違う特徴的な動きとして，企業内で従業員の持株制度が普及している現象があげられる。この持株制度の採用は，上場企業のほとんどに及んでいるが，店頭株ではさらに大株主として上位を占める企業が少なくない。こうした近況について，菊池敏夫氏は，最近の編著でアメリカ，EU諸国でも，従業員の所有参加が急速に進んでいることを明らかにしている。

EUの場合は，従業員の成果配分，プロフィット・シェアリングへの参加形態がより進展しているという[4]。

このように，経営構造に関与してくる関係者は，組織内部と外部の双方に観察され，当然経営支配の当事者が誰であるかを特定するのが複雑になっている。もっとも，わが国では持株会による株主権は，経営への口出し，支配への関与にまではいかず，企業にとって安定株主対策の一環として捉えられてきた。これまでは，いわゆる経営支配を意図する直接投資ではなく，大衆投資家の投資に類する間接投資であったことが特徴である。

しかし，人間関係に特徴づけられてきた日本型経営が変質を余儀なくされつつある現在，企業内株主がどう発言権を行使するかは，必ずしも無視していい問題ではない。完全な組織内部の関係者，内輪から眺める立場にすぎなかった従業員が，経営責任に対してものを言う株主に変身し，発言と掣肘的に動く可能性はゼロではない。経営者は，いよいよ内部からもチェックされる企業社会の風土の変化も，考慮に入れなければならない。

(2) なぜ今，企業統治（corporate governance）なのか

日本に比べてとりわけ差が大きいと思われるアメリカ企業の経営責任追求の厳しさは，主としてその標的を株主に対する対応，端的にいえば配当利益いかんにかかっている。「株主利益の最大化」が，経営にとって常に最重視されるべき評価指標である。超優良企業とされてきたあのIBMでさえ例外ではなく，業績不振を理由に会長が更迭され，全世界で6万人に及ぶ従業員の削減に踏み切った。その他のトップ企業でも，アメリカ経済が好調であるにもかかわらず，ドラスチックにリストラを実施しているところが少なくない。全体の労働力逼迫もあってさほど関心を引くことはなかったが，経営者の緊張を呼ぶ密やかな動きであった.

しかし，株主優先のアメリカの風土も，近年確実に変質し始めている。常々日米比較のなかで言われてきた「短期志向のアメリカ経営」と「戦略布石が許される日本型経営」との評価がそのまま正解であるか否かは判定が難しいが，

株主優位の弊害をどうするかは，アメリカの経営者層にも大きな関心事になっている。株主，社員，顧客にバランスのとれた対応なしには良いビジネスはできない，と考える経営者が明らかに増えている。

企業統治（corporate governance）がカバーする範囲は，現にアメリカ企業でも広がる傾向がある。筆者が頼った資料の一つ，朝日紙の連載企画「民革一企業の未来を問う」は，アメリカにおける企業統治の態様例として優良企業のジョンソン&ジョンソン（J & J）を取り上げている。同社は，社是として3項目を掲げている。その第一に「われわれの第一の責任は，製品およびサービスを使ってくれる医師，看護婦，患者，そして母親，父親ら消費者に対するもの」と銘打ち，第二の責任として，「全社員」，そして第三に「地域社会」，最後に「株主」が挙げられているという。こうした対象の広がりには，これまでの株主（stockholder）から関係者（stakeholder）への明らかな移行を示す経営思想の蠕動を感じ取ることができる[5)]。

J & Jでは，本社と全世界の関連会社170社の全社員を対象に86年以降，社是について「信条調査（Credo Survey)」と名づけた調査を実施しているという。五段階評価の118項目の質問により経営者，管理者のチェックを行うもので，反社会的な行為や社員に対する不法行為があれば，同社のどこかでチェックされるが，この調査は，株主に致命的な損害を与えるのを未然に防ぐシステムとしても機能している。このように，「社内論理だけを優先し，株主があまりに軽視され，地域社会との関係も希薄な日本の経営風土は論外」であるにしても，むしろアメリカの企業風土の革新はめざましく，日本企業にまさる関係者意識の高揚が，企業統治の進展を誇示している。

(3)　新しい統治展開の必要性とその原理・原則

さて，ここで企業統治について，急ぎ整理をしておきたい。

なぜ，この近年企業統治をめぐって急速に関心と論議が高まってきたのであろうか。すでにこれまで述べてきた範囲でもある程度察しがつくように，企業統治については，欧米はもとより，わが国を含むアジアそして東欧，南アメリカといずれの地域でも関心が高く，研究も進んでいる。その理由には，なんといっても，グローバル規模の広がりで競争が展開されるなかで，生存と成長の確保がこの統治いかんにかかるようになったという背景がある。

冷戦構造の終結は東西陣営ともに，アメリカやロシア，中国などの庇護者が不要，言い換えれば，すべての国がライバル化するという世界経済の統治構造の変化を促した。とりわけOECD諸国では，1998年にアドバイザリー・グループによる公式の報告書が，企業統治についてグローバル市場での競争力の強化と資本へのアクセスには，企業統治が経済成果に結びつき，透明性がその鍵であることを述べ，その重要性を訴えて世界的に覚醒をうながしている[6)]。

こうしたマクロの要因に併合して，特にバブル経済の崩壊で一挙に噴出した日本企業の経営理念の喪失を思わせる数々の事態が，企業統治の遅れとして俎上にあがった。このように不透明な経営がもたらす究極の損失と道義的退廃の真相が，クリーンな経営を求める説明責任（accountability）という考え方の希求，概念，方法論の追求とともに，企業統治の改革を世界共通の課題として関心の対象に据えたのである。

この他，経営の実態をいわば監視するというに近い投資行動をあげておきたい。これまでの機関投資家の既成枠を越えて，日本を含む世界的な広がりで年金基金の運用が調達市場で重きをなしている。投資実績いかんが年金基金財団の運用力に直結するだけに，公的機関としての基金財団の存在は比重を高め，その分経営を注視する目も厳しくなったのである。わが国でも，運用実績次第で年金基金に預託先を変更する動きも散見されるようになっている。

さらに一つ加えなければならないのは，企業が絡んだ訴訟事件が日本でも増える可能性が強くなってきたことである。アメリカが訴訟社会であることは周知の事実であるが，司法制度改革の動きは日本でも急である。法曹関係者の絶対数が大きく違うアメリカを直ちに日本が倣うことはできないにしても，PL（Product Liability＝製品責任）法の制定が消費者に対する企業責任を明確にしたように，今後企業の各種法務は，特許問題を含めてより重要性を高めるはずである。係争期間の長さ，補償額の大きさ，因果の緩い挙証によって責任の蓋然性ありと認められることなどは，企業にとって負担増になることは間違いない。しかも，企業内部からの告発も，労使の間がドライな関係に変質するにつれて高くなる可能性は，大ありである。

ところで，すでに触れたことであるが，長らく高度成長を享受してきた日本企業にとって，その間に定着し，企業の当然の慣習として異常とも思わなくなっている諸慣例がある。そのなかには，グローバル・スタンダードとまでは言わぬまでも，国際標準，ルール，マナーに反する営為が少なからずあり，それらを徹底的に見直しする必要が，これまた大ありである。

一つひとつは挙げられないが，包括的に指摘するなら，それは，透明性の高い経営を展開し，その時々の状況なり問題点を常に関係者に説明するという原則に収斂しうる統治に尽きている。いわゆるシャンシャン総会などは，もはや論外の株主軽視の最たる経営行動だと，企業も株主自身も考えて当然な見直すべき営為である。近代的，民主的，合理的経営をやっていると自負しても，国際標準に必ずしも慣れきっていないわれわれにとって，一々学び直すべき部分は多い。そして，企業の理念や行動綱領の原理・原則には，存外にわれわれが知り，すでに価値判断できる性格のものも少なくないはずである。

4　グローバル化への適応とその戦略

(1)　グローバル化と競争優位の時代とは

以上の節では，企業経営に関わる基本的な理念，あるいは統治に求められる基礎技法なり原理の徹底した見直し，改革の必要性について述べてきた。こうした初めての経験といってもよい過去の実績，営為の評価，回顧そして事業なりさまざまな訣別がもたらした痛く重い負荷について，これを簡単に忘れてはならない。しかし，経営はすぐれて現実的な営為であり，具体的な選択の行動である。理念論，原則論，観念だけでは経営の実行性は定まらず，方向さえ見定められない。われわれは，いわれるところのグローバル化の進行と大競争の到来の時代にあって，何をどう選択し，どう運営すべきかを遅滞なく意思決定して経営行動に移すことを緊要としている。

状況が変転するなかで，何を問題の切り口にするか。これは，なかなか容易には決め難いことであるが，企業の現場ではすでにさまざまな実際的，現場的挑戦を開始している。伝統の日本的経営と称されるものが，グローバル・スタンダードとの絶え間ない確執のさなかに，なお徹底した変革，変質を逃れられず，現場では否応なく緊張の高い取り組みが始まっている。

数多い悲観的な展望のなかで，いくつかの強気に満ちた産業論も聞かれないではない。たとえば，唐津一氏や関満博氏などによる日本の製造業の再評価，中小企業の国際的競争力の特異性の紹介なども，広義のグローバル化への適応論である[7)]。紹介されている事例には，大なり小なり，製品・事業の敗退・復活を経験しながら，現時点で競争優位の確立に成功しているケースが多い。失敗は成功の糧であることは，まさに真実であるが，それをどんな風にして糧にしえたかは，学ぶに値する貴重な先行例である。収集してみると，われわれの研究なり学習に有益な事例は，数量的にはまったく事欠かない。

⑵　日本企業にみる競争優位の事例

①　ホンダと日産の対照性にみる経営の原点

フランス資本のルノーの参加を得て，名門自動車メーカーの日産は大がかりな「日産リバイバルプラン」と名づけた経営再建策を発表した。３年半で，従業員の７分の１に相当する２万１千人を削減し，五つの国内拠点を閉鎖する。１兆円の経費削減を資産売却によって実施し，一次系列取引の1,200余社を600社程度に絞り込んで，１社当たりの発注量を増やす代わりに，納入単価を大幅にダウンするという方針を盛り込んでいる。この発表の中心人物がルノー派遣のC.ゴーン氏であったことも，国際化の時代がここまで来たことをあらためてわれわれに実感させた。

かつてトヨタと二大メーカーとして並び称せられた名門日産のこの厳しい経営の現実は，三番手メーカーの激しい追いこみにもさらされ，ホンダが名実ともに２位に取って代わろうとしている。ここには，同じ業界における栄枯盛衰の厳しい入れ替りの現実がある。しかし，ホンダも決して順風満帆ではなかった。90年型アコードの失敗が，その後のホンダをむしろ経営の原点に回帰させる契機になったといわれる。何が失敗で，何が原点だったのか[8)]。

アルミエンジンの５気筒で，航空機用素材を使った「技術的には理想の車」として登場したホンダの新車は，アメリカでは売れても日本では業績的には貢献しなかった。コストが企画よりは10数万円も高くついた新車であった。技術至上といわれてきたホンダが，顧客の要求水準にマッチしない製品を供給したところに，市場の失敗が生じたのである。

しかし，ここでホンダは覚醒する。研究所―技術万能の線できた企業が，いわばライバル，トヨタの徹底した経営手法さえ踏襲したという。新型車には旧型の部品の50％以上を流用し，流行に乗り始めたRV車への参入にも，車高の高いRVに既存のホンダ工場の生産ラインでは障害が多くはあったが，ラインの改造を最小限にとどめた仕様と寸法で少額投資の工場を完成させている。

開発責任者に営業出身者を当てたり，売価を基準に投資額を決めコストの積算をした。部品も他社系列からかなりの量を仕入れている。効率化へのシフトが勝ちすぎていると危惧する向きがあるといわれるが，客の満足にマッチする製品作りという目標は，技術陣の不満を募らせることにはならなかったと，関係者は回顧している。技術の蓄積が，どんな要求にも応じられる体制を可能にしたことを，この経験を通して同社は自負できるようになったという。

②　システムの好循環を生みだすトヨタ式経営管理とその柔軟性

ホンダがモデルとして学んだ本家のトヨタは，周知のジャスト・イン・タイムと自動化に基礎を置く「かんばん方式」の生産システムで国際的にも大きな注目をあびてきた。いぜんとして有効なこの生産方式に加えて，近年新たに戦線に加わったのが，「カスタマーイン」と名づけられた挑戦である。文字通り，顧客満足（customer's satisfaction）を満たすことをうたった方式である。生産担当の工場が，販売店に納車を確約する販売体制を基本にした「顧客から受注した車を販売店に納めるまでの期日を責任をもって管理しようとする考え方」とされ，いわば生産管理であると同時に，すぐれた納期管理である。

日本企業といえば，品質と納期の信頼で国際競争に有利な展開をし，ダニング（J.H.Dunning）の国家特殊的優位を享受してきたことは，よく知られているが，生産計画を徹底的に練り直すことが，納期厳守の大前提である。その意味で，納期管理はやはり生産管理であることも間違いない。生産現場では，二つの重点項目の達成を目指すことになる。一つは，納期から逆算した生産計画の作成であり，もう一つは，「直行率」と呼ばれる手直しを必要としない車の比率の向上である。開始時に7割程度だった直行率は，現在9割を超えているといい，ほぼ全工場で「納車期日の確約」ができるまでになっている[9)]。

このカスタマーインも，前のジャスト・イン・タイム方式とは根本においてつながっており，各システムが断絶しないで次のシステムを生みだす柔軟性を特徴とし，時代が変わってもわれわれは次のシステムの誕生をみる一環として捉えることができる。トヨタには一種の好循環の経営行動がビルトインされているといっても，あながち，それほど的外れだとは思われない。

③　中堅・中小企業にみる管理と戦略の競争優位

大企業でさえ雪崩現象のごとく破綻している現在，中堅・中小企業に倒産が続出しても，これは避けられない現象ではある。650万社ともカウントされる中堅・中小企業には，限界企業も少なくはなかったのである。一般に，開業数と閉業数は28万社の台で平行しながら，バブル経済崩壊後は，閉業率の方が若干開業率を上回るのが常態化している。

しかし，こうしたなかで，いくつかの地域に根付き，何らかの特徴を示してきた中小企業に，見事な復活あるいは競争優位を誇示できるものが現れている。たとえば，東京都大田区や東大阪市に集積する中小企業群がそれである。不況期には，長らく産地の懊悩が常態的に伝えられた新潟県燕市のさわやかな復活ぶり，あるいは技術志向型の企業が集中しているといわれる京阪，京都バレーと称される地域，これらは地域性を含む中小企業の活力が顕著ないくつかの例である。この他にも，同じ地域に交流可能な異業，同業をもたないのに，技術的に傑出した成果を挙げている中小企業の例は数多くある。

中小企業に詳しい中沢孝夫氏によると，発展する中小企業は，人材を育てる仕組みを持っているという。氏の表現を借りれば，「たくさんの工場を歩いていると，共通して見えてくるのは，“人を大切にする企業”の伸び」である[10]。

現実に筆者も産地を訪ね歩いて，日本の各地に存在する中堅・中小企業の時代への適応に感嘆することが少なくない。たとえば，新潟の燕市は，伝統的に輸出中心の洋食器業界で知られていた典型的な産地である。しかし，韓国などの途上国製品と競合が激しくなり，コスト的に立ち行かなくなって，否応なく構造的な転換に向かわざるをえなかった。持てる技術的な基礎を生かしながらも，洋食器とは別のカテゴリーで，たとえば，スノーボード，チタン合金を使ったゴルフのクラブなど，徹底した需要調査を行い製品技術を高度化して，今や有効求人倍率の数値は，倍旧の水準に達している[11]。

中沢氏は，こうした現況を踏まえて，中小企業「新時代」と呼称し，そのままのタイトルで興味と示唆に富む著書を公にしているが，その目次が見事に中小企業経営の根幹，原理・原則を喝破したものになっている。ちなみに，章，節から特に筆者が記憶に留める思い新たな題名を紹介しておきたい[12]。

「中小企業はいつも新鮮だ」

「技術開発の最先端一自社製品開発を果たす，基本技術があれば仕事はやってくる，グローバル・ニッチのコンセプト」

「伝統的産業集積の変貌一環境変化に対応する伝統の街，分工場展開のさまざまな背景，進化としての開業率の低下」

「工場の広がり，技術の広がり一大企業城下町からの転換，力強い東北の工業団地，地球はタテ割りで考えよう，技術と情報は量に還元できない」

「世界最強の日本のモノづくり一日本的な生産分業システムの内実，大企業と中小企業の格差，過度な不十分さの健全」

もはや，紙数の関係で詳細に論議することができないが，中沢氏の次の述懐は，現在の中小企業を語るにふさわしいもっともすぐれた饒舌であろう。

「さまざまな職場を歩く機会を得たが，工場の人たちが饒舌になるのは，マクロ景気や政治をテーマとした話ではなく，技術的な苦労や，機械の増設などについて語るときである」（中略）「本書の通奏低音が（は）人材育成や人事管理にある」

5　環境への適応と経営構造の変革

(1)　変化の多様性と適応の基本

さて，本章では，中沢氏のいういわゆる「通説」を敬遠しないで，むしろ生きた教材として取り上げながら，環境の変化とそれへの適応について論じてきた。単なる座学だけであってはならないという猪木武徳氏の示唆にも則りながら[13]，できるだけ現場から習得するものがないかを意識し配慮したつもりである。しかし，最後には本論の総括として若干の論理的なまとめが必要であろう。

われわれは，明らかに過去とは違った時代に足を踏み入れている。まったく予想もしなかった決断と行動をせざるをえない状況に，しばしば追い込まれるようになった。しかも，難しいことに，知らないとか無縁だとかいった口実が通用しない対外関係が，国内のみならず，国際社会とも緊密に，まさに紐帯とでも形容すべき堅固な関係としてでき上がっている。

過去とは違うという場合，それをもっとも明確に示すのは，経営活動がグローバル規模の広がりを持ってきたことである。直接海外に経営拠点を有しないにしても，国際社会の動向なり経済の変動は，われわれの日常的な経営に完璧なまでに影響を与える。その意味で，純粋に国内専業と呼べる企業はありえないといっても過言ではない。大なり小なり経営拠点を海外に設ける，いわゆる経営の現地化は，海外生産（オフショア）比率が25%に達するアメリカ，あるいは20%のドイツとは比ぶべくもないにしても，わが国企業にも，現在の10%弱の比率を将来にわたって上げるべき必要性は明らかにある。

こうなると，国際社会で生じた問題や紛争をまさに自らの問題として受けとめ，どんな係わり方をするか，できるのかを敏感にまた的確に受けとめる経営の感受性，迅速な行動性を日本企業は必備の条件として必要とする。

さすがに近年になって，日本経済の成熟化の当然の結果として，経常収支の黒字幅は確実に小さくなっているが，行き過ぎた貿易の不均衡が世界の緊張と葛藤を招き，保護貿易なりナショナリズムを助長する危険は，いぜんとして消えていない。鉄鋼をはじめとするダンピングの問題が，アメリカとの間に執拗に繰り返されるのは，アメリカ経済が絶好調の現況下では奇異な行動に見えないでもないが，アメリカにかぎらずどの国でも，個別企業と業界の利益を擁護する欲望には限界がなく，好不況に無関係であることを忘れてはならない。

おそらく貿易だけでは円滑に不均衡を緩和し，是正するのは困難であり，貿易の進展にとり障壁となっている要因を除去ないし変えることに加えて，より強力な国際分業の選択肢を提示することが，グローバル化の必須条件である。

周知のように，国際的不均衡の是正のために経済の基礎条件（fundamentals）を底上げし，国際分業を展開するうえで選択可能な方式としては，伝統的な貿易，技術のライセンス，直接投資の三つがある。直接投資は，経営の実質的な支配（control）を目的に投資することであり，単なる株式の市場価格の格差を求めて投資する間接投資とは区別される。一般に海外直接投資（foreign direct investment）は，製造業の現地投資を中心に考えられがちだが，鉱業，建設，金融，商業，運輸・交通など，必ずしも産業分類に厳密に照らして区別されるわけではない。しかし，途上国などへの進出には，生産活動を分担する製造業の進出が現地側の誘致対象としてもっとも歓迎されるので，論議の枠組みのなかでは，どうしても製造業を中軸に据えて論じることになる。

この海外直接投資は，グローバル化の進展と軌を一にして日本への投資要請が，ますます高まってくるはずである。それはまた，生き残りと成長を常に模索している日本企業にとっても，新しい新天地の開拓であり，国際分業に与すべき日本企業の利害と理念にも叶う戦略的な選択である。

ところで，国内でもわれわれは問題を抱えている。非常なはやさで高齢化の時代を迎えていることである。15〜64歳の労働市場の現役としてカウントされる層が急激に減り，労働力不足の問題と合わせて，増大する社会保険，老齢年金の適格者への基金負担を少数の現役でどう賄うかが問題である。労働力不足，不足原資の負担，消費市場の縮小，など，企業が関わる高齢者対策は，日本人の生活問題であると同時に，社会の活力維持の基本に関わる難題である。高齢者の生産現場へのつなぎ止め，女性労働の高度化，外国人労働者の導入など，もはや目前の問題として回避できなくなってきた難題が多い。

環境が変化してやまない情勢は，企業経営の方向の根本的な選択，主力事業の扱い，代替事業の探索に関わる多角・多様化の戦略の構築など，経営構造の変革に通じる意思決定を企業に迫っている。この経営戦略の概念は，われわれの伝統的な風土における黙示的なマナー，スタイルの様式性と違って，たぶんに西欧的な合理主義と規範性，論理性の強い明示的な体系である。われわれになじみにくい思考方式であることはいぜん否めないが，さまざまな異質性が紛れ込んでくる国際化，グローバル化の潮流のなかで，われわれ固有の体系を固守するだけで済むことはありえない。融合と妥協，そして収斂から定着へと可能性を見据える努力を怠るわけにはいかないのである。

(2)　産業の空洞化を回避する国際経営戦略と対内投資―結びにかえて

与えられた紙数はもうないが，最後にこれまで述べてきたグローバル化時代にどう日本企業が対処すべきかというテーマに，どうしても付け加えておきたいことがある。それに若干なりとも触れて結びとしたい。

モラル・ハザードに関連する企業統治の諸問題については，既述の枠組みでさらに考察を実証的に深耕していく必要性を訴えておきたい。われわれが抱えている，あるいは抱えるであろう問題は，事がきわめて現実的，実際的であるだけに，どう事態の展開に対処するか，その方法，手段，戦術，そしてそれらを包括した戦略の形成に最後は行き着くはずである。羅列的であるが，取り急ぎふれてみたい。

まず第一に，経営の国際化，現地化の進展が避けられない先行き，将来に鑑みて，国内の経営基盤をどうするかを緊要のテーマとして探究していかなければならないことである。それは，いわゆる空洞化対策といってもよいと筆者は考えている。なにせオフショア比率が，アメリカ25%，ドイツ20%に達している時代に日本は10%をまだわずかながら下回っているのである。日本を投資余力ありと海外諸国が確実に見ているなかで，遅かれ早かれ，まずは15%程度へ比率を高めることは，おそらく決断を忌避できない桎梏である。またこれは，国内に成長余力が乏しくなった現在，生き残りと成長を策す企業にとって，残されたターゲットであることも間違いない。

そのために講ずべき方途は二つあると筆者は推察している。論ずべき紙数に余裕はないが，一つは，空洞化に抗してどんな技術革新，ブレークスルーの実現に挑戦するかである。詳しくは拙著「日本企業グローバルンの構図」に委ねるしかないが，生産現場の取り組みはすでに始まっている。簡単にいえば，対策の考え方は，「５％のコストダウンには存外苦労するが，50％となると，根本から発想そのものを切り換えて取り組まざるをえない」に凝縮されるであろう。つまり，創発的な商品の開発と革新的な生産工程の設計こそが，それである。こうした試みへの挑戦は，すでに先進的な企業では始まっている。

もう一つは，対外投資に劣らず対内投資の受け入れ，誘致である。外資の日本への進出は，日本企業の海外での産業振興，経済発展，雇用確保に大きく貢献しているのと同様に，もし日本で外資が生産活動に進出すれば，空洞化の緩和に間違いなく効果的である。この十数年における投資の対内／外比率は，先進国では1.0〜1.5の間に納まって，進出と受入が大差ないのに，日本は迎え入れる件数に対して進出する案件はなんと15〜16（倍）と不均衡が突出している。先進諸国の平均1.3に近似する受入の活発化が課題である。非関税障壁といわれ，外資が日本に進出しにくい条件を改善することが，最大の策である。

第二に指摘しておきたいのは，本書で論じられるテーマの一つであるが，旧習から容易に脱却できないまでにどっぷりと浸かった状態にある，われわれの組織社会の改革というテーマである。仔細は措いて，ともかく脱皮を要する悪習，澱み，非常識の部分が確実にわれわれの組織社会に充満している。社会という外向きのいわゆるボランティア活動に従事している国民の数も，アメリカで１億人といわれるのに比べて，日本はわずかに100余万と推定されているが，組織集団の体質を徹底的に見直して，再生への転換を急ぐ必要がある。

それによって，グローバル社会への適合と適応という難題も，同化，収斂，ハイブリッド化などを通じて納得ずくの自他一体化に進展する可能性がある。

執筆に参加したメンバーも，自らのアイデンティティーを維持しながら，融合，統合，一体化がもっと進むかどうかが，日本社会，企業世界の将来の展望に大きく関わっているという見方では，ほぼ認識の一致をみている。

そのねらいの一隅を照らし出して見せたのが，世界的に誕生が続いている非営利の活動団体，いわゆるNPO（Non-Profit　Organization）あるいはNGO（Non-Government Organization）と呼ばれる集団である。本書でわざわざ1章を割いて論じているのも，グローバル化，組織改革といった近年のいわゆる複雑系科学を帯びた分野の発展が第三の活動主体とされるNPO活動に期待されるからである。利害関係者との連携の緊密化が不可欠になり，私的利益の公共化というすう勢から市場の失敗を防ぐのにNPOは重要な存在だとの指摘もある。2000年を直前に控えたさる日，メディアの日経紙上に猪木武徳氏の「市場経済，中間組織が補完」と菱山隆二氏の「企業，NPOとの連携急げ」という解説記事が掲載された。われわれの問題意識が符合している証ともいえる。

何が原因で何が結果か，経営への複雑系科学の適用を唱える声が聞かれるが，複雑なコンテクストを解きほぐして簡素な論理と行動原理を再構築する一経営活動の焦点も在外そこに当てなければならないのではないか。

（参考資料）

1)　井沢良智著『日本企業グローバル化の構図』学文社，1996年を参照願いたい

2)　Anderson，J.W.Jr, *Corporate Social Responsibility,* 1989.（百瀬恵夫監訳『企業の社会的責任』白桃書房，1994）

3)　Berle, & Means, G.C.*Modern Corporation and Private Property,* 1932.（北島忠夫訳『近代株式会社と私有財産』1958）

4)　菊池敏夫稿「現代企業の構造と行動」（菊池敏夫編著『現代の経営行動』同友館，1999）所収。

5)　朝日新聞経済部『甦れ！日本企業』東洋経済新報社，1998年。

6)　OECDの報告書については，牧野勝都氏の解説に負った。同氏の論文「コーポレート・ガバナンスの現代的課題」（菊池敏夫編著『現代の経営行動』同友館，1999）所収。なお，報告書原文は，Millstein, *"Letter from the Chairman"* in the Business Sector Advisory Group on Corporate Governance, OECD, 1998.

7)　両氏の新聞，雑誌，論文と多岐にわたる論述は，ここで謝して割愛した。
8)　朝日新聞経済部，5）に同じ
9)　日本経済新聞社編『トヨター奥田イズムの挑戦』日本経済新聞社，1999年。
10)　中沢孝夫著『中小企業新時代』岩波書店，1998年。
11)　井沢良智著『日本企業グローバル化の構図』学文社，1997年で筆者は，この産地の問題点に触れている。参照願いたい。
12)　中沢孝夫著，10)に同じ
13)　猪木武徳稿「いま雇用をどう守るのか」(中央公論誌　2000年1月号“時評2000”，中央公論新社，1999）所収。

(井 沢 良 智)

第2章　転換期の産業組織と企業経営

1　はじめに

わが国は1980年代央から1990年代末にかけて，土地や株といった資産価値の急速な膨張と収縮という，いわゆるバブルの発生と破裂を経験した。

資産価値が萎んでいくなか，1993年5月17日付け「日経産業新聞」に大企業のトップ 450人に対して行われたアンケート調査の結果が掲載された。その調査結果によると，全体の99.4％がバブル崩壊後の景気低迷を「企業経営の転換期」と捉えている。より具体的には，対象となった経営者のうち38.5％が，「第一次石油ショックを上回る未曾有の経営の大転換期」，次いで34.9％が，「同じ程度の大転換期」，残り26％が「転換期であることは間違いない」と回答している。こうした認識を受けて，実に回答企業の93.8％が何らかの形で事業の再構築（リストラクチャリング）に着手したのである。

確かに，その後の国内市場ではバブル期の「作れば売れる」「高級化すれば売れる」といった風潮はすっかり影をひそめ，一時代の終焉が実感される。こうした消費の飽和感や企業の財務体質の悪化といった構造的要因を克服することは容易なことではない。また，産業全般に大きな痛手を負わせるような構造不況のなか，これまでのような政府主導型の不況脱出策は，おそらく有効性を持ち得ない。

ここで懸念されるのは，政策担当者から手詰まり状態の景気対策のなかで，心理的であれ何であれ，景気回復に寄与するものであれば取り敢えず実施しようという安易な考えがでてくることである。過去を振り返ってみても，戦後の一時期を除いて変革期を乗り切るための主役はあくまでも民間企業であり，企業の旺盛な活力であった。当面の財政・金融政策の機動的実施ばかりが議論されるのではなく，今こそ次世代に向けての経営戦略が検討されねばならない。

そして，新しい経営戦略の構築には，消費者の価値観の変化や国際化の急速な進展，さらに，産業革命にも匹敵すると言われるデジタル情報技術の進歩がもたらす産業組織全体への影響の探求が必要である。

そこで上述の事柄を念頭に，本章では前半でバブル期の企業経営のあり方を浮き彫りにし，それを受けて後半では，多くの点で転換期を迎えた産業組織と企業経営の新たな戦略を構築していく。

2　バブル期の企業経営

市場経済の３人の主人公（政府・企業・消費者）のうち，1980年代に入って，その姿を一変させたのは政府であった。当時，各国の合い言葉は「小さな政府」であった。これは，肥大化した政府機能を削り，経済運営を市場メカニズムに委ねようとする，戦後経済政策の一大転換を意味していた。「政府からの自由[1]」が志向されるなかで，多くの規制が取り払われ，企業活動の幅は飛躍的に拡がったのである。

また，80年代には，長いスタグフレーションが終りを遂げ，消費者の購買意欲が上昇していった。当初は，アメリカにおける消費の盛り上がりが，世界経済の牽引役となった。貿易摩擦が過熱した80年代後半には，わが国でも内需主導への方向転換がなされ，国内消費市場は，これまでになく膨張していったのである。

こうした『自由化』と『市場拡大』という二大潮流が，日本的経営の一部分を際立たせることとなり，それがいわゆる「バブル景気」の企業経営の姿として我々の目に映ったのである。なかには，優れた経営手法として広く喧伝されたものもあった。しかし，ここではまず，今後の企業経営を考えるに際し問題の所在を明らかにするため，80年代経営の負の側面を三つに絞って取り上げていくこととする。

(1) 産業内横並びの体質

経営陣の唯一の本音は「競合メーカーとの競争に生き残り，あわよくば最大の勝利者になりたい」であろう。バブル期に企業が重視した経営目標も，市場シェアの獲得・維持であった。これは，シェアを伸ばし資金提供者と消費者からの評判を良くし，販売ルートの確保を容易にするためであった。[2)]

ただし，ここで取り上げた「産業内横並びの体質」とは，A社・B社・C社・D社が仲良く25%ずつのシェアを分け合うことではない。仮にA社が市場シェア50%の獲得を目指すならば，B社・C社・D社もそれぞれ，50%相当のシェアを狙っていくことを意味している。当然，「相手企業に対し，シェアを失いたくない」ので，競合相手が採る戦略を自らも踏襲する傾向がでてくる。

例えば，カメラフィルム市場である。フィルム市場は現在，国内でも海外でも4社の寡占状態[3)]にあり，ある1社が一歩前進すると他の3社も直ぐ追随してくる。コダックが『ディスク・カメラ』を開発した時も，他社は直ちに同調してきた。これは，必ずしも新しい商品市場に魅力があったわけではない。あくまで同業他社に遅れを取るまいとする経営戦略であった。[4)]フィルム各社は，ほぼ同じ製品系列を持ち，同形態の販売網と研究体制を敷いて，競合メーカーの新戦略を「取り敢えず塞ぐ」ことに躍起となっている。

また，80年代前半に日本の半導体企業は，需要の伸びに見合ったレベルの三倍から四倍の新規設備投資を行ってきた。[5)]各社が主張したのは，「市場の成長性」や「競争上，止むを得ない」ということであった。しかし，需要の伸びが鈍化すると，各社が早急な値下げに走り，自社工場だけは何とか稼働させ続けようとした。こうした値下げ競争によって，市場から弾き出されたのは，欧米のメーカーであった。[6)]

半導体産業に関する日立総合計画研究所の調査によれば，日系半導体大手5社平均の投資効率（当期の売上げ増加額／前期の設備投資額）は，80年代を通じて年平均22.6%も低下している。[7)]結局，80年代半ばには，先進的な設備投資をメモリー事業によって回収するという従来の構造が限界に達し，半導体産業の成長が転機を迎えていた。それにも関わらず，各社が相手企業を睨んだ横並び戦略を採り続けたことで，その後のハイテク不況が生じた[8]と言えよう。

半導体のような新興市場ばかりでなく，比較的安定していると見られた市場においても，産業内横並びの体質は散見される。『日経ビジネス』によると，80年代を通じ，家庭用冷蔵庫の市場規模は年間 400万～ 450万台前後で推移しており，そのうち買い替え需要が約７割という成熟市場であった。ところが，1989年に物品税が廃止され価格が下がったことで，売れ筋商品は 300リットルから 400リットル・クラスへと急速にシフトした。当初は 400リットルが上限と思われていた。

しかし，三菱電機が 500リットルの製品を市場に投入し好調な売れ行きを示したのを機に，東芝でも「うちは一体どうなっているんだ」という声が社内や販売店から押し寄せ，「初めは時期尚早だと頑張っていたが，突っ張りきれずに[9]」550リットル製品の発売に踏みきったのである。直ちに，松下，日立なども 500リットル以上の製品で追随した。発売当初だけは物珍しさも手伝って，ある程度は売れたが，一時過ぎると「ぱったり」売れなくなった[10]。「最初から懸念していたとおり，多くの住宅にはまだ置く場所がなかった。バブルがはじけたせいではない[11]」と東芝の担当者も認めるように，業界全体の近視眼的行動のツケが回ってきたのである。

バブル期の同様な話は枚挙に暇(いとま)がない。これは，高度経済成長が1970年代に終りを遂げ，市場が飽和状態に達しようとする時，80年代後半に入り一時的に購買意欲が上昇し，企業間のシェア争いに火を付けたことによるのである。

中長期的視点の欠落した，行き過ぎた「産業内横並びの体質」は，過剰競争と需要に対して過大な設備投資を生み出す傾向にある。このような企業の行動パターンは，自己破壊的なものと言わざるを得ない。繰り返すが，競合メーカーがするから，わが社もやるでは「豊作貧乏」に陥るだけである。あるいは，競争相手を見て，とにかく相手より上回るものを作るというのであれば，それは必ずしも消費者の要求に応えるものとはならない。市場の競争原理を否定するものではないが，個々の過剰な反応が産業全体の利益を失わせ，やがて外部との摩擦を引き起こすのであれば，それはもはや健全な企業行動とは言えない。

(2) 消費者軽視

1980年代に販売された各種製品の共通項は，①多機能，②多品種少量生産，③メーカー毎の規格の違い，といった3点に集約できるであろう。

日本の商品サイクルの早さには定評がある。例えば，80年代以降，ワープロ市場における商品のライフ・サイクルは年々早まっており，90年代初めには約6カ月とされていた。ただし，当時のワープロ市場は，「見かけのモデル・チェンジにもかかわらず，技術的な本質の進歩はかなり飽和してきている。だから，モデル・チェンジといっても大きな変化など絶対にありえない[12)]」状態だったのである。確かに「多機能」と言えば聞こえは良いが，実際には使わない機能，もしくは殆ど使用しない機能が多くなっていた。これでは使わない機能のために，消費者は金を払っていたことになる。

ワープロ市場で，僅かな新機能を付与された「新製品」が頻繁に出てくるのは，「新製品を作るときにはあらかじめ製造台数を決めて，一度に作り」「6カ月で売り切るようにし，6カ月後にはまた次のワープロを作る[13)]」という企業行動による。こうした一時的大量生産による製造原価の低下と在庫コストの削減が，頻繁なモデル・チェンジ，つまり，「多機能」製品誕生の理由だったのである。メーカー側の事情による過剰な「多機能化」は，消費者を市場で踊らせるための笛や太鼓に他ならない[14)]。

多品種少量生産に関しては，アパレルメーカー「レナウン」のマーケティング担当者が興味深い発言をしている。「民主主義のつもりで，社内各部門に自由に意見を言わせていたら，売れない商品の多品種少量生産になってしまった。営業の力が強すぎて～（中略）～商品戦略が混乱してしまった[15)]」。この発言の意味するところは大きい。

一般に多品種少量生産は，消費者嗜好の多様化に応えたものだと考えられている。しかし，実際には「営業部門が成績を伸ばしたいから」，または「増設した生産施設・研究部門を遊ばせておくわけにもいかない」といった社内事情を調整しきれず，各部門で妥協を繰り返すうちに商品数が増えていった点は見逃せない[16)]。結局，消費者本位とは掛け離れた企業論理によって，多品種少量生産がなされるようになった場合のあることも指摘されねばならない。

さらに，メーカー毎の規格の違いも，消費者の利益を損なうものである。80年代には，広くハイテク製品が普及したが，メーカーの違いによって互換性のないことが多かった。規格の不統一は，消費者の選択肢を狭め，使用する際の利便性を失わせるものと言える。例えば，当時のワープロの買い替えを考えてみる。

新しく選ぶワープロが以前とは別メーカーの製品であれば，互換性がないので，以前のソフトは使用できないということが多かった[17)]。これは消費者にとって，大きな痛手である。そこで，消費者は紆余曲折の末，同一メーカーのシリーズ製品を不本意ながら選択する場合もあろう。

ただし，同一メーカーであっても，新旧モデルで規格が違う場合や，同じ企業グループ内の別会社同士でさえ，互換性のない場合もあった[18)]。このような事態が起こるのは，各企業が既存権益にしがみつき，開発技術・製品仕様を開示しないことに原因があった。

アメリカのパソコン市場になると状況は随分違っている。IBMの製品仕様が公開され，事実上の標準規格となっているので，消費者は各社の部品を利用し，容易に機能を強化することができる。この方式は「アップ・グレード・コンセプト」と呼ばれている。ちなみにバブル崩壊後の1992年11月時点でさえ，日本企業で「アップ・グレード・コンセプト」を導入しているのは，僅かに一社だけであった[19)]。

上述のワープロ市場とパソコン市場の例で，どちらが消費者重視の経営思想かは一目瞭然である。そして，大きな市場を持つ普及品の規格が統一されていないことは，消費者の不利益になるばかりでなく，企業の収益性をも引き下げていることに注意せねばならない。規格が統一され，規模の経済が達成されれば，低価格品の製造が可能になるからである[20)]。特に，インターネットの利用により地球規模での最適部品調達が可能となった現在，部品規格の統一から生じるコスト削減効果は大きいであろう。

(3) 本業軽視の利益主義

1980年代には，急速に金融自由化が進み，企業の資金調達と資金運用が大きく変化した。まず，企業の資金調達は，それまでの銀行借入れ中心から，エクイティ・ファイナンス（株式発行を伴う資金調達）へと比重を移してきた[21]。転換社債やワラント債によるエクイティ・ファイナンス[22]は，80年代後半の株価上昇局面において極めて低利の資金調達を可能にし，巨額の資金が企業の手元に入ったのである。

表2－1の上段は，5年毎に企業の資金調達額をまとめたものだが，1975―79年度から1985―89年度へと，企業の資金調達額は3倍以上に膨れ上がっている。同表の最下段の数値は，売上高に占める資金調達額の割合であり，これもまた80年代後半，急激に上昇している。つまり，企業は売上高の伸び以上に，過剰な資金調達を行ったのである。言い換えれば，80年代後半，企業は「本業」に必要な金額を上回って，資金を掻き集めたことになる。

仮に，本業に必要な資金調達額が1984年までの数値に見られるように，売上

表2－1　企業の資金調達額と対売上高比率の推移

（単位：1,000億円，％）

	1975―1979年	1980―1984年	1985―1989年
資金調達額	747.8	1,149.7	2,442.2
売上高	28,713	45,146	58,127
資金調達額／売上高	2.6%	2.6%	4.2%

（単位：1,000億円，％）

	1985年	1986年	1987年	1988年	1989年
資金調達額	261.4	349.4	446.7	570.5	814.2
売上高	10,591	10,573	11,167	12,717	13,079
資金調達額／売上高	2.5%	3.3%	4.0%	4.5%	5.2%

（資料）宮崎義一『複合不況』中公新書，1992年，p.153より作成。

高の2.6％とするならば，1986年には 7.4兆円，1987年は15.6兆円，1988年は24.2兆円，そして1989年にも47.1兆円に上る過剰な資金調達が行われたことになる。この合計金額は，実に94.4兆円に達している。この巨額な資金の一部（約 1／3）が設備投資など生産部門に活用され，80年代の持続的な好景気をもたらす要因となったが，残りの大部分（約 2／3）は，いわゆる「企業財テク」に回され，バブルの膨脹に一役買ったと推測されている[23]。

事実，80年代後半には，企業の資金運用の変化が顕著であった。特に，1987年の株式投資額が前年比13.8倍へ，1988年の商業手形（CP）への投資額は前年比18.1倍へ急増しているのが目を引く。また，信託会社に資金運用が任された「特定金銭信託（特金)」や「ファンド・トラスト[24]」も同時期，急増している[25]。1980年の制度改正によって，特金やファンド・トラストで得た株式は，保有株式の簿価とは分離して会計処理できるようになった。つまり，企業にとっては保有株式の含み益をはきだすことなく，新たな株式投資が可能となっていたのである。

さらに，1984年の「円転換規制の撤廃[26]」により，円と外貨の転換が無制限に認められたことで，外国証券投資が急増した。80年代を通じてのアメリカの高金利による内外金利差と円高傾向によって，外国証券投資への魅力も増していたのである。80年代には，本業部門の海外展開である海外直接投資の大きさが注目を集めたが，80年から90年までの外国証券投資残高合計は，同期間の海外直接投資残高合計の概ね 3.2倍に達している。

結局，低利の資金調達によって集められた多額の余剰資金は，長期的な収益を目指して設備投資を行う日本企業にも，キャピタル・ゲイン目当ての短期的な資金運用という行動を採らせたといえる。こうした本業軽視の利益主義が，株式投資に失敗した「日東あられ」に象徴される財テク企業の倒産や，企業の財務体質の弱体化をもたらしたのである。

3　産業をめぐる環境変化

1980年代は，戦後二度目の急激な需要の膨脹期であった。1960年代の「いざなぎ景気」の後には，ニクソン・ショックとオイル・ショックの時代がやって来た。同様に，「平成景気」もバブルの破裂で終焉を迎え，経済界は「複合不況」[27]に苦しんでいる。

企業が，その対応策を考えるには当然，時代の要請に応えたものでなくてはならない。ニクソン・ショック後，1970年代に円高が進んだ際，日本企業は①ドル建輸出単価引上げ，②輸出数量増加，③経費節減，④下請け転嫁などの対応策[28]を講じた。これが，1985年『プラザ合意』以降の超円高時代に入ると，生産拠点の海外移転が進み，内需への転換が積極的に行われた（国際戦略と国内戦略の結合）。また，オイル・ショックは，産業界の省エネ化を進め，重厚長大型から軽薄短小型へと産業構造を転換させている。

各対応策は，時代との整合性を持ち，その後日本企業は国際競争力を増している。今回の不況に関しては，問題点を前節で三点に絞って見てきた。では，平成の不況を乗り切るために，企業は何をすべきなのか。その答を求めて，ここでは，わが国の産業界が置かれた環境の変化を明らかにしていく。

(1)　消費者嗜好の変化

バブル崩壊後，消費者嗜好は『低価格化』と『実益志向』という二極化を見せている。バブル期好調だった「絵画」「高級車」「宝飾品」などが大幅に売上げを減少させる一方で，お徳用パック商品が人気を集め，小売業界ではディスカウンターが幅を利かせている。

90年代の初めに百貨店業界の首脳が，これまでの高価格化路線への反省として，「小売りの原点は安売りである」と発言して注目されている[29]。実際，高級イメージを保持してきた百貨店でも，今では安売り・バーゲンが頻繁に行われ，100円ショップがテナントとして入居する状況である。

消費者嗜好の『低価格化』を供給サイドから見ると，冷え込んだ消費意欲を喚起するのは，値下げということになる。国内パソコン大手のNECが，バブル崩壊後の92年10～12月期に前年同月比９％も出荷台数を減少させたのは，消費の落ち込みや，安売り攻勢を掛けてきたコンパック・IBMに市場シェアを奪われたわけではなく，消費者がNECの対抗的値下げを期待し，買い控えに走ったからと言われている[30)]。

短絡的に，ただ価格を下げれば良いというものではないが，購買意欲を刺激する値下げ競争は，その市場を拡大し，技術革新を推進する傾向を持つことに目を向けねばならない[31)]。現在の消費者嗜好の『低価格化』は，「良いものをより安く」という企業本来の経営スタンスを再認識させていると言えよう。

次いで，サービス産業を取り上げ，消費者の『実益志向』を見ていく。景気後退にも拘らず成長しているサービスには，①ライフ・スタイルの変化に合わせて必需品になりつつあるもの，②金銭的節約に結び付くもの，さらに③趣味の分野がある。

例えば，①としてはベビー・シッターや高齢者の在宅ケアが挙げられるが，高額所得家庭ばかりでなく，利用者層に随分広がりが感じられるという[32)]。②にはユーザー車検代行サービスがあるが，このサービスは，車検を整備工場へ依頼する場合に比べ割安感が大きく，日数も僅か一日で済む。このため各社とも売上げを順調に伸ばし，軒並み前年度比20％を上回る業績をあげている[33)]。

また，③には語学やダンスの教室，カルチャー・センターなどがある。余暇時間が伸びたことも一つの要因だが，これらは将来を見越した自己投資型の色合いが濃いようである。関連各社では，講師などの人件費上昇から５～10％の値上げを実施したところもあるが，生徒数は増加しているのである[34)]。これらは，不況下でも消費者の嗜好を確実にとらえれば，業績は伸びるという好例であろう。当然，製造業などの他産業でも当てはまる考え方である。

そして，消費者嗜好が国内では『低価格化』と『実益主義』へ向かう一方で，国際的には『均質化』の動きも見られる。これまで，消費者嗜好の多様化ということが，産業界では声高に叫ばれてきたが，地球規模のデジタル情報網の発達とともに，特に若者層や特定グループの間で，国際的な消費の『均質化』が始まっている。

事実，各国の若者の消費行動には驚くほど多くの共通点がある。例えば，ロンドンやパリ，ロサンゼルス，東京のどこでも，ディストロイ・ファッション[35]や，インディーズ・ブランド[36]が幅を利かせている。彼等がMDプレイヤーで聞いているのは世界的にヒットを飛ばすヒップポップ系音楽であり，軽い食事などはマクドナルドやケンタッキー・フライドチキンで済ませてしまう。そして，ハリウッド映画が人気を博し，その関連商品は爆発的に売れている。若者の間で最も関心の高い車は，各国ともRV車で余暇の過ごし方やスポーツの傾向まで似通っている。

また，各国の技術者が使用しているコンピューターは，ソフトに多少の違いはあるが，ハード特に，その内部部品は全く同じか，単にクラスが違うだけの場合が多い。仮に彼等が，PC／AT互換機を使っているならば，システムの相互互換性や，ソフトウェアとデーターの互換性といった国際性をも満たしていることになる。さらに，各国のエリート・ビジネスマンが身に付けているのも，英国製のスーツと靴，ネクタイはクレージュ，ハンカチがピエール・カルダン，ポケットには携帯電話を持っているのが平均像ではなかろうか。

このような消費の『均質化』は，先進国間の同程度の所得水準とデジタル情報網の発達，そして，似通った教育水準がもたらしたものと考えられる。そこで，経済成長の著しいアジア諸国などでも，この動きは今後，大いに広まっていくことが予測できる。したがって，こうした若者層や特定グループによる消費の『均質化』は，企業による「世界商品」の発売を促すものとなるであろう[37]。換言すれば，企業にとって，国籍や民族的特質を越えた価値判断で，生産・販売活動が求められるのである。

⑵　多角化の曲がり角

1980年代，日本企業は積極的に多角化経営に取り組んできた。急激な円高による輸出競争力の喪失と内需転換が，その契機であった。すなわち，輸出競争力を失うことにより，生産拠点の海外移転が進み，一方で新たな国内需要を喚起するために，事業の見直しが始まったのである。

まず，事業構成の見直し（リストラクチャリング）は，本業部門の比重を引き下げる「脱本業化[38)]」が特徴であった。例えば，1986年に全産業平均で，本業部門以外の売上高比率は 37.1%に達している。なかでも，精密機械，非鉄金属，繊維の各産業は，売上高の 50%以上が本業部門外で挙げられたものとなっている。企業の経営目標でも，「新製品・新事業比率の拡大」を掲げる企業が多かった[39)]。これは，従来の多角化が本業から派生的に誕生してきた点とは大きく異なっている[40)]。

ただし，こうした80年代式の多角化は，すでに行き詰まりを見せている。問題点は二つに絞られよう。それは，①進出分野の決定が安易に行われたことと，②多角化に組織の改編が追いつかなかったことであった。

まず，①に関してだが，バブル期に企業は潤沢な資金を元に，需要を過大に見積もったまま，新規事業へ参入していった感が否めない。実例として，新日本製鉄の場合を取り上げていく。同社が情報処理や新素材分野へ進出するために設けた会社数は20社を上回り，投下資本も1,000億円を超えている。しかしながら，成功したと言えるものは見当たらない。シリコンウエハーの「ニッテツ電子」には約 340億円を投入したにも拘らず，売上げは僅かに60億円程度，また，1987年に資本参加した電子応用装置の製造販売会社「タウ技研」は赤字続き，そして，放電加工機メーカー「ジャパックス」は維持できずに手放してしまっている。新日鉄の新規事業であるエレクトロニクス・情報・新素材の3分野合計の売上高は，目標達成から程遠い状態に陥っている[41)]。こうした多角化について，新日鉄の社長自ら「言葉は悪いが最初は手当たり次第の多角化。素人の悲しさで失敗したり，撤退した事業はいくつもある。これからは絞り込み，メリハリをつける」と語っている[42)]。

次いで②についてだが，この問題を要約すると，多角化が本業を越えて余りにも広範囲にわたり，かつ，伸展が早すぎたために『社内の組織作り』と，『グループ企業内での調整』が追いつかなかったと言える。

一般に，日本企業の組織は製品毎の事業部体制であり，縦割り組織となっている。バブル期に多くの企業が行った多角化は，ソフト分野への進出であり，その場合，事業部毎の『規模の経済性』追及から，横に拡がる『範囲の経済性』追及への発想転換が必要であった[43)]。なぜなら，開発された技術やノウハウ，人材は，幾つかの分野に利用されることで，生産コストの引き下げに繋っていくからである。つまり，多角化に際しては，人や技術，ノウハウを横割りグループで有効利用すべきであったが，組織の改編は往々にして進まなかったのである。例えば，「C&C」＝「通信とコンピューターの融合」を謳い文句にしてきたNECも，営業の第一線では通信部門とコンピューター部門が個々に活動する非効率性が指摘されてきた[44)]。

また，80年代にはグループ企業間でのコンセンサスを得ることなく，多角化を進めた結果，「グループ内の複数社が，同一商品をバラバラに生産する」ことがあった。こうした競合関係も市場が伸びている間は良い方向に作用したが，市場の成長が止まると，たちまちグループ全体の収益悪化をもたらしたのである。グループ内では，各社の特化分野の選別，言い換えるならば，競合から補完への関係改善が，収益の向上へ繋っていくのは明らかである。

ここでは，多角化を全面的に否定するわけではない。ただ現在は，不採算部門を見極め，投資分野を重点事業に絞り込み，かつ，既存事業のテコ入れをすべき時期を迎えているのである。

最近，米国の製造業が息を吹き返し始めたのは，多大の出血を伴うスリム化を断行してきたからと見られている。日本企業も放漫な財務体質が生み出した過剰な設備投資による生産効率の低下を食い止め，経営のスリム化を図っていかねばならない。

そして，今後は欧米・日本ともに爆発的な需要の伸びは期待できず，また，近年目覚しい発展を遂げているアジア諸国も，世界市場に占める地位はまだまだ下位と言わざるを得ない[45)]。したがって，各企業は投資部門を絞り込み，スリム化から生産効率の上昇というプロセスを経て，市場のゼロ成長に備えた企業体質を築かねばならない。これまでのツケを考えると，多角化の「再」リストラクチャリングが，今後の企業の行く末を決定すると言っても過言ではないであろう。

(3)　国際化による企業経営の変質

第二次世界大戦後の日本企業は，ひたすら拡大路線を突っ走り，世界市場で圧倒的な競争力を誇ってきた。現在，家電製品の貿易では，日本から米国へ年間約 200億ドルの輸出がなされているが，これは米国内で生産される家電製品の概ね3倍に達する貿易額である。同じように，日本から西ヨーロッパ諸国へは年間約 180億ドルの輸出がなされているが，これは西ヨーロッパ諸国内で生産される家電製品の 50%以上に相当する金額である。また，自動車，トラック・バス，工作機械，半導体，パソコン，ソフトウェアなどといった分野でも世界市場で大きなシェアを担っている[46]。結果として，「日本の産業界は，世界で最も有力だ[47]」という評価を得るようになったのである。

しかし，広範な海外進出を成し遂げた日本企業への風当たりは相当に厳しく，欧米では保護貿易主義の抬頭が懸念されてきたことも事実である。同時に，外国企業に対する日本市場の閉鎖性，特に日本的商い慣行の特殊姓が批判のヤリ玉に上がるようになった。こうした状況のなかで，日本企業の在り方そのものを見直す気運が高まってきたのである。

1992年初めに，ソニーの故盛田昭夫会長が「日本型経営が危ない」という論文[48]を発表し，各界で大きな反響を呼んできた。この論文の要旨は以下のようなものであった。

「これまで，日本企業は国内の競争に打ち勝つため，低価格・大量生産を行い，薄利多売を繰り返してきた。そのため，長時間労働・低い配当金が正当化され，世界市場に於いても同様の行動パターンを採り，激しいシェア争いを演じてきた。国際化が進んだいま，こうした企業行動は見直されるべきである。すなわち，日本企業は労働時間の短縮，賃金や配当金の引上げを行い，社会貢献や環境問題への取組みにも積極的であるべきである。また，研究開発の分野では競争を制限し，効率化を図るべきである。そして，経営戦略を利潤率重視型の欧米型に近付け，先進各国と同じ土俵の上に立ち，共存共栄していくよう努めねばならない[49]」

盛田論文で取り上げられた各テーマには，多くの賛同と批判が寄せられたわけだが，現在，日本企業が各国の企業と折り合うための方策を模索せざるを得ないことだけは確かである。ただし，それはこれまで培ってきた経営の特徴や制度を全て放棄することを意味していない。双方が歩み寄って，より普遍的なものを構築していくことが求められる姿である。確かに，常に海外企業の基準に合わせることが，日本企業の唯一の選択肢ではない。各国それぞれ文化的背景，歴史的制度，社会慣行の相違があり，それらは一方が他方に合わせるというものではなく，互いに尊重しあうものである[50]。

大事なのは，世界市場はゼロ・サム社会であり，勝者が存在すれば，敗者もいることに気づくことである。すなわち，世界市場の競争では，あたりを薙ぎ倒し，一人だけが勝ち残っても，相手国企業の没落から，その国の購買力の損失に繋り，消費者をも失うことになりかねない。経済システムは相互依存的なものであり，一人勝ちは一人負けと同義語なのである。

具体的に日本企業に求められるのは，国内市場を積極的に解放し，技術面や販売面での協力を惜しまないことである。そして，市場への参入，政府の規制と援助，雇用形態なども非合理性を排除し極力透明性の高いものにして，国際的にも受け入れられるものにすべきであろう。そうしたなかで，日本的経営の普遍的な長所は，海外企業へも吸収されて共通の財産となっていくことであろう[51]。

さらに，世界市場をリードする日本企業には，それ以上の責任が課せられている。自然保護や文化支援などの側面もあるが，それは「自己変革への取組み」である。産業内で横並びの行動を採ってきた日本企業は今や，世界市場が絶えず望む新しい価値観に応えていかねばならない。研究開発や新製品，販売網など，同業他社を睨んだ横並びでは，素早い価値観の変化を捕えることはできない。自らが新たな価値を生み出す「価値創造型企業」へ脱皮して，新商品・新制度で世界市場を牽引することが求められている。

また今後は，大いに自己主張をする企業，自らが目指すところを内外に開示していき，他との折衝を厭わない，例えてみれば企業の顔が見えてくる企業が求められていると言えよう。

4　求められる企業経営

(1)　ゼロベース成長

バブル崩壊後の10年間は，企業にとって強い逆風の吹く季節となった。消費の満腹感が広がり，かつ，車や家電製品などをはじめとして，多くの高級品を手にしたことで，より「実用的な消費者志向」が芽生え，国内需要は落ち込んだ。一方，バブル期の横並び競争で膨らんだ固定費，そして，本業を軽視し財テクに走った末の金融収支悪化が各社に重く伸し掛かり，結果として，収益率の急速な下降カーブが表面化した。

こうしたなか，日本企業の損益分岐点売上高は，86年度から91年度までの5年間に 39%も増えているのである[52)]。繰り返すが，バブル期の横並び体質的な各社同時拡大投資で固定費が増大し，そこへ売上高の減少が襲ってきたのだから，利益が出にくくなって当り前と言えよう。特に，平成不況には需給の循環的要因に加えて，消費飽和感という構造的要因が横たわるので，各社の売上げは過去の水準を大きく下回ったのである。

そこで，今や「産業内横並び体質」発想では，産業全体が死んでしまうことを認識せねばならない。「メーカーが量的競争に明け暮れていては利益を出せない時代になった」のである。売上高，シェア至上主義と訣別し，「低コスト収益確保型企業」への脱皮が必要である。つまり，先に述べたような日本企業特有の『短期サイクル・大量生産』の発展経路から，「売上げが伸びなくても確実に利益の生み出せる体質[53)]」という「ゼロ成長経営」が模索されねばならないのである。

「ゼロ成長経営」には企業の徹底したスリム化が不可欠であり，その核心は，コストの削減と生産工程の効率的管理・運用にある。確かに，スリム化の途上では，投資や雇用の減退がもたらされようが，こうした中長期的な環境変化に対する経営方針が，不況という逆境下の調整期間を短縮するのである。結局，以前のような「輸出ドライブ」では貿易摩擦を激化してしまう。各企業の徹底したコスト削減と，そのための工夫が，再び活力ある成長を取り戻すのである。

(2) 行動の指針

「ゼロ成長経営」を実現するためには幾つかの方策が考えられる。まず，バブル期に行われた多角化による事業の膨張を抑え絞り込むことである。こうした採算重視の事業部絞り込みは，収益力のアップをもたらし，経営の体質改善を促すものと言えよう。

確かに，これまで通りの全社一律方式の経費カットだけの見直しでは，もはや効果は上がらなくなっている。また，ライバル企業との横並び意識，特約店との関係を気遣うあまり，赤字部門からの撤退に躊躇するようでは収益力の向上どころか，成長分野の足を引っ張ることにもなりかねない。

そして，コスト削減から損益分岐点を引き下げることは，競争社会における価格の下落を導きやすい。製品価格の下落は消費者の立場からすると，実質所得の増大を意味し，購買力の向上をもたらすものとなる。消費意欲が上向くことで，既存製品そして新製品の販売も促進されることが予測できるのである。

次いで「ゼロ成長経営」を目指して行うべきことは，グループ企業内および下請企業間の効率的供給体制の確立である。すなわち，市場が飽和状態を迎え利幅が薄くなっているいま，製品モデル数をいたずらに増やすことを止め，グループ各社間の「製品の共通化」に取り組まねばならない。また，部品，各種規格，規格検査などについても共同歩調を取ることができよう。そして，グループ各社では，共同利用できる生産要素をいくつも抱えているはずであり，それらの有効利用を考えていくべきである。つまり，大量生産による生産コストの引き下げから脱却し，一度入手すれば追加的なコストは殆どかからない情報や技術を複数の分野に利用することで，生産コストを低減させていくのである。これは，先に触れた，『規模の経済性』の追及から『範囲の経済性』の追及への発想転換と言えよう[54)]。

また，親会社が下請企業・工場の生産工程を一括管理することで，生産効率を上げることが考えられる。下請企業の製造工程を一括管理することとは，親会社のホスト・コンピューターと連動した情報ネットワークをグループ企業間に作り上げることを意味している。情報内容としては，生産の進捗状況，納品予定，需要に見合った製品数，最終的な納品チェック基準などがあげられよう。構築されたネットワークを利用して，こうした情報を瞬時に，やり取りすることで，生産工程のロスを省き品質管理を徹底しコスト削減を実現するのである。実際のこうした動きは，小売業界が行っているPOSシステム（販売時点情報管理システム）やイントラネットの活用に見ることができる[55)]。ネットワークの構築にコストは掛かるが，何より中長期的には企業経営を潤すものとなるであろう。

「ゼロ成長経営」を見据えた三つ目の方策は，製品機能の徹底的な見直しである。消費者志向が変わったいま，製品そのものへも目を向け，無駄な機能の削減による，製品の低価格・実用本位を達成すべきであろう。過度の多機能化が進んできた各種製品から，消費者が実際には使わない機能を徹底的に省き，操作性を向上させ，同時に低価格を実現するのである。すなわち，製品機能を思い切って絞り込むことで，部品数と生産工程数を大幅に減らし，また，それぞれの検査に必要な人員数も減らしていくのである。

もちろん，「低コストばかり重視して，安い商品を作っているだけでは，とても消費者の感動は得られず，ヒット商品も生まれない」という批判が生まれてこよう。しかし，『低価格化』『実益志向』とともに世界的な消費の『均質化』が生まれるなかで，この動きは単なる不況対策を越え，新たな消費者ニーズに合致したものでもあり，今後の企業経営の一つの選択肢となり得るだろう。

最後の方策は，積極的な企業提携の推進である。現在，各企業は深刻な収益の減少から，事業の見直し作業を始めているが，個別企業内の経営努力だけではやはり限界がある。そこで，新たな企業間同士の業務提携によるコスト削減・収益確保の戦略が必要となっているのである。家電産業や自動車産業では，こうした動きがいくつか見られる[56]。

例えば，自動車産業でも，1993年には長年の宿敵関係にあったトヨタ自動車と日産自動車が，自動車メーカーにとって最重要なエンジン部品の共通化に乗り出すことを発表した。自動車各社は，不況の下で部品の共通化に取り組んできたが，これまでは資本関係のある系列企業内のものに止まっていただけに，巨人同士の提携が業界全体に与えた影響は大きなものがあったようである。このことは，自動車産業の非常に厳しい経営環境を裏付けるものであると同時に，「下請け・ピラミッド型経営体質」を系列のワクを越えた「経営効率第一主義」へと変換するものと言えよう。

こうした業務提携による部品の共通化やOEM調達（相手先ブランドによる生産）は結局，競争力のない製品・部品を自ら手放すことで採算性を引上げることが狙いだが，同時に「攻めに向けての準備段階」ととらえることもできる。それまで振り向けていた資金や人材を次世代製品の開発に，使うことが可能となるからである。また，市場の飽和感を和らげる効果も持っている。つまり，「各社が一斉に同じものを生産・販売し，あっと言う間に市場を食い潰してしまう」ことを避け，各社がそれぞれの戦略部門に力を集中し，商品や部品を相互に補完し合うのである。「相互」補完は，各社で各分野のノウハウの蓄積を進め，双方ともに技術力の維持・向上を可能としていくのである。

特に技術分野の提携は，製品規格の産業内における標準化を促し，異機種間の接続や互換を容易にすることで，市場の拡大をも達成することが指摘されねばならない。今後大きく伸びることが予測できるマルチメディア分野などで，世界的な企業提携が進められているのは，まさしくその現れであろう。新しい市場に関して世界的な合意ができていれば，競争による発展と，特に部品供給でのスケール・メリットが得やすくなる。国境を越えた生産・販売戦略を立てる各企業は，同一の土俵の上で活動することで，各国消費者の利便性を高めていき，世界的需要の喚起を促すのである。

5　お わ り に

ここでは，中長期的な企業活動の指標となる投資と，その環境について触れておきたい。

需要の落込みを前提に今後の投資計画を立てると投資は減少せざるを得ないが，一方で，積極投資に転じようとする企業も存在している。事実，投資環境に関しては先行きに明るさも出てきた。まず，地価や設備が安くなっている。景気への刺激策から，金利が上がらない。中長期的な人手不足に対処する好機である。これら以外にも，「環境投資やリサイクル（資源の再利用）のための投資は必要[57)]」という意見もある。

さらに，マクロ経済指標からも，いくつかの好材料を拾い上げることができる。第一に，情報技術（IT）投資が積極的に行われており，90年央にかけて前年比増加に転じたこと。第二に，資本ストックの前年比伸び率が下降していること。第三には，製造業の投資採算が僅かながら上向いてきたことである。

日本開発銀行の分析に従えば，「これまでは資本ストックの伸び率が低下し始めてから2年後，投資採算が上昇に転じてから9から15カ月後に製造業の設備投資が回復に転じている[58)]」のである。

こうした理由により，設備投資全体は徐々に下げ止まり，景気回復の一つの足掛かりになることが予測できる。つまり，大きな節目となったバブル崩壊後の経営転換は追い風を受け始めているのである。

また，多くの産業が未来型市場への参入を目指していると言われる[59)]。野村総合研究所の調査によれば，主要企業の37%が情報通信分野への参入意欲を示し，環境分野に34%，医療介護分野は24%，生活文化（学習・余暇・家庭支援）関連分野には16%が進出の意思を持つという。これらの市場規模は，2010年には情報通信分野が130兆円，環境分野が40兆円，医療介護分野が90兆円，生活文化関連分野が40兆円に達するという予測がなされている[60)]。しかも，この間に四つの市場で計460万人の雇用創出が期待されているのである[61)]。

もちろん，その後の経営戦略が上述のような一部産業分野に偏重したものである必要はないし，各戦略が画一化する必要はない。また，そうであってはならない。国際政治の世界でも，これまで普遍的と見られてきたイデオロギーが崩れたように，企業経営の価値観も随分と様変わりしつつある。ただし，一つ確実に言えることは，「各社のメンツをかけた過当競争の時代」が終わったいま，各企業は，一人だけ勝ち残るつもりで，アウト・レンジ戦法[62]で闘っていては，生産と消費の相互連関のなかで，双方共倒れてしまうことになる。自社の「ゼロ成長経営」を達成しつつ，他とともに採算効率の上がる理想的な依存関係へ向けての試みを着実に進めていかねばならないということである。

(参考資料)

1)　Milton & Rose Friedman『*Free to Choose*』, 1980.（西山千明訳『選択の自由』日本経済新聞社，1980年，p.6）

2)　ボーモル（W.J.Boumol）の売上高極大化仮説によれば，企業の目標は売上高の極大化にあり，必ずしも利潤の最大化とはならない。理由は以下のとおり。

　①　売上高の増加は，消費者や資金提供者からの評判を良くする。

　②　売上高が減少すると，商品を販売するルートを失い，不況に脆くなる。

　③　売上高の増加している時の方が，労使関係の調整が楽である。

　『経済学大辞典（第2版）II』東洋経済新報社，1984年，p.149など参照。

3)　コダック・フジ・コニカ・アグファの四社寡占状態である。

4)　大前研一著『トライアド・パワー』講談社，1992年，p.83。

5)　Kenichi Ohmae, *The Borderless World*, 1990.（田口統吾訳『ボーダレス・ワールド』プレジデント社，1991年，p.100）

6)　当時，米国市場で激しい価格競争を繰り広げていたのは，日本企業と韓国企業であり，例えば，4 MDRAM では韓国製品がダンピング提訴を受け，一方の日本製品についても提訴が検討されたという。「日本経済新聞」1992年10月23日。

7)　「日本経済新聞」“経済教室”1992年11月3日。

8)　「日本経済新聞」1992年10月29日。

9)　「日経ビジネス」1992年11月23日号，p.18。

10)　同上。

11)　同上。

12)　大庭俊介著『よいワープロ・悪いワープロ』JICC 出版局，1990年，p.10。

13)　同上書，p.12。

14)　栗田房穂著『遊びの経済学』PHP 研究所，1986年，pp.56-68。

15)　「日経ビジネス」1992年11月23日号　p.18。

16)　田中直毅著『日本経済の構想』日本経済新聞社，1992年，pp.39-40参照。

17)　別メーカー製品の場合，使用するフロッピーディスクのサイズや種類が違うことがしばしばで，仮にフロッピーディスクが同一のものでも，まず互換性はなかった。ただし，最近は MS-DOS 搭載の機種も出てきたので，パソコンとのデータ互換性も満たしている。

18)　現在は改善されたが，松下グループ各社のワープロは互いに互換性がなかった。また同じグループ内で規格が違うため，部品の互換性がない場合も多かった。例えば，セイコーエプソンとセイコー電子工業では，時計の針や歯車など部品の互換性に乏しかった。ただし，1993年５月に両社の間で部品共通化へ向けての合意がなされた。

19)　セイコーエプソン製品の利点であり，同社はその点を大いに宣伝した。

20)　森正紀著『工業経営論』中央経済社，1985年，pp.10-13及び pp.49-59参照。

21)　宮崎義一著『複合不況』中公新書，1992年，pp.160-164。

22)　企業の新株発行を伴う資金調達のこと。転換社債（CB），新株引受権付社債（ワラント債）の発行以外には，時価発行増資や中間発行増資が主な方法となっている。

23)　宮崎義一著，前掲書，p.154 。

24)　両者とも，信託銀行が機関投資家や企業から預かった資金を公社債・株式等で運用する金融商品のこと。特定金銭信託（特金）とは，運用対象（公社債・株式）の種類，売買時期を投資家が指定できるものを指し，ファンド・トラスト（ファントラ）とは信託銀行の裁量に任せるもののこと。岩田喜久男著『経済学の基礎知識』日本経済新聞社，1988年，p.139。

25)　宮崎義一著，前掲書，pp.137-139。

26)　円転換規制と言われるのは，外国の短期資金流入によって国内金融政策が撹乱されるのを防ぐための措置である。これは，金融引締めを採用した際に，短期外貨を取り入れて為替市場で売って，円に換え国内で運用することになると引締めが尻抜けになるので，1968年に為替銀行に対して円に転換する限度枠を設定したことに始まる。円転換規制は特に1970年代に入って強化されていた。木下悦二著『外国為替論』有斐閣，1991年，p.212。

27)　宮崎義一著，前掲書，pp.259-262。

28)　商工総合研究所編『中小企業の海外進出』中央経済社，1990年，pp.3～4。

29)　「日本経済新聞」1993年２月２日。

30)　「日本経済新聞」1993年1月10日。
31)　電卓の例でも分かるように，適正価格→需要拡大→生産拡大（技術進歩）のサイクルが働くと考えられる。
32)　「日本経済新聞」1992年11月24日。
33)　1992年11月に日本経済新聞社が実施した「サービス価格調査」による。
34)　同上。
35)　美しく完成された衣服を否定し，つぎはぎの服やペンキを描きなぐった服などで未完の美を表現しようとするファッションのこと。
36)　1980年代に流行した高級ブランドに対抗して，自分だけの独自ブランドを持とうとするファッションの動き。特定の店にしかないブランドのこと。
37)　大前研一著，前掲書，pp.303-307。
38)　中村修一郎著『21世紀型中小企業』岩波新書，1992年，pp.26-28。
また，こうした企業行動を“業際化現象”と見る向きもある。業際化とは，特定産業に属する企業同士が，互いの産業分野に進出することで，特に本業部門の将来性に危機感を抱いていた産業間で顕著であった。企業の業際化現象が進展したのは，本文中で述べたように，企業行動が「規模の経済性」から「範囲の経済性」を追及するようになったことも大きな要因とされている。
39)　小峰隆夫著『日本経済の構造転換』講談社，1989年，p.98。
40)　加護野忠男著『企業のパラダイム変革』講談社，1988年，pp.42-43参照。
41)　日本経済新聞社編『日本経済新論』日本経済新聞社，1992年，p.168。
42)　同上書，p.169。
43)　小峰隆夫著，前掲書，pp.100-101。
44)　日本経済新聞社編，41)前掲書，p.170。
45)　島野卓爾著『日本経済を見る目』講談社，1981年，pp.156-157。
46)　Anthony Rowley, “Ease up Japan-Kyosei could change how people live, work and compete” *Far Eastern Economic Review*, Dow Jones & Co.1992，p.53.
47)　*Ibid.*
48)　「文芸春秋」1992年1月号に掲載。
49)　Anthony Rowley，supra note 46)pp.53-54.
50)　日本経済新聞社編，41)前掲書，pp.198-200。
51)　同上書，p.201参照。
52)　銀行・証券・保険を除く上場企業1,484社の統計である。「日本経済新聞」1992年11月18日。
53)　「日本経済新聞」1992年11月26日。
54)　中谷巌著『転換する日本企業』講談社，1987年，pp.158-162参照。

55）　同上書，p.131。

56）　例えば，1993年３月に，松下電器が発表したハイビジョン用のレーザーディスク（LD）プレーヤーでは，最大のライバルであるソニーから，OEM（相手先ブランドによる生産）調達が行われた。「生産コスト，発売時期を考えてみて，今は自社生産しても合わないと判断した。これまでなら意地でも自社生産していただろう」と松下電器幹部が語ったように，意地を張らずに，冷静にコスト削減を考えた末の結論であった。また，業績不振に苦しむNECホームエレクトロニクスも，VTRの生産を中止し，三洋電機からの全面的なOEM調達に切り替えている。これは，VTRの開発・生産にかかる「目に見えないコスト」を削減し，その分，他の商品の競争力をつける戦略と説明されている。他の家電各社も，カール・ブラシなどの理美容品やジューサー・ミキサーをはじめとする調理器具など小物品でかなり幅広くOEM供給を受けており，その供給元には家電以外のメーカーや，「金星」などの韓国メーカーも含まれるようになっている。「日本経済新聞」1993年２月～４月多数参照。

57）　「日本経済新聞」1993年５月20日。

58）　同上。

59）　「日本経済新聞」2000年１月３日。

60）　同上。

61）　同上。

62）　ボクシング用語で，相手の手の届かないところからパンチを繰り出す戦法のこと。

（加　藤　　巌）

第3章　現代企業の経営戦略

1　構造変革期と経営戦略

バブル経済崩壊後の平成不況を契機として，日本経済は大きな構造変革期をむかえ，個々の企業経営においても，戦後一貫して築いてきた経営システムそのものから見直す必要性に迫られている。つまり，右肩上がりの市場成長を前提とした製品開発や設備投資，また雇用制度などといった，いわゆる日本的経営の基本的枠組みまで変えるような企業革新が求められている。

そして，わが国経済の構造的変革に対応した個々の企業経営における革新的企業行動の代表例としては，リストラクチャリング（以下リストラと略す）への取り組みがあげられる。しかし，現実に行われている企業のリストラ策を見てみると，緊急避難的な不採算事業分野からの撤退や人員の削減など後ろ向きのリストラが大勢を占めており，これまでの日本企業が当たり前としてきたものの考え方や仕組みそのものから変えていく抜本的なリストラ策は，現状ではまだ十分には実施されていない。

いずれにせよ，長期的視点に立った真の意味での企業革新は，この構造変革の時代において不可避の要件となってきており，景気が回復すれば解決できるといったような単なる不況対策の枠を超えたものでなければならない。さらに，企業進化論の考え方からすると，企業は環境への適応を図っていく有機体であり，自らが変化しながら，その環境へ創造的に適応を果たそうとしていくものとされる。そして，企業はそのような自己革新を行っていくことにより，その寿命を克服できる。つまり，企業は絶え間ない革新（イノベーション）の連続を遂行してこそ生き残り，成長が図られるのである。いうなれば，企業革新を時限的なプロジェクトとしては考えず，革新の常態化を目指す発想が必要である。

また，その対峙する環境の変化が構造変革を迫るほど激しい場合には，企業を支える価値体系そのものまでを見直すような根本的な革新が行われなければならなくなる。なぜならば，環境の変化が激しい場合には，これまで抱いてきた価値前提を大いに揺るがし，価値前提の変更を促すからである。そして，価値前提の変更はそのまま企業の意思決定システムの変更にもつながり，意思決定に必要な意味情報まで変わってくるからである。

これらのことから，構造変革期における根本的な企業革新とは，新しい企業観，価値観をもつことであり，単なる制度や手順を議論するだけではなく，「企業とは何か」との問いかけのもと，「新しい企業のあり方」を模索しつづけ，その根底にある価値観を問い直すことが必要になる。

そこで，本章では，経営戦略論のこれまでの成果を概観しつつ，現代の企業に求められる戦略課題とその技法について論じ，第9章において，新しい企業観，価値観を生み出す源泉ともなる「企業のミッション」について検討を加えながら，現代企業の経営戦略の新たな展開を描くことにする。

2　経営戦略論の変遷とその成果

現代企業における経営戦略の新たな展開を論じる際には，まず，その経営戦略の概念を明らかにしておく必要がある。経営戦略論の生成から現在までの歴史的な変遷過程については，さまざまな文献において整理されているところではあるが，ここでは経営戦略へのアプローチの相違に視点をおき，経営戦略の概念について歴史的に考察していくことにする。

(1)　戦略概念形成へのアプローチ（1950年代～60年代前半）

この段階は，軍事用語の「戦略（strategy）」が，はじめて経営学の概念として登場した時期である。

マネジメントの分野で，必ずしも明示的ではないが，「戦略」を最初に問題にしたのは，ドラッカー（Drucker.P.F.）である。彼は「われわれの事業は何か，そしてそれは何であるべきか」と，経営体の生存・成長にかかわる問題意識を提示し，戦略研究のきっかけをつくった[1)]。しかし，ドラッカー以降しばらく戦略を問題にした者はなく，1960年代になってはじめてチャンドラー（Chandler, A.D.,Jr）が「戦略」の概念を用いた。チャンドラーは「企業の長期的な発展と存続にかかわる決定」を戦略と定義したのである[2)]。

このようにして両者は戦略研究の契機を経営学にもたらしたものの，戦略を体系的に研究するための概念枠を形成するまでには至らず，戦略研究の体系的な展開は次のアプローチまで待たなければならなかった。

(2) 事業構造へのアプローチ（1960年代後半）

1960年代は，米国企業の多角化が急速に進展し，新しい事業分野への進出決定をいかに行うかが問題となった時期である。

アンゾフ（Ansoff, H.I.）は，経営戦略の体系とその開発プロセスをはじめて体系的かつ理論的に展開した。彼は，戦略とは「部分的無知の（＝情報が十分でない）状態のもとでの意思決定ルール」であると規定し，戦略的決定とは「経営体が環境に意図的に適応していくこと」であると定義した。そして，その戦略構成要素としてアンゾフは，「製品•市場分野」「成長ベクトル」「競争優位性」「シナジー（synergy：相乗効果）」の四つをあげた[3)]。

アンゾフの定義によれば，戦略は，製品と市場の組み合わせにより四つに分類される（表3－1）。「市場浸透」とは，既存の市場セグメント（顧客ターゲット）に既存の製品を購入する頻度・量を増大させる成長戦略であり，「市場開発」とは，既存の製品を異なった地域，あるいは市場セグメントへと販路を拡大する成長戦略である。「製品開発」は，既存の市場セグメントに新製品を導入する成長戦略であり，それには既存製品の改良まで含まれる。「多角化」は，新製品を全く新しい市場セグメントへ導入する成長戦略であり，その際に重要となるのがシナジー（シナジーには，販売，生産，投資，マネジメントの4種類があるとされている）である。関連多角化が，非関連多角化よりも成功率が高い

表３－１　成長ベクトル

製品／市場	既存製品	新製品
既存市場	市場浸透	製品開発
新市場	市場開発	多角化

のは，シナジーの効果が出ているからである。

アンゾフはまた，その後，環境貢献組織（environment serving organization）の概念を打ち出し，経営体の環境適応に対する問題意識をさらに深める視点を唱えた。[4)]

このようにしてアンゾフによって深耕されるようになった経営戦略展開の研究は，アメリカ企業の多角化の進展とともに，事業構造に関する研究として急速に進んでいった。

⑶　分析的アプローチ（1970年代）

1970年代は，多角化をいかに行うかといった問題よりも，多角化した事業への経営資源の配分をいかにして管理するかが問題とされた時期である。このような問題に対するアプローチ手法として開発されたのが，BCG（ボストン・コンサルティング・グループ）の「PPM（プロダクト・ポートフォリオ・マネジメント）」である。経験曲線効果（累積生産量が倍増すれば，平均費用が20～30％減少する効果）やPLC（プロダクト・ライフ・サイクル）の理論を背景に，経営戦略が市場成長率とマーケットシェアの二次元で操作化できることがはじめて明らかにされた（表３－２）。

PPMでは，四つのセルに以下のような名前をつけ，そのポジションにより「拡大」「維持」「収穫」「撤退」といった方策を検討することになる。「問題児」は，高成長率ではあるものの低シェアであることから，多くの投資を必要としキャッシュ・フローはマイナスである。しかし，投資を続けシェアを高め

表3—2　PPM

市場成長率 ＼ 相対的マーケットシェア	高	1.0	低
高	花　形		問 題 児
低	金のなる木		負 け 犬

ていくことにより将来は「花形」へと成長する可能性を秘めている(「負け犬」となる可能性もある)。「花形」は，高シェアであるが成長率が高いためシェア維持にさらなる投資が必要であり，キャッシュ・フローはまだプラスにはならない。成長率が鈍れば「金のなる木」となる。「金のなる木」は，低成長率，高シェアであることから，新しい投資があまり必要なくキャッシュ・フローの源となる。「負け犬」は，低成長率，低シェアであり，いずれは撤退しなければならないことになる。その後，最適な事業構成を目指すため，GE（ゼネラル・エレクトリック）社とマッキンゼー社による「戦略事業計画グリッド」などのさまざまな戦略策定手法が開発され，1970年代は分析的なアプローチの全盛時代となり，日本の企業でもこぞってこれらの手法を採用した。

また，1970年代の後半になると，このような分析的な戦略策定のアプローチ手法がますます精緻化・体系化され，資源展開のあり方のみならず，資源展開に合わせて組織をつくる経営戦略の実行が問題となってきた。そこで登場してきた戦略概念が，環境—戦略—組織能力を一体化した適合関係として位置付ける「戦略経営（strategic management)」である。そして，その戦略経営とは，「環境の機会や脅威に組織の資源を適合させるべく，組織のあらゆるレベルのミッション，目的，戦略，組織構造，管理システムを統合的かつ分析的に進めるマネジメント」と定義された[5]。

この他，1970年代後半から80年代にかけては，これまで議論されてきた企業全体にかかわる戦略だけではなく，個々の事業分野における競争の問題までもが経営戦略の課題として議論されるようになった。いわゆる「競争戦略」である。ポーター（Porter,M.E.）は，産業組織論的観点から「五つの競争要因」と「競争の基本戦略」を提言した。[6)]

五つの競争要因とは，「新規参入業者の脅威」「他の技術に基づく代替品の脅威」「買い手の交渉力」「売り手（供給業者）の交渉力」「既存競争業者間の競争の激しさ」であり，これらが業界の収益性を決め，業界の魅力度の決定要因となるとした。さらに，競争力を向上させるための基本戦略を，「コスト・リーダーシップ」「差別化」「集中」の三つに集約している（表３－３）。

表３－３　競争の基本戦略

戦略ターゲット		顧客から特異性が認められる	低コスト地位
	業界全体	差　別　化	コスト・リーダーシップ
	特定セグメントだけ	集　　中	

「コスト・リーダーシップ」とは，業界において最も低いコストを実現し優位に立つことを目的とした戦略であり，そのためには，経験曲線効果が必要となり，高いマーケットシェアを目指すことになる。「差別化」は，業界において他社との間で製品やサービス，イメージ等の差別化を図り，特異性を出すことを目的とした戦略である。「集中」は，業界においてある特定のセグメントに焦点をあて，自社の経営資源を集中し競争優位を確立することを目的とした戦略であり，コスト集中と差別化集中の２種類がある。

また，ポーターは，競争の戦略の違いが組織構造や組織の文化とも関連していることを明らかにした。そのような意味では，「戦略経営」や「競争戦略」の概念の登場は，次の段階である組織論との融合へのアプローチの萌芽期だったとも言える。

(4) プロセス的アプローチから組織論との融合へ（1980年代〜現代）

戦略経営の台頭とともに，戦略概念や戦略的思考は一般化されていったが，その一方では分析的アプローチの限界も指摘されはじめた。分析的アプローチは，データを詳細に分析することに重点が置かれたために多数の本社スタッフを必要とし，「戦略策定の集権化と現業部門の自律性喪失」による「分析マヒ症候群」に陥ってしまったのである。[7)]

そのような状況のなかで，マッキンゼー社のピーターズとウォーターマン（Peters,T.J.& Waterman,R.H.）は，超優良企業（エクセレント・カンパニー）には共通の行動特性があることを指摘し，戦略は分析的な手法を駆使して策定されるものではなく，組織のなかの人々の創造的活動によるものだとした。[8)]

これを契機に経営戦略と経営組織との関係についての議論が高まり，戦略もまた組織的な協働の産物だとする認識のもと，経営戦略のプロセス的アプローチが現われてきた。プロセス的アプローチとは，経営戦略を「一連の意思決定の流れ」ととらえ，従来からの長期的デザインから短期的行動を演繹的に導きだす伝統的な経営戦略論とは異なり，行動のなかから戦略を生み出す帰納的な方法で不確実性をできるかぎり除去しようとする戦略理論である。

そして，クイン（Quinn）は，企業の戦略行動を解明するプロセス的アプローチとして，「ロジカル•インクリメンタリズム」という考え方を提示し，[9)]また野中郁次郎は，経営戦略を「組織的知識創造」の過程ととらえ，知識創造は暗黙知と形式知のダイナミックな相互作用を促進する循環過程を基本として展開されると主張した。[10)]このような議論のなかで，戦略が組織的な相互作用の結果として生み出されるとする視点がしだいに明確となり，現代の経営戦略論は戦略論と組織論との融合へのアプローチによる集大成をテーマとして研究が進んでいる。

以上でさまざまな経営戦略のアプローチ手法を歴史的に概観してきたが，実際にはどのアプローチの手法が唯一無二ということではなく，当該企業の現状に応じた形でこれらのアプローチ手法が複合的に用いられていると考えてよい。

3　経営戦略の構造と策定プロセス

(1)　経営戦略の定義

経営戦略に関しては，既述のようにさまざまな議論が行われてきたが，その概念は多様で一般的な定義にややなじまないところがある。しかし，戦略という用語が抽象的であるためか，あまりにも安易に使われすぎているきらいがあるので，ここでは，これら議論に共通する項目を抽出し定義を試みる。

まず第1に，経営戦略が企業とそれを取り巻く経営環境との関係にかかわっていることである。企業は政治・経済・社会といったマクロ環境から，顧客・競合・業界といったタスク環境までの多様な環境要因と交換関係を持つオープンシステムである。しかし，その大半は企業側からの制御が難しく，またその変化が複雑かつ不確定であることから，企業としてはこれらの環境変化にいかに適応していくかということが最大関心事になる。この環境適応のパターンを指し示すのが経営戦略の第1番目の役割である。

第2に，経営戦略が企業の長期的な成長・発展を図る基本的方向性を指し示すことである。従来は長期経営計画がその役割を担っていたが，企業を取り巻く経営環境の変化が一段と激しくなってきた今日においては，固定化された数値目標としての経営計画では対応が難しく，ビジョンやコンセプトといった将来方向を指し示す構想としての経営戦略の重要性が増してきている。

第3に，経営戦略が組織構成員の意思決定のルールとなることである。企業規模が拡大すればするほど，意思決定の統合，整合が困難になる。特に環境適応や資源配分など企業活動全体に影響を及ぼすような意思決定の場ではなおさらのことである。そこで，意思決定をすばやく，的確に行うためのルールとしての経営戦略が必要とされてきたのである。

以上のことをまとめ，経営戦略を一言で定義すれば，「企業が環境に適応し，長期的な成長・発展を図る方向性を指し示すとともに，意思決定のルールとなるもの」ということができるであろう。

(2)　経営戦略のレベル

経営戦略は，企業活動全体に影響を及ぼすレベルから，単一の事業レベル，さらには製品レベルまでとその広がりと深さにより違いがでてくる。企業活動全体にかかわる戦略を「企業戦略（corporate strategy）」，多角化した企業の各事業分野ごとの戦略を「事業戦略（business strategy）」と呼ぶ。しかし，単一の事業を営む企業では，企業戦略と事業戦略が同一のものとなる。

また，事業戦略のレベルでは，競争戦略（competitive strategy）が重要な役割を果たすことになる。さらに，各事業には，生産，研究開発，人事，財務，マーケティングなどといった諸機能があり，この機能ごとに策定される戦略を「機能別戦略（functional strategy）」と呼ぶ。これら各レベルの戦略関係を示したのが表3－4である。

表3－4　経営戦略のレベル

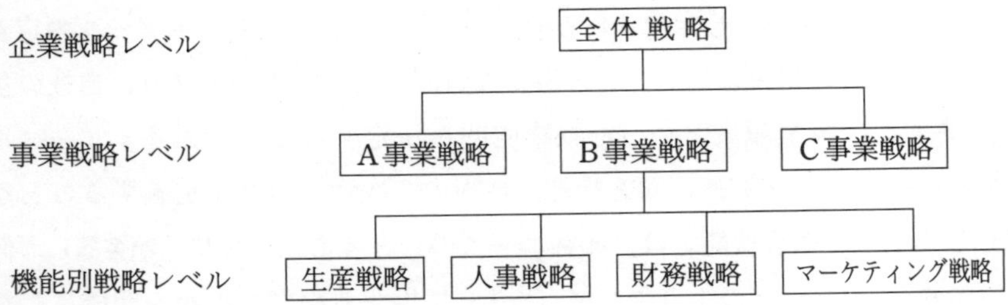

(3)　経営戦略の構成要素と策定プロセス

経営戦略を構成する要素についても諸説があり，ホファーとシェンデル（Hofer & Schendel）は，「ドメイン（domain）」「資源展開」「競争優位性」「シナジー」の4要素を提示している[11]。ここでは，戦略策定のプロセスを構成する要素の視点から，「ミッション（mission）」「ドメイン」「環境・資源分析」を取り上げ検討を行う。

①　ミッション

企業の理念的基礎の重要な部分を担うのが「ミッション」であり，ミッションの作成は経営戦略策定の最初の段階に位置付けられる。通常，ミッションは，ミッション・ステートメント（mission statements）としてアニュアル・レポート（annual report：年次報告書）の冒頭に記されるが，その表明の仕方は多様で，ミッションのほか，バリュー（values）やビジョン（vision），基本理念（philosophy）といった用語が用いられている。ミッションには，ある企業が他の類似企業と明白な違いがあることを示す目的があって，多年にわたって通用する，その企業の存在理由を表明するものである。明確なミッションは，企業目的の確立と戦略策定を効果的に行うために不可欠の要素となる。わが国では，経営理念や社是・社訓がこの役割を果たす。近年，企業の価値観（バリュー）に対する関心が高まりを見せ，「ミッション・マネジメント」や「バリュー・マネジメント」といった概念が登場してきている。これについては章を改め議論する。

②　ドメイン

ミッションを基盤とし定義されるのが「ドメイン」である。ドメインの定義とは，「わが社の事業は何か」との重要な質問に答えるものであり，自社の生存領域または事業領域といった戦略空間を決定することである。エーベル（Abell,D.F.）は，顧客層，顧客機能，技術の3次元で事業を定義することを提唱している[12)]。顧客機能とは，顧客ニーズのことであり，誰に（顧客層），何を（顧客ニーズ），どのようにして（技術）提供する事業なのかを明確にしなければならない。

③　環境・資源の分析

ドメインの定義から戦略代替案の策定まで各戦略レベルに応じて行われるのが「環境・資源分析」である。経営環境（外部環境）における機会（opportunity）と脅威（threat），自社の持つ経営資源の強み（strength）と弱み（weakness）を抽出し分析（SWOT分析）することになる。経営環境は，政治・経済・社会・文化等のマクロ環境（一般環境）と，顧客・競合・業界等のタスク環境に分けられ，多様な分析手法が用いられる。経営資源には，ヒト（人材）・モノ（製品・サービス）・カネ（資金）および情報（技術・スキル・ノウハウ等）などがあり，これら資源の強み・弱みを正しく認識することが求められる。

そして，以上の三つの前提要素に基づき戦略代替案が作成されることになる。また，ミッションやドメインは，企業戦略レベル，事業戦略レベル双方において各々明確化と定義付けが行われなければならない。経営戦略の策定プロセスを図示すると表3－5のようになる。

表3－5　経営戦略の策定プロセス

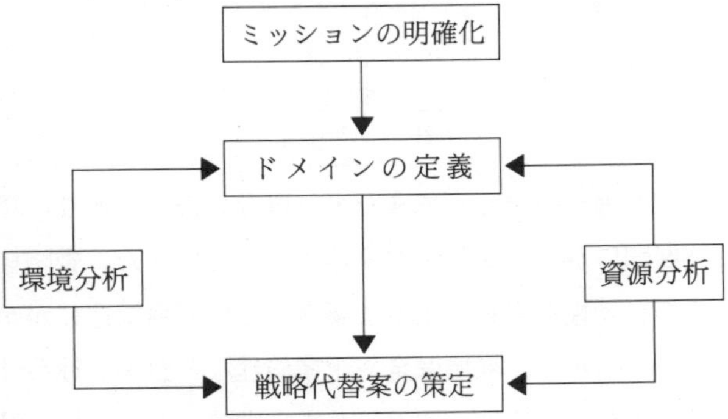

4　現代企業の戦略課題と戦略技法

(1)　経営環境の変化と戦略課題

本章第1節で既述したように，日本経済は平成不況を契機として構造変革期に突入しており，企業を取り巻く経営環境の変化は激しく，かつ複雑・不確定の状況下にある。特に，規制緩和を伴った経済の「グローバル化」，IT（情報技術）を中心とした「技術革新」の進展，地球的規模の環境負荷に対する「環境保全」の高まり，「少子・高齢化社会」の到来は，従来からの経営手法では到底対応ができない状況にまで追いこまれている。また，企業の経営戦略が対象とする範囲もこれにつれ拡大し，表3－6のような概念枠で考えていく必要性がいや増している。

表3－6　経営戦略の対象範囲

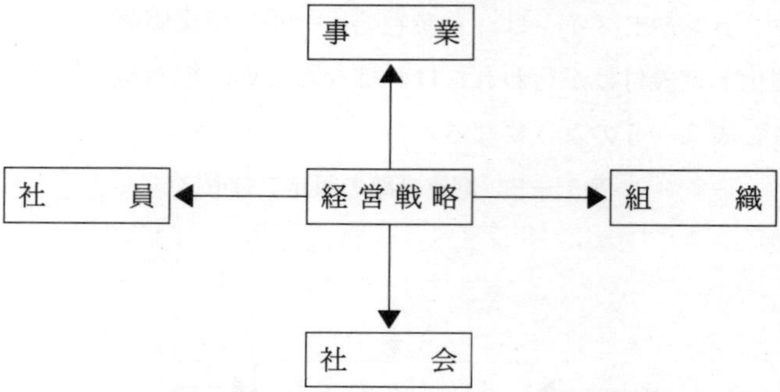

伝統的な経営戦略論が対象としてきたのは既存の市場であり，経済的成果を得るための事業展開にかかわる戦略が主体であった。また，戦略経営の視点からは，経営戦略の有効性を高める重要な要素として組織構造にかかわる戦略が課題となっていた。しかし，環境保全や企業倫理など企業の社会性が問われる問題が頻発してくると，市場性を重視した事業戦略のみではなく社会的責任や社会貢献などの社会性を伴った戦略の展開も求められてくる。

さらには，グローバル化の進展に伴い，終身雇用や年功序列制といった集団主義・家族主義的な日本型経営が行き詰まりを見せ，グローバル・スタンダードとなりつつある欧米型の能力主義・個人主義的な経営が台頭してくると，社員個々人の創造性や革新性など個人的能力を重視した戦略の展開を求めざるをえない。このようにして，現代企業の経営戦略では，事業展開の戦略に対し社会性を，組織構造の戦略に対し社員個々人の創造性を取り入れた「戦略の範囲拡大」が重要な課題の一つとなってきた。

そこで，上記の四つの戦略課題に対する戦略技法として，本節では，他社にはない独自の強みを柱とする「コア・コンピタンス（中核能力）経営」≪事業≫，社内のそれぞれの事業分野をあたかも一つの独立した会社のように運営する「カンパニー制」≪組織≫，企業内に散在している知識を共有化し，全体の問題解決能力を高める「ナレッジ・マネジメント」≪社員≫を中心に取り上げ，第9章において，企業の社会的存在意義を表明する「ミッション・マネジメント」≪社会≫について検討を進める。

(2) 独自能力の戦略「コア・コンピタンス経営」

① 競争戦略とコア・コンピタンス

企業間競争が世界的・地球的規模で繰り広げられる大競争（mega-competition）の時代においては，他社にはない独自の強みを持つ企業が力を発揮する。これは，近年の日本におけるフルライン・フルアイテムの総合商社や総合電機産業の不振と，小型化技術のソニーや，液晶ディスプレー技術のシャープ，エンジン技術の本田技研工業など，中核技術を持ちそれを強みとする企業の躍進ぶりがその現実を如実に示している。

競合他社に対する競争優位を確立することを目的とする伝統的な競争戦略論（ポーターは，ある特定のセグメントに焦点をあて，自社の経営資源を集中し競争優位を確立する競争の基本戦略を「集中」と呼ぶ）を基に，より実践的な競争戦略の理論として構築したのが，ハメルとプラハラード（Hamel,G. & Prahalad, C.K.）のコア・コンピタンス（Core Competence）論である[13)]。

ハメルらは，ただ単なる人員削減を伴う不採算事業部門からの撤退策と化したリストラクチャリングやダウンサイジング，今日の業績を改善するだけのリエンジニアリングは，競合他社に追いつくために行っている活動であって，それだけでは業界のナンバーワンにはなれない。それよりも，基本戦略の練り直しや産業の再創出を優先しなければならないとする。彼らの言う「未来のための競争（原著のタイトル）」とは，「生まれつつある市場機会を自ら創造し，それを制覇する競争」なのであり，産業の未来をイメージし，戦略設計図（strategic architecture）を描く長期的な取り組みがあって，はじめて彼らの理論が成り立つことになる。

② コア・コンピタンスの概念

コア・コンピタンスとは，「他社には提供できないような利益を顧客にもたらすことのできる，企業内部に秘められた独自のスキルや技術の集合体」のことである。具体的には，先に述べたソニーや本田技研工業の例がそれに当たる。

つまり，個別のスキルや技術ではなくそれを束ね統合されたものがコア・コンピタンスであり，競争力の源泉となる。個々の製品やサービスは，コア・コンピタンスを根源とした果実でしかない。

そして，コア・コンピタンスであるための条件として，彼らは以下の3点をあげる。

(a)　顧客の利益が中心にあるかどうかで区別される「顧客価値」の高さ

(b)　業界のどこにでもあるような能力ではなく，そのレベルが他社に比べて数段優れていて「競合他社との違い」がでていること

(c)　新製品市場への参入の基礎を形成するほど「企業力を広げる」こと

このため，資産やインフラ，競争優位，重要成功要因などとコア・コンピタンスとを混同してはならない。コア・コンピタンスとその他の競争優位とを区別しておかないと，資産やインフラを基盤とした競争優位に安住してしまい，独自の能力（コア・コンピタンス）を構築するための投資を怠ってしまうからである。コア・コンピタンスは，5年，10年といった長い年月を経て形成されるものであり，また，時間の経過とともにコア・コンピタンスでなくなったりもする。

③　コア・コンピタンス戦略の展開

コア・コンピタンス戦略を展開するに当たっては，以下の5要素をマネジメントすることが重要となる。

1)　すでに持っているコア・コンピタンスの確認

まず，自社内のコア・コンピタンスを明確に定義することからはじめなければならない。自社が保有するスキルや技術そのものがコア・コンピタンスでないことは先に述べた。コア・コンピタンスであるための3条件「顧客価値」「競合他社との違いを出す」「企業力を広げる」を基に定義しなければならない。彼らは，コア・コンピタンスの確認作業における留意点を次のように指摘している。

(a)　会社の成功を今支えているスキルを幅広く，深く理解すること

(b)　市場を近視眼的に見ないこと

(c)　社内の共通の財産にスポットライトをあてること

(d)　新規事業への道を示すこと

(e)　企業力をめぐる競争という現実に敏感になること

(f)　会社にとって最も価値のある経営資源を積極的に管理する土台を築くこと

以上のことから，コア・コンピタンスの確認には，相当な努力と期間が必要なことがわかる。

2)　コア・コンピタンスの獲得計画

コア・コンピタンスの獲得計画は，当然，戦略設計図に基づくことになるが，獲得および配置替えについては，コア・コンピタンスと市場のマトリックスによって説明される（表3－7）。

(a)「空白を埋める」

既存の市場（製品・サービス）での地位を強めるために，既存のコア・コンピタンスをもっと幅広く使えないかを考える。

(b)「空白エリア」

既存のコア・コンピタンスを新しい市場へ広げていけないかを考える。

(c)「プレミア・プラス10」

既存の市場での地位を守り育てていくためには，どんな新しいコア・コンピタンスを構築しなければならないかを考える。また，このセルでは，「無用になるコア・コンピタンス」という問題も抱える。現在のコア・コンピタンスと交代したり，無用なものにしてしまうような新しいコア・コンピタンスは何かを考えておかなければならない。

表3－7　コア・コンピタンスの獲得計画

市場＼コア・コンピタンス	既存	新規
既存	空白を埋める	プレミア・プラス10
新規	空白エリア	巨大なビジネスチャンス

(d)「巨大なビジネスチャンス」

既存の市場，コア・コンピタンスとは重ならないが，非常に重要で魅力的な分野であれば，チャレンジすることになる。戦略アプローチとしては，M&Aや戦略提携（strategic alliance）等により必要なコア・コンピタンスを獲得していくことになる。

3)　コア・コンピタンスの構築

コア・コンピタンスの構築には，5年，10年といった長期間の継続的な努力が必要となる。継続のためには，組織構成員間の深い意思統一と経営陣の不屈の決意が求められる。特に，経営陣の合意および安定性は，根気強い組織学習へと結びつく。

4)　コア・コンピタンスの社内への配備

一つのコア・コンピタンスを複数の市場に活用していくためには，そのコア・コンピタンスを社内に再配備しなければならない。その際に重要なのは，それを再配備するスピードである。また，コア・コンピタンスは地理的に近いと効果を発揮することから，地域的に分散させるのは避けた方がよい。

5)　他社に抜きんでたコア・コンピタンスの防御

コア・コンピタンスは，常に警戒しておかないとその優位性が弱ってしまう恐れがある。特に，経営陣が全社的な視点でその開発能力を維持しているかどうかを確認できていなければ，守ることができない。最終的には，コア・コンピタンスの所有を自覚した人間集団を全社的につくることである。

④　コア・コンピタンス戦略の実践

コア・コンピタンス戦略を実践するためには，5年，10年先の未来市場をイメージし，コア・コンピタンスを継続的に育成もしくは獲得していくことが必要となる。

例えば，GE（ゼネラル・エレクトリック）社のジャック・ウエルチ会長は，GE社が世界的な市場で1位または2位を占める（占め得る）ような分野の業界にのみ存在するとしたビジョンを掲げ，事業の中核を“遺産として継承した”事業（例えば，照明器具，家庭用電気製品，タービンなど）と，ハイテク製品（例えば，医療設備，航空機用エンジン，プラスチックなど），高度成長サービス（例えば，金融サービス，情報サービス，NBCなど）の三つのグループに集約した。その根拠は以下の3点である[14)]。

(a)　世界的規模の競争の拡大と激化に伴い，世界的規模のリーダー企業（ウエルチにとって，それは世界の1位と2位の企業を意味する）のみが成功し，利益を得るようになる。しかし，GE社であってさえ，あらゆることに卓越することはできないから，事業構成の内容を選択して，力を集中することが必要である。

(b)　価値連鎖の全体にわたって，さらに，実質的に全ての企業にとって，技術がますます競争上の優位をもたらす。

(c)　今日では以前にも増して，スピードと柔軟性が競争を推進している。ウエルチによれば，加速する変化に首尾良く対処する唯一の方法は，自社を取り巻く世界よりも速く変化することである。

ハメルとプラハラードのコア・コンピタンス論は，他社にはない独自の強みを持つ企業が競争優位性を発揮するためのガイドラインの役割を果たしているものの，技術やスキルといった能力をいかに操作化していくかという点では曖昧さを残している。この点については，後で検討するナレッジ・マネジメントが，組織のダイナミックな知識創造プロセスという観点からこれを発展させている。また，コア・コンピタンスが明確になると，これを軸とした事業再編も必要となってくる。事業部では括れない大きな単位のコア・コンピタンスともなると，組織のあり方も変えていかなければならなくなる。カンパニー制の導入や分社化の流れもこの延長線上にある。

(3)　事業独立の戦略「カンパニー制」

①　事業部制とカンパニー制

企業の事業規模および範囲が拡大してくると，伝統的な機能別組織では対応しきれなくなり，事業部制組織への移行が進んだ。事業部制組織は，まず本社と事業部が区別（分権化）され，事業部内にさらに機能別の下位組織が編成される。事業部には利益責任が持たされ，ROI（投資収益率）によって評価を受ける。日本においても上場企業の約7割が採用しているほど普及した組織形態である。しかし，大競争時代に突入するにつれ，事業間の垣根が曖昧かつ複雑化してきた。たとえば，家電事業とコンピューター事業は，通信ネットワークの技術革新により融合化が進んでおり，コア・コンピタンスもより大きな単位となりつつある。そうなると，これまでの最終製品による競争を想定したSBU（戦略事業単位）ベースの組織形態では対応が難しくなる。このような状況に対応するために考えだされた組織形態がカンパニー制である。

②　カンパニー制の特徴

カンパニー制とは，市場の変化に対応し迅速な意思決定ができるよう，これまでの事業部を再編成し，あたかも一つの独立した会社のように運営する組織形態のことで，社内分社や企業内企業などとも呼ばれる。ソニーが1994年4月それまでの事業本部制（19の事業本部と8の営業本部）を8カンパニーに再編成した際に用いたのがはじまりである。その後，三菱化学や日立製作所など上場企業がこぞって採用し一般化した。

カンパニー制が事業部制と大きく異なっている特徴は，戦略と会計の独立性などに見出すことができる。

(a)　戦略の独立性

これまでの事業部制は，急速な多角化に伴い，製品を中心に細分化されすぎ独立した事業単位としての機能が十分ではなかった。カンパニー制は，製品中心であった事業単位を市場中心に再編成し，事業規模もより大きくなっていることから，より独立した企業体としての運営が可能となる。各カンパニーでは，事業部長に代わるプレジデントに独立した企業と同等程度の決定権限が与えられ，戦略の策定から実行まで一貫した経営機能が発揮できる体制が整えられる。これにより，本社を介さず，市場環境の変化にいち早く対応した迅速な意思決定が可能となる。

(b)　会計の独立性

事業部制では，利益責任のもと予算の管理は徹底されていたが，資本コストは必ずしも考慮されていなかった。カンパニー制では，その規模に応じ擬似的に本社の資本金が各カンパニーに振り分けられ，それ以外の必要資金は本社からの借入金とみなされる。資本金にはROE（株主資本利益率）や配当目標が定められ，借入金には金利が課せられる。このため，各カンパニーには，単年度の収益のみならずROIやキャッシュ・フローの改善が強く求められることになる。

(c)　本社の簡素化

カンパニー制の導入は，本社側にとっても大きなメリットがある。本社の経営システムが簡素化され，トップは，極端に言えば経営戦略策定と役員人事のみに専念できることになる。また，将来の経営者を，擬似的とはいえ，独立した企業体を運営することにより育成できることになる。

③　ソニーのカンパニー制の変遷

ソニーは1983年に導入した事業本部制から，1994年4月，市場環境に適切に対応し，迅速な意思決定を図るため，市場別に事業単位を8カンパニーに再編成した。各カンパニーの最高責任者をプレジデントと称し，大幅な権限委譲を行うとともに，擬似的な内部資本金の設定など独立性を高めた。

ところが，2年後の1996年4月には，研究開発部門と営業部門を各カンパニーから分離し本社の管理下とするとともに，8カンパニーを10カンパニーへと細分化し再編成している。激しい市場環境の変化，特にITの進展のなかでは，事業再編の嵐が絶え間無く押し寄せ，各カンパニーの独立性のみでは対応が難しく，本社への集権度を上げざるを得なかったものと考えられる。

さらに，1997年6月の執行役員制導入を経て，1999年4月には，「自主性・自律性を一層高めた事業ユニットと，強い求心力をもつ本社により，……統合・分極型の経営モデルの構築を目指す」ため，グループ子会社3社の100%子会社化と，これまでのカンパニーを「エレクトロニクス事業（三つのネットワークカンパニーと㈱ソニー・コンピュータエンタテインメントで構成）」「エンタテインメント事業」「保険・ファイナンス事業」の三つの事業ユニットに括る大幅な組織改革を行った。また，デジタル・ネットワーク時代の新しいビジネスチャンスを捉えるため，ネットワーク事業を担当する「デジタルネットワークソリューション（DNS)」を本社直轄組織として新設している（1999年10月には，DNSをエレクトロニクス事業内のB&Pカンパニーと統合し，新たなネットワークカンパニーを設立，本社直轄から事業ユニットへと移管している)。この一連の組織改革は，これまでのカンパニー制のメリットを活かした自主・自律の事業経営をさらに進めるとともに，ソニーグループの企業価値を高めるためには本社の権限も強化するという分権と集権の融合が図られている。そして，ソニーの事業領域が，10のカンパニーから3の事業ユニットへと集約化された背景には，ネットワーク時代へ向けたコア・コンピタンスの社内への再配備があったものと考えられる。

④　分社化と持株会社制

カンパニー制は擬似的な分社化である。わが国では，1997年12月の改正独占禁止法の施行で，純粋持株会社が解禁された。制度が整い始めたこともあり，1999年10月には，「分散型こそ最適な組織モデル」とするソフトバンク（孫正義社長）が，金融業界以外ではじめて純粋持株会社へ移行し，分社化した。将来，税制面等の整備が進めば，カンパニー制が持株会社へと移行していくことも考えられる。試行錯誤を繰り返しながら，事業再編（分離･統合）とそれに伴う企業再編のスピードが速まり，それに合わせて最適組織モデルが追及されていくことになろう。

⑷　知識共有の戦略「ナレッジ・マネジメント」

①　ITの進展とナレッジ・マネジメント

ドラッカー（Drucker,P.F.）は，今から30年も前に「知識社会」の到来を予見し，そのような社会では「知識」が最も中心的な資本あるいは経営資源となるとした[15]。ナレッジ･マネジメント（Knowledge Management）の概念は，欧米や日本においても，ここ数年で一躍脚光を浴びはじめた戦略技法である。一過性の流行ではないかとの見方もあるが，野中郁次郎の「知識創造理論[16]」を中心とした組織論における研究成果に，ITの進展がその理論の実践に寄与したことにより，近年，本格的に取り組む企業が増えてきている。ナレッジ・マネジメントを支援するITツールとして，トーマス（Thomas,H.D.）は，知識貯蔵のための「アクセス技術」，知識検索のための「データベース・システム」，知識解析のための「データ・ウエアハウスとデータ・マイニング・ツール」，知識流通のための「電子商取引ツール」をあげ，これらの技術が，ナレッジ・マネジメントを有効に機能させていると指摘している[17)]。

②　ナレッジ・マネジメントの対象としての知識

ナレッジ・マネジメントとは，企業内の個々人に散在している知識を共有化し，全社的な問題解決能力を高めることを狙った戦略技法である。ナレッジ・マネジメントにおける知識概念については，トーマスが，「さまざまなデータや情報を収集・蓄積し，それらが活用されたり共有されたりするという連続的な活動によって生み出される，最も価値あるもの」であり，種々雑多な情報やデータまでも含まれると定義している[18)]。

また，1991年から社内の知識を共有化する仕組みづくりを進め，ナレッジ・マネジメントの先進企業とも言われるアーサーアンダーセンでは，ナレッジ・マネジメントの対象となるのは，データ，情報，知識，知恵のすべてだとしている[19)]。要は，社内において有益であるとされる知的資産はすべてナレッジ・マネジメントの対象となることになる。

③　ナレッジ・マネジメントの展開と知識創造理論

ナレッジ・マネジメント誕生の背景ともなった組織的知識創造理論を提唱する野中と竹内弘高は，「知識創造こそが企業活動の本質」であり，「大切なのは知識そのものというよりも，知識創造，つまり知識を創り出すプロセス」であると主張する。そして，知識を，言葉や文章で表すことの難しい主観的で身体的な「暗黙知」と，言葉や文章で表現できる客観的で理性的な「形式知」とに分けて考える[20)]。前者は，具体的には信念や想い，熟練，ノウハウなどであり，後者は，コンピュータ・ネットワークやデータベースを活用して容易に組替えや蓄積が行えるものである。これら暗黙知と形式知の相互補完的・循環関係

（知識変換）により組織的に知識が創造されることになる。

表3－8　ＳＥＣＩモデル

共同化 (socialization) 暗黙知から暗黙知	表出化 externalization 暗黙知から形式知
形式知から暗黙知 (internalization) 内面化	形式知から形式知 (combination) 連結化

知識変換プロセスを，野中は，SECI モデルによって説明する。知識創造は，まず，徒弟制度の下での熟練の伝達のように経験の共有により暗黙知を獲得する個人レベルでの暗黙知の「共同化」から始まる。次に，獲得された暗黙知を第三者でも理解できるように言葉などに変換し，集団レベルで形式知を共有する「表出化」へ，その後，集団レベルで共有されるようになった形式知を，今度は組織レベルでの形式知へと変換させ共有する「連結化」へと進む。

近年では，この段階で IT を活用できたことにより，飛躍的に組織知化が図られるようになった。さらには，組織レベルで共有されるようになった形式知を，もう一度個人レベルの暗黙知へと変換する「内面化」が行われる。組織レベルまで形式知化された暗黙知を再び自分のなかに取り込み，行動による学習を行うことによって，暗黙知はさらに豊かになっていくのである。

このように，知識変換プロセスが，個人から集団，組織へと展開されることによって，知識の共有化が進み，暗黙知が増幅・拡大していく。また，顧客や他の組織を巻き込みながら知識変換プロセスがスパイラル（螺旋）に展開されることによって，よりダイナミックな知識創造が行われることになる。その後，野中は，SECI モデルがスパイラルに展開されていく際の条件として，「知識創造における場」「知識資産」「知のリーダーシップ」の重要性を説いている。[21)]

④　ナレッジ・マネジメント実践の効果

ナレッジ・マネジメントを実践することによって，アーサーアンダーセンでは，以下のような効果が期待できるとする[22]。

(a)　企業価値や企業力の向上

特許やノウハウなどまで含む知的資産の増加と，顧客や市場のニーズなど経営環境の変化に迅速に対応していく企業変革のスピード向上が期待できる。

(b)　品質の向上やコストの削減

体系化された知識（業務マニュアル等）による製品・サービスの品質向上や，開発期間の短縮などコストの削減が期待できる。

また，終身雇用制が崩壊するにつれ人材が流動化してくる状況下では，知識を体系化・共有化しておくことによって，人材の流出が事業の継続に影響を及ぼすことを防ぐ効果も期待できることになろう。

(参考資料)

1)　Drucker,P.F., *The Practice of Management,* Harper and Row, 1954.（現代経営研究会訳『現代の経営』ダイヤモンド社，1965）

2)　Chandler,A.D.Jr, *Strategy and Structure,* MIT Press, 1962.（三菱経済研究所訳『経営戦略と組織』実業之日本社，1967）

3)　Ansoff,H.I., *Corporate Strategy：An Analytic Approach to Business Policy for Growth and Expansion,* McGrow-Hill, 1965.（広田寿亮訳『企業戦略論』産業能率短期大学, 1969）

4)　Ansoff,H.I., *Strategic Management,* The Macmillan Press, 1979.（中村元一訳『戦略経営論』産業能率大学, 1980）

5)　Ansoff,H.I., *ibid*(4).

6)　Porter,M, *Competitive Strategy,* Free Press, 1980.（土岐坤・中辻萬冶・服部照男訳『競争の戦略』ダイヤモンド社, 1982）

7)　野中郁次郎『企業進化論』日本経済新聞社，1985。

8)　Peters,T.J. & Waterman,R.H., *In Search of Excellence,* Harper and Row, 1982.（大前研一訳『エクセレント・カンパニー』講談社, 1983）

9)　奥村昭博著『経営戦略』日本経済新聞社, 1989。

10)　野中郁次郎著『知識創造の経営』日本経済新聞社, 1990。
11)　Hofer,C.W.& Schendel, *Strategy Formulation : Analytical Concepts,* West Publishing, 1978.（奥村昭博・榊原清則・野中郁次郎訳『戦略策定：その理論と手法』千倉書房，1981）
12)　Abell,D.F., *Defining the Business : The Starting Point of Strategic Planning,* Prentice-Hall, 1980.（石井淳蔵訳『事業の定義』千倉書房，1984）
13)　Hamel,G. & Prahalad,C.K., *Competing for The Euture,* Harvard Business School Press, 1994.（一條和生訳『コア・コンピタンス経営』日本経済新聞社，1995）
14)　井上善海著「戦略ビジョン策定のための諸課題」『九州情報大学研究論集』第2巻第1号，九州情報大学学術研究所，2000。
15)　Drucker,P.F., *The Age of Discontinuity,* Harper & Row, 1969.（林雄二郎訳『断絶の時代—来たるべき知識社会の構想—』ダイヤモンド社, 1969)。
16)　野中郁次郎著，同上書 10)。
17)　Thomas.H.D, *Integrating Knowledge Management into the Organization,* 1999.（臼井公孝訳「ナレッジ・マネジメント実践法」『ダイヤモン・ハーバード・ビジネス』1999，9月号, ダイヤモンド社）
18)　Thomas, *ibid* 17).
19)　アーサーアンダーセンビジネスコンサルティング『ナレッジマネジメント』東洋経済新報社，1999。
20)　野中郁次郎・竹内弘高共著, *The Knowledge-Creating Company : How Japanese Companies Create the Dynamics of Innovation,* 1995.（梅本勝博訳『知識創造企業』東洋経済新報社，1996）
21)　野中郁次郎著「組織的知識創造の新展開」『ダイヤモンド・ハーバード・ビジネス』1999，9月号，ダイヤモンド社。
22)　アーサーアンダーセン，同上書 19)。

参考文献（下記の文献に負うところ大であった）

1)　石井淳蔵・奥村昭博・加護野忠男・野中郁次郎共著『経営戦略論(新版)』有斐閣，1996。
2)　井沢良智・増田卓司共著『現代企業と経営戦略』同文舘，1992。
3)　大滝精一・金井一頼・山田英夫・岩田智共著『経営戦略：創造性と社会性の追及』有斐閣，1997。

（井上善海）

第4章　現代企業の戦略と管理の諸問題

1　は じ め に

企業が現在置かれている激烈な競争とグローバル化の時代を，生き残るだけでなく成長を策しながら，しかも，社会と調和できる存在であり続けるには，いったいどんな課題があり，どんな企業に変身することが求められるのか。対処の過程でどんな手順なり作業，方策を講じなければならないのか。われわれは，こうした課題を的確に掌握し，実行に遅れをとらない対応を必要としている。いわゆる環境問題で使われることの多い持続可能性（sustainability）という用語に由来する「持続可能な企業」になりうるかどうかを問われている，といってよいであろう。

どんな課題が緊急性が高く重要かは，われわれが正確を期してなお的確に指摘できるとは限らないが，より公平な態度を保持しつつ，どうすれば企業経営が社会の豊かさ，生活のアメニティ構築に寄与しうるかを必要条件に据えて探ってみたい。われわれの選択能力には限界があるが，それを承知のうえでテーマを選び，さらにどんな取り組みをすべきかに言及する。これは，グローバル化が進展し競争が急展開する時代には，対応次第では，結果が国際社会の安寧を破壊し，経済的秩序なり成果の配分に極端な不均衡をもたらす危険がある，との認識からでている。

こうしたテーマについては，本書の執筆者全員が討論を通じて一定の共通認識を得ているが，それぞれの担当執筆章は，かならずしもこの認識をテーマにして分担することにはしなかった。大なり小なり関連はあるものの，むしろ企業活動が全体として現代のニーズにマッチするには，機能，理念，知識，体系など膨大な要素の集積とその適用が必要であり，上記の緊要なテーマのみが突出しているとは限らないと判断したからである。ただし，それぞれに個別テーマを論じるなかで，必要な範囲で各人が部分的に共通の問題個所に触れているところが随所にあるのは，いうまでもない。

2　企業活動のグローバル化と国際的主導性

(1)　国際的経営活動の進展と緊密化する相互関係

まず指摘したいのは，グローバル化が声高に唱えられている時勢に，企業経営にも否応なく海外で日本国内なみに経営，いわゆる現地経営を営むべき事情が高まっていることである。資源に乏しいわが国は，往時も現代にあっても，いぜんとして原材料を輸入し加工した後，付加価値の高くなった製品を海外に輸出して外貨を獲得するパターンから基本的にいささかも変わっていない。こうした原材料の獲得を含めて，国際化の桎梏のなかにわれわれの存立基盤があることは，もはや再言の要はまったくないであろう。

しかし，加工貿易型の経済国家として成功をみた結果，日本は国際市場における不均衡の元凶として目されてしまい，そのことがまた別の要求をわれわれに突きつけるようになった。日本のように，高い生産効率によって国際収支の剰余を享受する国，逆に大赤字の国，それどころか，国際市場に参与するにはあまりにも脆弱な経済の基礎条件に喘ぐ国，およそ200カ国にのぼる国の間には，いぜん想像を絶する経済格差が存在している。日本企業は，そうしたなかで競争優位による成果を享受してきた最右翼にあるとみられてきた。

自由貿易を標榜するＷＴＯ（世界貿易機構）が生まれても，国際競争に不利な条件を抱えた国は，先進国にも途上国にもある。そこに日本をはじめ競争優位をもった国から製品が流入してくるのである。それに対する反応は，さまざまな形態の保護貿易政策として国家間，地域間の確執を招くものである。しかし，それは国の経済と企業の経営のマクロ，ミクロ上の破綻を回避しようとする，けだし当然の政策発動であり，経営行動であろう。

図4—1　わが国とアジア地域とのコスト比較

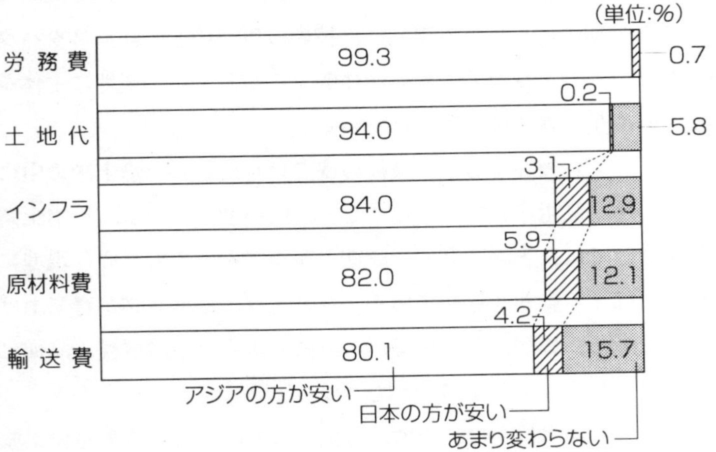

(出所) 中小企業庁『中小企業白書』平成7年版，1995。
(資料) 中小企業庁『海外事業活動実態調査』平成6年12月。

ところで，競争優位を誇った日本企業も競争力を規定する生産の諸要素，経営資源のコストを経済活動の結果やそうした因果の諸脈絡のなかで，国際的な推移をたどりながら比較すると，日本の割高化，高コスト化がいちじるしく，コストだけで比較した国際競争力は，もっとも競争優位を喪失した国として位置づけられる。図4—1は，日系企業の経営者がアジアとのコスト比較についてどう実感しているかを聴き取り調査によって明らかにしたものである。さまざまな分野で劣位化がいちじるしいが，特に人件費のコスト比較にもっとも大きな格差がみられる。

国際市場での競争優位を比較する場合，そのメジャーとして何を用いるかには多様な手法が考えられるが，上述の生産要素，経営資源における比較優位の推移を中心に問題を掘り下げて行く[1]。

(2)　競争の狭間における日本企業の主導力の喪失

コスト比較では，上述のように，発展途上国とかち合った汎用製品については，国内での生産から生産拠点を途上国に移譲することが，もはや不可避の時代にきている。汎用品，あるいはバーノン（R. Vernon）の表現に従うなら，いわゆる標準化期に達している製品は，技術の現地移転，経営ノウハウの伝授，ＯＥＭ委託といった，少なくとも生産に関するかぎりは，現地に主体を移す以外に事業として生き残る術(すべ)は限られている。

もっとも，いずれ後述するが，技術の底上げを成就した途上国の中には，すでに二番手の中古品生産に甘んじなくなった国が増えている。日本企業も近年の海外戦略としては，先端産業や育成期の産業であっても早めに現地に拠点を設け，将来に備える動きを見せている。たとえば，シャープが育て上げて事業化した液晶技術は，韓国，台湾企業が本家にも劣らぬ生産規模，品種に取り組み，トップクラス入りをうかがうまでになっている。

こうしたコストの劣位化は，土地，労働，資本のいわゆる生産要素概念とペンローズ（E.T.Penrose）の指摘した経営資源概念―天然資源，資本，労働，工業技術，経営管理技術，企業者能力のいずれから言っても，包括的に進行していることを示している。土地，労働の劣性は既定の事実だとしても，資本や技術，その他については，いぜん優位構造を維持して安泰なのであろうか[2)]。

資本については，日本国内での調達コストが国際比較ではもっとも有利だとはいえ，元来金融機関はすぐれたプロジェクト，収益の見込みが高い生産計画により積極的に投資する傾向がある。こうしたことを勘案すると，国内外のいずれに立地しているかは，必ずしも決定的な優位要因になるとは限らない。むしろ，ベンチャー企業の立ち上げに不可欠の資金調達が制度的に遅れているといわれる日本は，調達市場が発達した国との比較も含めて，絶対的に有利な競争優位の立地であるといってもよいか，疑わしい。

では，戦後日本の高度成長を実質的に支えてきた要因，少なくとも技術の比較優位に関しては，いぜん主導権を持ち，今後の格差も確保できていると考えてよいのか。いまこの点についてもチェックを見誤ってはならない。

経営管理上の技術なり企業家精神については，途上国が経済的な離陸体勢にいたらない時代に日本企業が進出先国でゼロから主導した優位のピーク期と比較すると，独自の文化的，精神的，社会的背景なり歴史，学習チャンス，その効果などが与って事情は複雑である。各受入国では，合理的な経営管理機構，新規取り組みに対する意欲など，成熟経済国家の日本に倍する旺盛な挑戦の基盤が急速に整備されており，日本の優位はもはや絶対的とは決していえない。

となれば，21世紀に向けてこうした次第に劣性化していく日本の賦存要素をどう回復に向けて方向修正するか，グローバル社会での独自のプレゼンスをどう構築していくかを明確にすることは，きわめて緊要である。

(3)　製造業の現地経営と適正シェアの確保

上述のように，日本企業は，今後厳しさを増すいっぽうの国際市場で生き残りと成長をはかっていかなければならない。同時に，世界のＧＤＰの略18%前後を占めている巨大な経済国家として，日本は重商主義のドクトリンに埋没した自国の利益獲得だけに専念するわけにもいかない。基本的に内外にわたる両立，互恵の経済活動しかとれない立場に自らを置き，その誠実なる執行者としてグローバル社会の信認を得る以外に選択肢は考えようがないのである。

以上の瞥見で分るように，近年日本に移譲を迫り，商品，事業分野によっては主導権を握ってしまった途上国が，世界に，特にアジアには幾多誕生している。他方，経済の基礎条件（fundamentals）がいぜんとして固まらず，経済援助に依存せざるをえない国，地域も数知れない。この極端に対照的な事情，貧弱な国力の国・地域にどう対処するかは，きわめて困難な課題である。しかし，いずれの側にとっても，日本企業が今後迫られる選択は，それぞれの条件の違いに応じた現地化，特に生産拠点の現地設営を中心とする海外諸国の経済への参与である。もとより，その意味は，それぞれに異なった実態に基づいて受け入れ態勢を固め，多様な応じ方をするということに他ならない。

まず，韓国，台湾，シンガポールなど，一定の経済的離陸をすでに成し遂げた経済群には，ある意味でクロスの相互関係が今後は基本になるであろう。ＯＥＭ生産の委託，提携関係の推進，産業秩序のための協議など，一方ではいぜんとして技術，資本，各種ノウハウの積極供与，開示を求める外交的な動向を絡めた往復も頻繁になると思われる。

ただ，強力なライバルに育ったこれらの先発途上国に，さしずめ日本などが伝えるべきことがある。それは，一方的な移譲待ちだけでは，厳しい競争原理の働くグローバル化の時代には，先進国，途上国のいかんを問わず，相手方も相応に重商主義的な国益にのった反応，経営行動に流れることが避けられないということである。このパートナーであると同時に，ライバルでもあるという段階では，研究・開発の成果を相互に提供し合う技術的力量と投資態度が不可欠の要件になることを忘れてはならないのである。

他方，基礎条件を欠く後発途上国なり極貧国は，グローバルな競争状態に巻き込まれても，まったく立ちゆく力がないのが，そうした国の置かれた現実である。経済の基礎固めを優先すべき離陸（take-off）前の経済未開発の段階では，包括的な経済関係を結び技術や資本を授受するよりも，精々のところ，移植（trans-planting）の受け入れが可能かというレベルである。しかし，やがて中進国に発展する可能性を期して将来のパートナーとして育成・支援する意義を軽視するわけにはいかない。世界のＧＤＰの18％近くを占める日本の立場は，こうした国々にとってラスト・リゾート（頼みの綱，拠り所）として希望と期待を寄せる微妙かつ重みある存在でもある。

(4)　グローバル化と国内との均衡―いわゆる空洞化対策とは

国際経済の均衡と途上国の発展を策して，成熟国家なりに調和的，安定的な成長発展，いわゆる持続可能な経済開発を国際社会で担おうとすれば，複雑に錯綜した利害関係や将来の流動的な事態，技術体系や商品サイクルの変容の可能性，不確実性など，われわれの将来の主導性を見極めるに必要な見通しは，われわれが予測するにははなはだしく難しい対象である。上述したように，関係を深めるべき諸外国は，ときには友好的なパートナーとして，またときには厳しいライバルとしてわれわれに二つの顔を見せるのである。

Nation-State（国民国家，民族国家）の桎梏は今後緩やかになるのか，フリーに近くなるのか，それは必ずしも定かではない。しかし，少なくとも経済を計るメジャーは，国際的な一定の基準を設定する方向に確実に進んでいくと見通す以外にはないであろう。いずれかの企業なりグループが，事実上国際市場のマジョリティーを制して，Defacto-Standards（事実上の国際標準）の主役として君臨する，またそれが利に適うとして世界も歓迎するであろう。そのなかで日本企業は，いったいどんな位置を占めるのか。

ところで，競争の進展と国際市場の主導権をめぐる確執が，横暴な独占体として特定国ないし特定企業の跋扈（ばっこ）を許すようなことになれば，国際社会に真に中立的な行動主体の存在がどうしても必要になるであろう。自由競争を絶対則として唱えるアメリカは，ときとして知的所有権をはじめとする利権の護持に官民あげて異常な独占欲を国家戦略として見せることがある。

1999年11～12月のシアトルにおけるＷＴＯ会議は，結局何ら決議するに至らないまま議案の凍結を決めた。この事態紛糾の背景にはアメリカの伝統的なモンロー主義，国内主義とそれに起因する国益主体の駆け引きがあったと指摘されている。多数派の途上国が猛反発したのが，凍結にいたった直接の原因であったが，まだ主導権にこだわる国益本位のアメリカに対して，日欧などはアメリカ中心のグローバル化を中庸化するのに懸命である。これまた日欧の国益がアメリカのそれと確執を展開していることに他ならない。偏重は確かに回避すべきであるが，グローバル・スタンダードの伝播，流通は，21世紀に向かって確実に進展すると考えなければならない。

ところで，経営拠点の国際的な相互乗り入れ，いわゆる相互投資もこれまた進展するであろう。そこに，生き残りと成長の国際経営戦略があるとみられているからである。そうしたグローバル化の進展のなかでいったい国内の生産拠点がどうなるのか，この展望は実は不透明きわまりない。アメリカの空洞化の体験に照らすと，日本も国内産出がとめどもなく縮小均衡化した場合に生産拠点の閉鎖，縮小が，当然に空洞化を招くと予測するのが正解であろう。後に空洞化対策にふれるが，いまや事態は空論ではない推移を暗示している。

3　激変する企業環境と生き残り・成長の経営戦略

(1)　既存事業の恒常的リストラと競争戦略

グローバル化に翻弄されながらも，国内・外において環境に適合した経営拠点を確立し，21世紀の国際市場で価値ある存在としてそのプレゼンスを認知されるには，経営戦略からする構造の変革を遂行することが緊要である。それは，他の章でも論じているように，まずはこれまでの経営路線を競争戦略の観点から徹底的に見直すことを出発点とする。つまり，既存事業や製品の将来性いかんを厳正に評価し，同時に自社が当該事業分野で業界に占める位置はどこにあるのか，その情報の収集，分析から評価に至る一連の過程を明確にすることである。この戦略の吟味は，周知のように，M. ポーター（M.Porter）の競争戦略の概念に依拠したものである[3)]。この恒常的な，ある意味でのリストラ（re-structuring＝事業の再構築）こそ，企業が不断に経営構造の革新を策す経営戦略であり，実施段階の手直し・調整に及ぶ経営の管理行動である。

第一段階の事業・製品評価，そして業界内での自社評価は，当然ながら自社の既存事業なり製品を強化，縮小，撤退の対市場戦略としていずれかを選択する意思決定を予定する。特に前者については，事業・製品をプロダクト・ライフ・サイクルの見地から客観的に全社挙げて評定するものである。魅力的な事業か，すでに衰退基調に入っているのか，仮に依存度が高い事業ゆえに撤収が困難だとしても，標準化期を過ぎて衰退期に入った事業にどう終止符を打つのか。これらは，企業が常に長期の構造計画の一環として予定し，不断に対策を検討すべき政策領域である。その際代替しうる新しい柱事業がどう育っているか，当の企業に新事業を育て製品を開発する進取の気風があるのかどうか，こうした実態評価と分析が先ずは前提作業として必要である。

事業が仮に将来性がもはや十分にあるとはいい難い成熟産業であっても，すでに業界内でかなりのシェア（市場占拠率）を確保し，業界のリーダーとして確固たる地位を樹立しているのならば，成熟産業でも事業の継続を期待できる。

これは，すでに途上国にほぼ移譲済みの繊維産業のような分野であっても，ファッション性の高い高付加価値品であったり，特殊用途に使途が限られた商品である場合には，高コストの先進工業国でも生き残りが可能だといったケースが該当するであろう。しかも，ファッション産業にとどまらず，既成の重化学工業の部類にも類似の状況はいくらでもある。巨大な産業に膨張，発展した自動車産業でさえ，トヨタ，ホンダの感性は常にフレッシュであり，高感度企業にふさわしい体制作りを進めていることは，外部にも伝わってくる。

(2)　プロダクト・サイクルと次代対策の経営戦略

さて，このような競争戦略による既存事業の見直しの重要性とともに，プロダクト・サイクルは，常に次代の主力事業に何を据えるかを問い質す。あわせて，前述した海外への生産拠点のシフトというグローバル化のすう勢に対応して，国内工場の縮小，閉鎖を余儀なくされる可能性は，国際化の時代には必ず随伴現象として予定すべきことである。

国内事業の入れ替え戦略も，この空洞化対策と似通った性格を持っており，代替戦略を選択し策定するには，不断に次代の主力事業や製品を探索する研究・開発投資を怠らない長期の取り組みが必要である。僥倖に恵まれて成長事業にうまくめぐり合うという運と逆の不運とは，企業経営にも付きまとう。大して探索の投資もせず，取り組み姿勢そのものも成り行き任せであったのに，事業なり製品がブームに遭遇して好業績を謳歌するという成功物語は確かにありうるであろう。しかし，確率的に，あるいは大勢として成功事例が教えるところでは，研究・開発投資を怠らず，長年月の地道な資源投入を続けてきた企業が圧倒的に市場獲得の成果を得ていることは，疑うまでもない。

第 3 章の現代企業の経営戦略の章でも本格的に論じているので，重複して論じるつもりはないが，この章の国際化論なりグローバル化を検討するなかで触れたように，世界は厳しい大競争とグローバル・スタンダードをめぐる激しい確執を展開している。21世紀にどの国のどの企業がヘゲモニー（主導権）を握るかは，ひとり個別企業の関心であるのみならず，Nation-State（国民国家，民族国家）から世界が完全にはフリーでありえない現状では，国家，国民の利害にも関わる戦略的必須条件である。そこでは，自助以外にもたれ合いも温情も，あるいは援助の手を差し伸べるラスト・リゾート（頼みの綱）も期待できない競争優位論理がもっぱら支配している。国際市場の標準化，グローバル化の進展は，単に融和的に基準の統一，統合が進む，一体化，融合が図られるというユートピアの実現とは決して同義ではないのである。

それだけに，グローバル化の非情ともいうべき競争的側面を自覚しておくことは，同時に長期戦略の重要性を咀嚼することでもある。その克服すべき標的は際限なく多岐にわたるであろうが，限られた枠内ゆえに，筆者はこの点の焦点として技術革新，新規製品開発に関わる研究・開発の重要性と自社だけの取り組みに付きまとう限界をやわらげるために，今後企業にとって国内外各社との戦略的提携が重要であることを指摘したい。

⑶　限界打破のための戦略的提携の時代へ

わが国にも，技術主導性の強い，世界水準に伍して相当高レベルの企業も少なからずある。総合電機メーカーといわれる日立，東芝などもその代表企業である。競争優位のパラダイムが支配している現在のグローバル思想からいうならば，子会社を通じて海外に拠点を広げるだけの力量を持った巨大多国籍企業は，こうした業域の広がりのなかでますます競争優位を発揮するはずである。しかし，巨大企業といえども，いまや事業化なり製品化のチャンスを完全に享受できるとは限らなくなっている。そこには与えられた有利なはずの条件を完全に使いこなし，不足の資源を補うことが困難になってきたという背景がある。

この近年，日本企業にさまざまな態様の企業間提携の動きがみられる。この動きが，まさに上述の巨大企業でさえも時代の波浪に抗して単独で機会の利益を十分に享受できなくなっている事情を示している。あれだけ完璧な技術主導性を誇った日立が，なぜ中堅のメーカーにさえ劣る業績しかあげえないのか。元来エクセレント・カンパニーといわれる企業には，逆説のようであるが，内外の同業・異業種企業と技術，あるいはOEM供給の提携を結んでいるところが少なからずでてきている。

これは，たとえば，コリンズ＝ドーリー（T.M.Collins and T.L.Doorley）が説くように，時代の変化にマッチングするには，そうせざるをえない理由がはっきりとしてきたからである。彼らは，三つの理由をあげている。それは，国際化の拡大，技術の複雑化，技術革新の加速である[4)]。

競争優位の条件には，いまも昔も「規模の経済」がいぜんとして重要である。そのために，競争に勝ち残るには，共同事業によってパートナーと国際市場に業域を広げるのが有利と考えられるようになった。この時代，協働による国際化のプロセスを的確に遂行することは戦略展開の重要なツールであり，提携の手法を講じて，国際化の拡大を図るのはきわめて効果的なはずである。

技術の複雑化は，往時の単純に専門技術に絞って高度化すれば済んだ時代とは様変わりであるが，必要な技術をすべて単独で保有することはこれまた難しい。自社にない技術を持ったパートナーと相互補完的に技術を補い合って，リスク分散ができれば，提携効果として保有技術の幅や分野が広がっていく。

技術革新の加速現象は，技術革新に関わる一連のプロセスのスピード，国際社会への伝播，移動のタイムラグの短縮化などの様相をすっかり変えた。次の商品の出現までに投入できる開発の猶予期間は短くなり，この加速化の影響は大きい。自社技術に依存するだけでは，時間もリスク膨張の点でも，対策に余裕を欠き，技術成果を確実にするには，外部のすぐれた技術と製品を導入できる提携関係が補完効果として否応なく必要である。

国民経済的に資源の浪費ともいえる二重，三重の投資がむだなこと，研究開発期間が長期化し投資額も巨大化していること，設備の遊休状態とは無関係に他企業が同一分野に新規投資をすること等々，フル・コスト効果にほど遠い常態を勘案するなら，こうした協働，提携のもたらす規模の経済，リスクの分散，資源の補完，外国市場への参入，ナショナリズムへの対応，シナジー効果は，グローバル経済にプラスをもたらすマクロとミクロ両者に対する効果について，もっと評価されるべきであろう[5)]。

(4)　経営資源の中核，技術の競争優位

企業業績は，企業の保有する経営資源が総合的に評価，動員された結果生まれる究極的，包括的成果である。国内外を問わず，競争優位の資源を保有しているか否かは，常に冷厳な結果をわれわれに示してくる。ましてや，海外に進出して新たに拠点を設ける海外直接投資（Foreign Direct Investment＝FDI）の戦略性とは，包括的，総合的な優位性が問題の経営資源を競争の最前線に送り出す意思決定と行動に他ならない。

ただ，競争優位の経営資源を移転するといっても，経営資源のすべてに優位であることが前提ではない。むしろ，よくあるケースとして，賃金を筆頭に労務費の差が大きいので，進出先国の低廉な労務コストを活用することで競争優位を回復しようとする投資目的がある。これは，当方固有の競争優位の資源ではないが，進出先との一体化のなかでトータルとして優位性が獲得できるがゆえの投資行動である。いわゆるシナジーであり，ハイブリット効果である。

この意味で，資源のすべてに亘って優位性がなければ，進出は考えられないというのは，海外進出の基本条件にはならないのである。ただし，いくつかの自前の資源に現地でも優位差があると確信できなければ，現地生産は成功が覚束ない。重要な決め手としてわが社に何があるかが問われる。

われわれは，進出先の違い，進出の形態，業種によって中核となる経営資源も異なってくることを事例の中に見た。現地ではマーケティング力が成否を左右する最大の要因であるとする企業が少なくない。業種によっては，運転資金の調達いかんが運用成果に極端に影響するので，そうした場合，資本の質と量が重要な決め手になることは当然であろう。

ごく数例を眺めても直ちに判別がつくように，必要とする資源はケースに応じて変わると言うのが正確である。しかし，製造業の現地拠点設立のための投資は，フエアウエザー（J.Fayerweather）いらい技術にもっとも依存することが基本定説となっている。彼は，多国籍企業の本質を説くなかでこれを，

「(多国籍活動の現実は）技術の移動に重大な関心を寄せている反面，原材料，労働，資本の移動には差ほど関心を示さない」「このような技術移動重

点の出発点が，各国間に存在する相当な技術格差に求められることはいうまでもないが，それが多国籍企業本来の企業体質に負うところもまた大である[6)]」

(5) 大競争とグローバル化時代の研究開発の戦略性

戦後50余年，日本経済の成長と発展の要因には，いわば資源総動員の態勢があったことは再言を要しないであろうが，いわゆる戦間期の技術に対する評価は，軍の精神主義が科学技術の威力を凌駕して突出し，伝来の風土にも影響されて，戦艦，航空機には秀でた実績が散見されるものの，発展は偏り，戦前には民生品にも安かろう，悪かろうの評が冠せられた。そうした苦い経験が戦後，世界の最新技術への関心を高め，自社開発にとどまらず，むしろ海外からの導入に競って関心を寄せる技術姿勢を醸成したと考えられる。

ともあれ，技術的にほとんど脅威の対象としては認識されなくなった戦後の日本企業は，アメリカを中心に一部欧州から革新的な製品技術と大量生産にマッチした生産技術を比較的容易に導入することに成功した。ただ，まったく国内に技術的な素地がなくて，ゼロからの技術導入だったとみるのは事実とかけ離れている。片寄りはあっても，ほとんどの科学技術分野でいずれかの企業なり集団，個人が類似のテーマに向かって研究に打ち込んでいた事実が，地味ながら確実に残っている。そうした基礎のうえで導入技術が花咲いたことは，今日的にも意味は大きく深い。たとえば，東レのナイロン技術導入におけるデュポン社との交渉の経緯，確執は，興味ある題材である。

この東レの技術導入では，当時の東レが資本金を超えるライセンスの対価を払ったとされ，技術開示とはいっても，特許を使いたい東レにさほど分厚くない説明書が送られてきただけで，東レはみずから製造技術の試行錯誤を重ね，後に合繊のトップ企業にまで成長したという教材とも言うべき技術突破の事例を提供している。こうした先例が教えるものは，途上国の中に現在でも残っているマニュアルさえあれば生産は特に難しいものではないとの安易な考え方に対し，万全な技術基盤を築くことがいかに困難であるかを教えている。

ところで，日本の技術特性として指摘されることに，世の中になかった新製品を発明，発見する基礎的技術に弱く，そうした基礎は導入に依存して，その後の商品化，商業レベルの応用技術の開発に過度に特化している，とする見方がある。この批判は，日本で民生用の製品分野で高い品質が喧伝されるようになり，貿易収支の大幅黒字が定着するにつれて，公正，公平に反する経済活動だとして厳しい批判にさらされ，ついには貿易の保護主義を誘発した。

日本企業を公正な基準で評価すると，技術はどう評定できるのであろうか。ここ近年の日本と外国との技術貿易の収支でいえば，日本はほぼ４〜５千億円程度の黒字を記録するようになった。これは，海外の子会社との間で成立した技術授受額を含んだ数値であり，市場取引に基づく純商業ベースに見合うかどうかは問われるところである。ただ，応用・生産技術に偏った技術体質の国だと決めつける欧米，とりわけアメリカの意向の恣意性にも偏向があり，技術のあり方に対する再評価と修正を必要としている。ただし，分野によっては日本の技術的主導性に潜む弱点が鮮明になり，ハードはともかく，ソフト技術の立ち遅れについては，まだ課題が多々あることが否定できないであろう。

途上国が経済的に離陸し，ときには先進工業国に追いつき追い越そうとする場合，技術的に大きな格差をどう埋めるかという決定的に重要な問題がある。その解決のためにこそ，日本やその他の先進工業国の現地投資が誘致されるのである。あわせて，現地政府と企業が共同で技術導入に格別の対応を求めて接近し，また外交交渉をさえ利用して訴えるのも，同根の背景に拠っている。

経済格差の根源に技術格差があることは周知の事実であるが，それだけに，技術移転には先進国とその企業に一定の移譲責任があるといわざるをえない。すでに本章の早い節で触れていることであるが，日本の海外進出にそうした要請に応える要因があることも確かである。だが，公的レベルで要請されても，民間企業の行動を合致させるために強制による執行力を使うわけにはいかないので，民間企業としての利害を忖度しつつ，企業みずからとる任意の進出計画，積極的な技術開示に委ねるしかない。この点に関連して，国際的にある製品，技術が受け入れられるためには，一部の企業で技術独占を行った場合よりも，広く思い切って公開した場合のほうがはるかに普及，伝播が進んだとの結果が報告されており，姑息な技術の閉鎖主義が明らかにマイナスにしかならないという事実は，その意味するものが大きい。

ただ，観察される確実な傾向として，先進工業国といえども新規技術の完成は昔日とは段違いに画期的な商品の開発，技術革新のブレークスルー（突破）の成果が乏しく，長年月を要するようになったことが指摘されている。提携の項で述べたように，国内外のパートナーと技術的に連携し，提携関係を樹立することが上述の突破には欠かせない必要十分条件となったのである。

研究開発の重要性とその推進については，ますます緊要の度は高まっているが，またの機会に期したい。

4　地球環境の悪化と企業の環境対応

(1)　限界に近づいている地球環境の破壊・汚染・消費

途上国が経済的に離陸し，生産活動が活発化するにつれて，地球環境に及ぼす諸影響がグローバル規模で深刻な問題をもたらしている。自然の生態系にも複雑な影響が現れており，絶滅の危機に瀕している動植物の状態が次々に情報として流れてくる。次世代に地球のいわゆる公共財を健全な状態で継承してもらう責任を現世代は，十分に果たしているのであろうか。

環境問題の発生源は，人々の生活活動によるものが全体の約４分の１といわれ，残る４分の３は，産業活動に付帯すると推定されている。経営学の一環として環境問題を掘り下げていくと，決して大げさではなく，問題の広がりと深刻度に筆者は怯みを覚えることが度々である。「開発よりも先に環境ではないのか」との思いに捉えられる瞬間がしょっちゅうある。

度々述べてきたように，地球社会の200カ国に達する国々の間には，いぜんとして大きな経済的格差が横たわっている。その格差解消を国際社会が意識し，貧困国が経済的に国際市場に乗り出してくることを，単に構図としてとどめないで，21世紀の課題として掲げるところまできた。その実現こそが，すでに経済的に優越的な立場を享受している国にとっても，永劫の繁栄を続けるのには，必要にして十分な条件であることは明らかである。

しかし，経済開発が活発化し，科学技術を駆使して豊かな生活の基盤を整えようとすればするほど，この地球も開発の果実と相矛盾するさまざまな負の効果に苛まれるのは避け難い。すでにして地球社会は，環境保護の限界に達しているとする科学的検証も出ていないではない。しかし一方で，世界はいぜんとして富裕国と貧困国とが南北問題という貧富格差をなかにして，環境問題に対する姿勢に大きなずれを見せている。両者の歩み寄りがかなわないまま，事態はますます悪化するという深刻な様相を呈している。

こうしたなかで，日本と日本企業は，生産活動に付随して深刻な公害事件を続発させたが，その経験が，その後国際社会でももっとも高い環境対策の実績を挙げることにつながった。水俣病，イタイイタイ病，四日市ゼンソクなどは，その典型的な事例である。よかれ悪しかれ，こうした深刻な公害事件が，公害基本法の制定から環境対策の質と国民的関心の高まり，合意を促したことは確かであった。当然日本企業は，対策の面で技術的な高度化とノウハウの蓄積をかなりのレベルにまで高めており，それはワイツザッハー（E.U.Weizsacker）などによって，国際的にも一定の評価を得ている。この日本の実績と蓄積は，環境対策に取り組むに必要な資金も技術も，そして場合によっては意思をさえ欠く途上国，貧困国にフィードバックするに値(あたい)することを国際機関，たとえば，世銀などが公式報告のなかで勧告している。[7)]

(2)　環境責任の主体をめぐる論議と批判論

環境破壊の実態は，悠長な時の経過を待てない深刻な事態に刻一刻と近づいている。この認識自体は国際社会でもすでに十分なまでに広がって，定着しているはずである。現に「地球白書」のブラウン（L.R.Brown）は，ギャラップ調査を踏まえて，環境問題に対する関心が「非常に」と「かなり」を含めてフィリピンで94％になり，ナイジェリアは87％，アメリカ85％で，南北対立に関係なく何らかの形の共同責任を受け入れていると述べている。もっとも，日本が66%だと述べているのは，われわれとして気になる数字である。[8)]

とまれ，このように抜本的な対策の必要性について広く支持されてはいても，国際会議での実際行動の取り決めとその実行ともなると，いぜんとして対策と分担の最終合意には至らないまま，非難の応酬に終わりがちである。地球温暖化の最大の原因と目される二酸化炭素の排出抑制について取り決めを急いだ1997年の京都会議でも，満足すべき結論は得られなかった。

ところで，環境責任をめぐる紛糾では，近年になってこうした国家間の責任のなすり合いが十分には克服されていない。企業が環境保護の責任を負っている論拠に関しても，これまた明確に容認されているわけではない。容認を拒絶する代表的な存在であり，理論面のリーダーとしても批判論の急先鋒に立つのは，周知のように，フリードマン（M.Friedman）である。彼は，環境保全コストの負担は利潤動機を本質とする企業にとって外部不経済の内部化であり，その負担の責めを負うことは経営者に与えられた権限を越える越権だとの立場を強硬に主張している。同じ考え方は，現在の企業経営者にも無視できないものが底流にはあるように思われるので，一通りこの論議に触れておきたい。[9)]

利得行動こそ企業が負わされた最大の社会責任の遂行であるとする考え方では，外部不経済とはいえ，なぜ環境保全に必要なコストの内部化さえも拒絶するのであろうか。加藤尚武氏のフリードマン説の批判は，この点で明快である。同氏は，批判論が，株主の利益を裏切るような社会的責任という概念を排除しようとしていると断定し，「利益の増大が企業の社会的責任」だとの主張は，結局本音としては，「利益の増大にならないようなことは企業の社会的責任とはいえない」にあるのだ，とみる。もっとも，加藤氏も経営者が身銭を切ったような気持ちでやる環境保護運動や慈善運動，文化活動への大盤振る舞いを，企業の社会的責任と短絡的に誤解しがちなことを疑問視し，むしろ，ちょうど本音にいう「企業本来の目的」との中間に現れる企業行動が切り捨てられる懸念があると案じている。[10)]

加藤説には，やがて株主（stockholder）から関係者（stakeholder）への視点の変換がうかがえるが，単純な「資本主義が最善の社会形態」という現代の潮流のなかで，それが結論ではなく，資本主義のなかでも行き方の選択があるはずだとの示唆を語っている。フリードマン説は，今日アメリカですら「環境問題などにはすでに視点が古い。もっと開かれた姿勢が必要だ」と評される倫理観に主流がとって代わられつつあると，紹介している。

(3)　外部不経済の内部化と環境行動の萌芽

このテーマは，政府の白書としてはめずらしく突っ込んだ論議を平成7年版「環境白書」が展開したことで知られている。国内外で経済開発に取り組んでいる日本企業がそれに随伴する環境問題にも適切に対処しているか否か。経済学にいう社会的費用の内部化は，いまや差し迫ったテーマになってきた。

木村佳代氏によれば，地球環境という地域性，個別性を超越した国際社会の共有財産は，「人間と生物にとって不可欠の生存基盤が，私的に，社会的に消費され，環境保全することの社会的責任が阻害され，機能しない」状況におちいっている。社会的共通資本（宇沢弘文），公共信託財産（宮元憲一），国際共有財産（佐々木佳代）と呼称の違いはあっても，公共財として保全されるべき重みは等しく主張されているのに，なぜ内部化に向かわないのか，である[11)]。

加藤氏が引例したフリードマンの，社会責任論の歯止めのない独り歩きと市場経済の活力喪失という懸念の主張には，確かにそれを論点として再度軌道に呼び戻す論議が必要であろう。しかし，アメリカにとりわけ強い自由競争と公平原理への執着は，企業の責任と一体化，統合してこそ生きるという論理が成り立たないか。もともと環境問題の負荷は，経済開発の代償として捉えざるをえず，便益と費用が均衡することを環境責任の基本としなければ，もはやこの地球はもたない。それには，つまるところ，代償として担うべきものを内部コストとみなす以外にはありえない。環境の悪化要因の4分の3は，経済開発活動に淵源しているという事実の重みは大きく，歴然としている。

このように，環境保全の行動は積極化を阻む障害がいぜんとして多いが，経営者の行動のなかにいわゆるグリーン経営が着実に定着しつつあることも，この近年観察されるようになってきた。スイス人の実業家であるシュミットハイニー（S.Schmidheiny）とそれを支えるグループの発言は，一定の有効性，妥当性を持った進取の環境思想と標準動作であり，埋没させてはならない[12)]。

いわゆる「持続可能な開発」を唱える経営者のグリーン経営の兆しは確かに感じられる。佐々木建氏も，経団連により地球環境憲章が制定されたことを含めて，環境管理の社内体制の整備，環境監査の実現など，一定の動意が出てきたことを評価している。ただ同氏は，経団連の憲章なり企業の独自の発表にも，まだあいまいなまま基本理念の提示にとどまっているものが多い，と注釈している。環境問題は，まさに観念倒れでは済まないのである[13)]。

こうした環境保全活動の現状を踏まえると，企業が環境活動の最重要な主体であることを否定することは自他ともにできまい。環境の排出，管理，処分の主体として，自然への働きかけ，人為的な影響の広がりを左右する最大の行動主体であり，それにふさわしい高い行動様式によって寄与しうる選択の仕方もまたあるはずである。ただし，社会も，企業だけにとどまらない，それに劣らない環境主体として環境保全の行動責務を担っている。そうした相互関係，社会性の認識から協働可能な，あるいは支援できる行動がありうるはずである。

企業が求められる基本活動としては，本来の環境保全の主旨にそった活動・運営は当然として，それらを自ら律する規範，ルールとして，(1)企業の環境監査の徹底，(2)必要な環境関連情報の開示，(3)啓発活動の財政的な支援，などが挙げられるであろう。(1)の環境監査を実施し，結果を公表する企業も近年漸増している。たとえば，リコーの環境監査の外部公開は知られている。さらに，(2)との関連でも，公開は環境責任履行の重要な担保機能として必須のものであり，近年いわれるところの説明責任（accountability）と公開性（disclosure）を軸にした企業統治（corporate governance）の強化にも通じることである。

(4)　どう取り組んで行くか一既存モデル，先例が示唆するもの

いずれにしても，事態の悪化が進むなかで芽生えだしたグリーン経営を強力な軸に育て上げる責任は，ひとり企業のみならず，住民そして包括的な立場から行政もカヤの外にあるのではない。住民一行政一企業の三者共同の活動こそ

今後の焦点の一つとなろう。この関連ですでにいくつかの事例も紹介されており，原型であるイギリスの「グラウンドワークトラスト（Ground Work Trust）」とともに，先駆的な動きが徐々にながら現れてきた。ことに，こうした非営利のトラストが，「地域の環境改善を行うだけでなく，環境問題に関心の高い若者の雇用の場，高齢者の生き甲斐の場，企業の社会貢献の場になっている」（植田和弘）との指摘は注目したい。

個別的な産業問題について触れるならば，際限なく問題項目を指摘できる，これが環境保全に関わる現状である。状況はまことに厳しいとしか言いようがない。環境負担は，市場経済の純粋の運用からすれば，外部不経済の内部化であり，それ自体制度運用の失敗と評すべき理論化の経緯がある。特にアメリカではそう考える傾向がないではない。途上国との不均等負担に対するアメリカの頑強な抵抗は，そうしたアメリカの論理を余すところなく示しているといってよい。しかし，アメリカの率先垂範は，いぜん対策が効果をあげるには最大の決め手であることも疑問の余地はない。前述したように，幸いにも日本企業の保有する環境改善の技術とノウハウは最先端を行っているとみてよい。「もっと研究を，もっと対策を」が偽らざる現状ではあるが，中国や韓国，その他の途上国に伝授できる経験的蓄積は，決して微小ではない。

5　戦略と管理のブレークスルー――結びにかえて

(1)　国際基準の常識的見直しによる受容と接近

戦略と管理の課題として論じるには，これまでの論議だけでは取り上げたテーマの絶対数が少なく，偏った選択だと感じられる危惧もないではない。たしかに筆者の主観による選択だったことは否定できないし，否定はしない。しかし，高度成長を謳歌して，前年比高い伸び率であることを当然のように受けとめてきたわれわれにとって，現在は未曾有の閉塞状態にある時期だといわざるをえない。ともかく，いろいろな場面で適用してきた基準が，まったく効力を失い，すっかり新しい標準に取って代られようとしているのである。

グローバル・スタンダードもそうした国際社会を律する基準が，国内だけで閉塞していては，やがて衰退，脱落していくグルーミーな先行きしか今考えられなくなっているわれわれに，それでも新しい活動基準の到来が，そうした閉塞感からのブレークスルーへの挑戦であることを具体的な課題，現象に託して論じてみたものである。

これは，われわれの好き嫌いを超越し，クリアーしなければ済まない生き残りと成長のハードルであり，ひょっとすると再生の標的のようにも思われてならない。われわれは，これまで日本的，あるいはアジア的といわれる濃密な人間関係に浸り切ってあらゆる営為を営んできた。企業経営の基本ルールも，その例外ではなかった。はなはだしく合理性に立脚した欧米的モデルにわれわれは，嘆息しつつ，競争きょうそうの連続に辟易する思いに囚われている。それを再生の標的として捉え直す余裕を持ちうるかどうか，これが重要であろう。

日本にも出てきたエクセレント・カンパニーの活動パターンとその背景にある経営の論理をより立ち入って眺めると，一見世界に飛翔した企業のみに許された特殊な先行的優位に見えるものが，グローバル・スタンダードの受容を含めて，決して突飛な原理に則っているのではないことが，明白に見透かせるようにも思われる。これまで墨守してきたわれわれの基準なるものが全壊したのではなく，いくらかでも疑念，社会的通用性，国際マナーに引っかかった部分に対する価値判断が，一挙にその凹凸の部分を表面化したのではないか。不透明な経営，説明責任の希薄さ，企業統治のあいまい基準，いずれも今になってやはり拙劣な部分だったと思い当たるのである。しかし，こうした負の部分を見据えながら，なんら突飛なことではなく，本来の経営の原理・原則そのものではないかと，実は筆者の感じ方にはさほどの動揺もない。

グローバル・スタンダードといわれる基準，健全経営の指標値として認知された高い数値，男女処遇の決定的な格差，現地人に移譲しきれない権限への執着，談合入札の蔓延，徹底した討論を忌避した審議方式，それに類したシャンシャン総会，思い出すままに抽出しても，われわれは国際社会で糾弾されても不思議ではない独自の常識に浸り切っていたことを思い知らされる。

まだわれわれは，襲来する新しいグローバル・スタンダードに完全に対面しきっているわけではない，いぜん今後の展開に待つ状況が多々残っていて，すべてを吸収し，内部的に同化・消散できるかは不明であるが，そのうちの幾つかに対峙しながら，絶対に受け入れられないのかどうかを判断するのに，今は弱気になり過ぎている。譲れないものはあるが，どうしても受容できないものが存外に少ないことに気付かないか。一定の仮定を置けば，基準を変えても同調できる部分が意外にあると考えられるのである。

(2)　戦略と管理の諸問題を抱えて

譲れない部分はあるが，大競争の時代に特に経済活動は一定の納得できる結果を出さないことには，国際市場で納得を得にくく，基準の変更を押し進めることも困難である。ぎりぎりの接点で折り合いつつ，経営の立て直しを果たすことが，いま日本企業にはいつにもまして求められている。これまで述べてきた諸課題も，それらの中から選び出した数点にすぎない。

かくして，既述の課題と合わせて，これまた主観的選択のそしりを免れないが，それらに劣らずキー・ファクターだと思われる課題を項目として挙げるならば，次のような問題を掘り下げていく必要があるのではないか。

(1)　日本型経営システムの見直しと再生の可能性の追究

(2)　高い比重を占める中小企業の役割確認と強化の方途探索

(3)　社会の荒廃現象の捕捉と企業の社会責任の連携

(4)　国際化の推進と国内の空洞化回避の戦略と管理の深耕

本章ではまったく論議する余裕がなかったが，いずれも重要な論題であり，緊急の課題と考えなければならない。またの機会を期待したい。

（参考資料）

1)　井沢良智著『日本企業グローバル化の構図』学文社，1996年。なお，原資料は，『中小企業海外事業活動実態調査』平成6年12月によった。

2)　Penrose, E.T., *The Theory of the Growth of the Firm,* Basil Blackwell, 1959.

（末松元六『会社成長の理論』ダイヤモンド社，1962）

3) Porter, M.E., *Competitive Strategy：Techniques for Analyzing Industries and Competitors,* New York：Free Press, 1985.（土岐申・中辻萬治・小野寺武夫訳『競争優位の戦略』ダイヤモンド社，1962）

4) Collins,T.M., and Doorley, T.L., *Teaming up for the 90s,* Business One Irwin, 1991.（監査法人トーマツ『グローバル・アライアンス戦略の実際』ダイヤモンド社，1991）

5) 井沢良智著『日本企業グローバル化の構図』学文社，1996年。

6) Fayerweather. J., *International Business Management,* McGraw－Hil, 1969.

7) Weizsacker, E.U., *Erdpolitik,* Wissenschaftliche Buchgesellschaft, 1990.（宮本憲一他監訳『地球環境政策』有斐閣，1994）

8) Brown, L.R., et al,. *State of the World,* The World Watch Institute, 1995.（沢村宏監訳『地球白書1995—9』」ダイヤモンド社，1995）

9) フリードマンが社会責任について触れたうちから，代表的なものは，Friedman, M., The Social Responsibility of Business is to Increase Its Profits, *New York Times Magazine,* September 13, 1970.

10) 加藤尚武稿「環境管理とビジネス・エシックス」（阿部治他編「市民のための環境講座」中央法規出版，1997）所収る。

11) 佐々木佳代稿「環境をめぐる問題視点」（高月紘他編『現代環境論』有斐閣）

12) Schmidheiny, S., *Changing Course,* MIT Press, 1992.（BCSD日本ワーキング・グループ訳『チェンジング・コース』ダイヤモンド社，1992）

13) 佐々木健稿「多国籍企業と環境責任」（高月紘他編『現代環境論』有斐閣）

（井 沢 良 智）

第　二　部

経営機能から見た問題と適応の発想

第5章　環境変化に適合する組織と執行の新発想

1　はじめに

2000年1月18日，小渕首相の私的諮問機関である「21世紀日本の構想」懇談会の最終報告が発表され，日本の未来について提言をしている。そのなかで，

「20世紀が『組織の世紀』であったとすれば，21世紀は『個人の世紀』となるだろう」「『イエ的』－安住－の同質社会を見直し，自立して個人が持つ『潜在力』を存分に発揮できるような自由で多様性のある『新しい公』を構築しなければならない」。

「21世紀は，個人がこれまでとは比較にならないほど力を持ちうる世界になるだろう。インターネットにより，一般の市民が世界にいとも容易にアクセスすることができるようになった。（中略）さまざまなネットワークを通じて，個人の力がみなぎってくる，いわゆるエンパワーメントが浸透しつつある」(2000年1月19日付朝日新聞より)。

折から，松下電器は2000年度の経営方針で，「Everything over the Internet（あらゆるものがインターネットをとおして行われる)」という新しい時代のビジネスモデルの創造を掲げた。マックス・ウェーバー（Weber,M.）の合理的官僚制に端を発した組織概念は，指示命令の徹底や情報の伝達は管理の限界（span of contorol）によって多階層が形成され，それを通じて行われてきたが，インターネットの普及によってネット時代の組織は，これまでの上下の階層を破壊し，一気に横に広がる組織構造のフラット化が進んでいる。

報告書やカタログ，伝票など，モノによって運ばれる情報は行き先が限定され，受け取ったものにしか分からない。しかし，ネットに接続すれば，いつ，だれにでも情報が入手できるようになった。情報が開示されて，もはや企業は

開かれた組織として機能しなければ生き残れない。今，企業にとって必要なことは企業統治のあり方，仕事の質の向上，組織構造の変革，マネジメント・プロセスの改革，そしてなにより重要なことは，知の創造者たる人材の多様な能力の活用である。

直接顧客に接する部下は，客にかかわる知識を集積し，外部と接することによって新たな知識や情報を得て，製品や市場に関するアイデアを創出し，事業創造へと結びつける。上司は部下が企業家的存在として創造性が発揮できるように自己裁量の権限を与え，動機づけを行うコーチとサポーターの役割となり，部下が企業家的存在として，事業創造のアイデアが提案できる組織が必要である。

産業構造は製造業中心からサービス業へと大きく変化し，知識による付加価値生産性の向上が一層求められるようになった。企業の資本はカネでも，モノでもなく人であり，人的資源に負うところが大きい。企業の競争力を維持するものは，社員の知識やスキルと意欲である。部下（現場）からみる組織は顔が見えない。直接統制の本社組織は，管理が強化されスタッフが肥大化し，ますます官僚的になった。個人の生きがいは組織のなかにあっても組織に拘束されることなく，自己の能力を伸ばし，発揮し成果に経びつけることにある。「個」が生きる組織とはなにか，この章ではこれまでの組織変化を検証しつつ，ネット時代の「個」の生きる組織のあり方を問う。

2　組織の変化

(1)　組織理論の変遷

①　古典的組織論

「組織体」とは，官公庁，企業，病院，学校，団体など組織全体を表すことばである。その組織体に人間は死ぬまで何らかの形でかかわりを持つ。その組織体の目的を達成する手段として組織構造が存在する。組織体の目的は，企業に限定して考えれば，経済的機能と社会的機能を果たすことであり，企業活動をとおして人々に必要な商品やサービスを提供し，同時に雇用を創出し，自由で公正な企業間競争によって経済の成長と発展に寄与することである。

言うまでもなくこの組織を支えるものは人間であり，その人の使い方をめぐって組織はいろいろと変化してきた。テイーラー（Taylor, F.W.）は，人間の本能からくる怠け心の怠業（自然的怠業）と，出来高払い賃金のレート引き下げが原因によって引き起こされた怠業（組織的怠業）に対処するために，『科学的管理法』（Principle of Scientific Management, 1911）を提唱した。動作研究や時間研究によって課業管理を行い，仕事の科学的合理性を追及した。

科学的管理法をさらに発展させ，実践したフォード（Ford, H.）は，仕事の分業化と標準化を進め，フォード・システム（Ford System）を確立したが，作業時間の規則性は，労働者の主体的な思考や行動などを無視し，労働強化と人間性の無視という問題を引き起こした。その後，ファヨール（Fayol, H.）は，経営者としての経験（1888～1916）から，経営管理論を生み出した（『産業ならびに一般の管理』Adminitsration Industrielle et Gënërale, 1916）。

彼は管理的職能の存在と管理の原則を明らかにし，経営機能と管理機能を明確に区別した。管理的職能は，従業員に直接働きかけるもので，仕事の進め方つまり，管理活動の開始から完了までにいたる過程を示したものであり，マネジメント・プロセス（management process）と呼ばれ，「管理とは，予測し，組織し，命令し，調整，統制することである」とファヨールは定義づけた。この管理的職能は，組織における人間のあり方，つまり，人間の「組織」の管理であった。またファヨールは管理教育の重要性を説き，アメリカで急速に普及した。

テイーラーやフォード，ファヨールは仕事のあり方としての組織や，管理の過程に焦点を置き，合理性を追及したところにこの古典的組横論の特徴があった。

②　集団論的管理論

古典的組織論は，経営管理の合理性を追及してきたが，この合理性を追及するあまり，組織で働く人の人間性が無視され，さまざまな軋轢が生じた。このことから人間的側面に焦点を置いた組織論が台頭した。メーヨーとレスリスバーガー（Mayo, G.E. and Roethlisberger, F. J.）がホーソン工場の実験（Hawthorne Research, 1927～1932）によって感情の論理の重要性やインフォーマル組織の存在を指摘し，これまで全く考えたこともなかった集団による人間関係が重視されるようになった（人間関係論の誕生）。その後，アージリス（Argyrls, C.）の組織と個人の統合，リッカート（Likert, R.）によるリーダーシップ論やマグレガー（McGregor, D.）の統合の原則，ハーズバーグ（Herzberg, F.）による動機づけ要因と衛生要因の区別など，彼らの仕事の研究成果は集団論的管理論として呼ばれ，心理学や行動科学を基に，人間集団の研究や人間行動を理解することによって，組織目的の達成に結びつけようとした。

③　近代的組織論

古典的組織論における動機づけ誘因は経済的誘因であったが，非経済的誘因を中心に研究したのが集団論的管理論であった。その後，動機づけについてさまざまな角度から研究がなされ，動機づけについて理論化した代表的なものがブルーム（Vroom, V. H.）の期待理論で「人間は期待価値を最大化する結果を予測して行動を予測する」というものであった。

1938年にバーナード（Barnard, C.I.）は，主著『経営者の役割』（The Functions of the Executive）で，経営者としての体験を理論化し，人間中心の組織と個人を同時に満足させ，発展させる組織論を構築した。バーナードは，組織の概念を全体と個人の一体化としての「協働システム」とし，「組織とは，2人またはそれ以上の人々の意識的に調整された諸活動または諸力の体系」と定義した。組織成立の要素として，①共通の目的（組織の立場），②協働意欲，（個人の立場），コミュニケーション（中立的で手段的）の三つの基本要素が不可欠であるとした。また，人間には，組織人格と個人人格が併存し，個人には二つの人格を統合し存在しているとした。そして，組織存続の条件は，有効性（組織目的の達成）と能率（協働意思を持続させるに必要な満足度）であると。

組織の目的と個人の満足度は対立するが，同時に統合しうるものであるという統合理論であった。近代的組織論の創始者バーナードのあと，彼の理論をさらに発展させたのは，サイモン（Simon, H. A.）であった。彼は，組織における人間行動から経営行動を分析し，組織を意思決定過程のシステムとしてとらえた。サイモンの組織均衡概念は，組織の参加者（従業員だけではなく，投資家や顧客なども含む）が組織から受ける誘因と組織に対する貢献の均衡で，組織は参加者の貢献を引き出すに必要な量の誘因を与え，その誘因を提供するに足る十分な貢献を参加者から引き出すことが組織均衡の条件とした。

(2)　組織構造の変化

①　事業部制組織

これまでは組織論の推移を見てきたが，チャンドラー（Chandler, A. D. Jr.）は，組織構造は戦略に従うという命題を提唱した。彼はその著書『経営戦略と組織』（Strategy and Structure, 1967）で，近代的な分権制組織として，４大企業（デュポン，GM，スタンダード・オイル，シーアーズ・ローバック）の職能部門別組織から事業部制組織への移行過程を詳しくまとめている。

わが国では，1933年に松下電器（当時は松下電器製作所）が事業部制を導入した。ラジオ，乾電池，ランプ，配線器具・電熱器の３部門で生産，販売から収支まで自主責任体制を敷いた。当時，社長の松下幸之助は従業員にこう説明している。「小規模でやっていたときは私だけで事足りたが，新しい仕事ができるとなるとどれもこれもというわけにはいかない。事業部を作ることで成果がはっきりし，経営者が育ってくる」。1935年には株式会社松下電器産業に改組，分社制を導入した。本社は持株会社として人事・経理面で分社を管理，分社は自主責任経営を続けた。

戦後は財閥が解体され，持株会社の解散，独占禁止法が制定され，これまでの子会社は次々と独立，本社機能を持った。折から高度経済成長の波に乗って量産体制を敷き，企業組織もピラミッド型に肥大化した。事業部制を敷いた当初の目的は，多角化と量産体制への対応であり，事業拡大の体制を敷いた。その後は企業環境の変化が著しく，事業部本来のあり方である利益センターとしての自立性を明確に打ち出すようになった。さらに事業部制は顧客指向，市場指向別に編成され，専門スタッフの機能まで取り込んだ事業部制は，部分システムから全体システムとして一企業の様相を呈し，本部制やグループ制をとる企業，あるいは分社化した。

1998年12月に設立が解禁された持株会社は，グループ全体の経営戦略の立案や経営状況をチェックし，本社機能は持株会社として傘下企業の経営を支配する携帯をとっているところが多い。そして傘下の個別企業は経営の独自性を確保しながらコア事業に専念する。持株会社のメリットは，事業部門ごとに子会社を持つことで，グループ企業全体の経営資源を効率的に配分できることである。したがって，リストラがやりやすく，最近，持株会社の設立機運が広まりつつある。

松下電器産業の事業部制の変遷

1927年　電熱部創設
33年　事業部制発足
　○第一（事）ラジオ
　○第一（事）ラジオ
　○第二（事）乾電池・ランプ
　○第三（事）配線器具・電熱器
35年　分社制実施（持株会社制度）
49年　工場制
50年　事業部制の復活
　○第一（事）ラジオ・通信機・電球
　○第二（事）乾電池・電極・灯器・電熱器
　○第三（事）モーター・変圧器・蓄電池・進相用コンデンサ
52年　松下電子工業設立
54年　4本部制による事業本部の設置
　○管理本部○事業本部(事業部)
　○技術本部○営業本部(営業所)
56年　複数事業部本部制へ
58年　松下通信工業設立
68年　事業本部長の権限増大
72年　事業本部制の廃止
　○事業部制の原点に立ち返る
75年　3総括事業本部の設置
　○事業部の自主独立を踏まえつつ総括事業本部を設置（無線・電化・産業機器）
76年　松下電子部品設立
77年　松下住設機器設立
　松下産業機器設立
78年　3総括事業本部の廃止
79年　松下電池工業設立
84年　社内分社化としての事業本部制
91年　部門制の導入
94年　事業本部制廃止，担当制に

出所：日本経済新聞1994年9月25日付

②　組織の動態化

動態化への動きは，組織の活性化と効率化によって柔軟に環境に対応するという試みから，まず，課制の廃止や「プロジェクト・チーム」の採用が1960年代の中頃から広まった。前者は既存の組織を壊し，組織を大括りすることによって管理階層をフラットにし，効率的な機動力の発揮を狙ったものであり，後者は既存の組織とは別に特別の目的を持った期間限定のチーム制組織を設け，市場の新規開拓や製品開発など企業の将来分野にかかる業務の立ち上げを手掛け，目途がつけば解散するというものである。

課制の廃止は，組織簡素化の課題として1960年代の半ばごろからさまざまな試みが行われ，実施に移された。組織の簡素化は要員の合理化，人件費の圧縮，意思決定の迅速化など緊急の課題が山積したが，これを可能にしたのが従業員の専門能力の目覚ましい向上であった。職務の再設計，職務権限の明確化などやるべき仕事の再編成と責任体制の確立，その職務遂行に必要な能力開発と能力主義管理によって職務の充実，職務の拡大が可能になり，従業員は職務に意欲的に対処するようになった。専門能力の向上によってスペシャリストとして，一人一職の体制ができるようになった。課制の廃止はグループ制あるいはチーム制組織として編成され，課の枠組みを超えた人材の流動的な活用によって集団の協働（collaboration）効果が発揮される場を与えることになった。

プロジェクト・チームは，革新的な課題つまり既存の仕事の枠組を超えた課題に取り組む組織で，構成メンバーはそれぞれの専門分野を持ち，対等の立場で限られた時間内にプロジェクトの目的を実現させようとする組織である。メンバーは既存組織の専門スタッフでもあり，メンバーをとおして既存組織と結びつくので，マトリックス組織を形成する。階層型の組織からグループ制組織へ変更する企業が多くなったのは，人材の流動的な活用が可能な柔構造が狙いであった。

組織の動態化は，アドホックなチーム組織（アドホクラシー）として広まる。アドホクラシー（ad hoc と-cracy の合成語）をウォーターマン（Waterman, R. H. Jr）は「変転極まりない複雑な現代社会にあって，相次いで生じるさまざまな問題に対し，そのつど，その問題の性格に応じた柔軟な取り組みで対応し，臨機応変の解決をはかる体制」で，「新しいものに取り組むために官僚制に戦いを挑む何らかの組織形態」であるとした。組織の動態化は，企業環境の変化に積極的に取り組む創造的な行動であり，仕事と人の結びつきを弾力的にする。そして一人一人の役割が重視され，能力が十分発揮できるように管理や統制が排除される。組織の動態化は組織文化の変革を促し，従業員の意識を変え，自己決定が可能な仕事の条件整備を行う。それはまさに従業員の動機づけを考えたものである。

3　経営革新の動き

(1)　グループ経営の再編

日本的経営特徴の一つであった企業集団つまりグループによる経営は，連結会計制度の改革によって，企業の情報公開が企業集団を単一組織体として連結財務諸表中心に行われようになった。これまでグループの中心である親会社の業績を第一義的に考え，子会社が犠牲になったり，逆に子会社の業績不良を親会社が肩代わりしてグループ経営を維持しようとしてきたが，グループ間での取引で生じた内部利益は排除されることになり，グループ企業内での決算操作の余地がなくなった。

また，親会社はグループ内で保有する経営資源を各社に最適配分し，親会社，子会社にかかわらず単体として利益を生み出すような体制にしなければならない。不採算子会社も連結の対象として扱われるため，場合によっては思い切った整理も必要になる。これまでグループ内で依存し合って生きてきた企業は，思い切ってグループの枠組みから離れ，生き残りをかけて自社のコア・コンピタンス（core competence＝競争力を持つ中核事業）を一層強固なものにするためには，グループ企業と関係ない企業と提携あるいは合併することも考えて，国際競争力に対処しなければならない。そためには自社のコア（核）を明確にし，非コアを整理あるいは撤退させる。撤退の方法も売却，清算や，企業から切り離して分社化を進める方法もあるが，その方法を誤らないようにしないと，コア人材まで失うことになる。

日本企業は，これまで子会社あるいは系列と称し多くの企業を傘下に収め，規模の拡大をはかってきたが，規制緩和や国際競争力の激化によってそのメリットは失われ，傘下企業の力量によってはグループの当主たる親企業の足もとをも脅かされることになる。連結会計の時代に入ってグループ企業の再編成はますます進むものと考えられる。

(2)　カンパニー制と執行役員制度

分社制度の必要性について，その理由を①製品・事業の多角化による経営組織の巨大化，②事業部制組織の制約，③組織の動態化と従業員意識をあげている（今西伸二，1988）。コア事業の強化，社内ベンチャーの推進など本体企業から独立させて企業家精神の発揮や組織の活性化，独立採算性による収益性の追及など分社経営を進める企業が増えてきた。ソニーは1994年4月に分社経営を導入し，96年4月にはこれまでの8社体制を10のカンパニー制に再編成し，このカンパニーへは大幅な権限委譲を行った。グループ本社の組織・機能は経営戦略部門と財務・法務など専門部門としてグループ全体の本社機能として位置づけられた。また，1997年6月の取締役会で取締役会の改革とともに執行役員制度を導入した。

執行役員は，商法上の取締役とは異なり「社内的な肩書き」であるが，部門のトップとして日常業務の執行に専念する上級幹部であり，ソニーが97年に採用してから上場企業の7％が採用したといわれる（99年6月末現在，日本経済新聞社の調査による）。採用の理由は，意思決定の迅速化が中心で，次いで取締役会の活性化があげられる。ソニーのように社内分社制度の導入によって権限委譲を目的とする企業が多いが，「社内的な肩書き」を与えることによって事業部門の責任者の意欲を刺激する狙いもある。

もう一つの狙いに取締役の削減がある。例えば経営改革を進めるダイエーは，昨春，執行役員制を導入し，21人いた取締役の3分の2が退陣，代わって31人の執行役員が就任しており，そのなかには退任した取締役も含まれているという。肥大化し，形骸化した取締役会を活性化するために取締役を減らして簡素にしようとするものだが，もともと日本企業の取締役は内部昇進が多く，長期にわたって企業に貢献した論功行賞として，名誉職的な意味合いが多かった。

したがって，一企業に占める取締役はアメリカの企業に比べ格段に多い。あと一つは，社内リストラとのかかわりであり，社員がリストラの対象になっているのに取締役には手をつけないという不満の声に配慮したものだと考えられる。取締役会には外部取締役が少なく，内部昇進の取締役が大半を占めるため，トップ（代表取締役）中心に事が運び，いわゆる“全会一致”が多い。企業統治が確立されてなければ，取締役を削減することによってトップの独裁を一層助長させることにもなりかねない。

執行役員はアメリカのエクゼクティヴ・オフィサー（Executive Officers）をモデルに創設されたと考えられる。これを「執行役員」と呼ぶようにしたのはソニーで，この言葉は流行語として今や産業界に旋風を起こしている。しかしアメリカの制度とは，似て非なるものでトップの組織が根本的に異なる。しかもアメリカの取締役会は多数の社外取締役からなっていて，有能で経営能力に優れた人物を国内はおろか世界中から集め，会社の最高経営者陣を誇りにしている。

アメリカのトップ組織は，取締役とその各種委員会を含むものであり，経営委員会（Executive Committee）が執行役員（Executive Officer）で，彼らが日常業務の意思決定や重要事項を決定する。ボード（Board）・メンバーは10数名程度で，最高意思決定を行う。社外取締役が多いのは会社はオープンシステムであり，取締会に広い視野が求められ，監視体制を強化するためである。日本企業の取締役会がアメリカのように進んで社外取締役を入れ，企業統治を進めなければ，経営の透明性は確保できない。執行役員制度もこれまでの取締役会を変えなければ意味がないことになる。

執行役員制度は，取締役の権限委譲が進み，組織の簡素化を進めなければ意思決定の迅速化は期待できない。経済同友会が発表した「新たな時代における日本企業のあり方－『戦略開拓経営』への企業革新」（1996年4月5日）でも指摘するように，取締役会は執行役員の役割を明確に区別し，取締役会の本来の役割に徹するようにすることが急務である。しかし，最大の問題点は執行役員の社内的位置づけである。法的な身分が明確にされておらず，商法上の取締役ではないので株主代表訴訟の対象にはならない。執行役員制度が一人歩きできるように法整備の検討が必要である。

(3) アウトソーシングと人事戦略

アウトソーシング（outsourcing）とは業務の一部を外部委託することであり，日本企業では昔から外注，請負などがあった。コンピュータが普及し始めた80年代にはデーター処理の多くが外部委託され，90年代に入ってからあらゆる分野に浸透した。アウトソーシングの普及は，情報化の進展によって情報システムが高度化，専門化して，自社内でシステムを開発したり，運用する人材がいないこと。またはできても開発，運用にかかる費用が多大で，外部委託の方がメリットあること。もう一つは，間接部門の合理化である。アウトソーシングの範囲は多岐にわたり，内容もかなり高度化し，サービスの範囲も拡大した。アウトソーシングの効果は，人件費等コストの削減，外部資源の有効活用，組織の簡素化などがある。

アウトソーシングの活用は，その導入によって必要でなくなった業務に従事した余剰人員が出現する。日本型雇用システムをとる企業では，余剰人員をリストラと簡単に片づけるわけにはいかない。解雇や退職勧奨をとる企業は少なく，配置転換による出向や転籍をしたり，あるいは社内異動をとる企業が多い。社内異動した場合，受入れ先によってはポストや仕事の適応性が問題になり，また組織のスリム化や人件費等コストの削減から見ればアウトソーシングの効果がなくなる。現在は子会社や関連会社に出向や転籍を行う方法が多いが，受入れ先がそうあるわけではない。

そこで，もとの部署の業務を分社化し，グループ企業全体で活用する方法がある。しかし，そのまま分社化しただけでは意味がない。分社化し企業化しても収益を出さなければグループ全体の足を引っ張ることになる。外部のアウトソーシング専門企業と提携し，そのノウハウを取り入れ，高い品質と高度のサービスが可能になれば，業務を外部からも受託できることにもなる。

また，外部のアウトソーシング専門企業と共同出資し，グループ内にこだわらず広く販路を拡大する方法もある。企業がコア・コンピタンスを特化すればするほどアウトソーシングは増えて行く。働く側としても持てる能力を活かし，新たな事業を立ち上げることは従業員のモラール向上にもつながる。特に設備や資金力の乏しいベンチャー企業の出現は，自社にない優れた外部資源の活用によって費用の負担が軽減されるため，活用する横会が増えてくるものと考えられる。

アウトソーシングの導入のもう一つの必要性は，仕事の質の変化と成果主義への移行である。IT（Information Technology）の飛躍的な進展とグローバル化によって仕事の質も方法も大きく変化した。従来は仕事の大半がルーチン業務や情報の収集と加工を占め，そのための書類作成や会議に多くの時間を費やした。仕事の評価も内容よりこなした量が重視され，本来やるべき仕事が手をつけられずに先送りの感があった。

その結果，時間外勤務が多く，また，慢性的要員不足感を抱いていた。仕事の成果が問われる成果主義の今日では，雑用といわれる仕事やルーチン業務を極力排除し，仕事の確立を急がなければ従業員の不満が募り，成果主義の導入が難しくなる。アウトソーシング可能な業務はできるだけ外部化し，やらなければならない仕事にだけ徹するようにしないと，「人材の無駄使い」やモラールの低下を招き，この差が企業間格差を大きく開けることになる。

4　人を活かす組織を考える

ドラッカー（Drucker, P. F.）は，新しい組織の変化をこう語っている。

「今日の大規模組織の原型たる19世紀の軍隊よりも，シンフォニー・オーケストラに似たものになる。さらには，指揮者すらいない小編成のジャズバ

ンドに似たものになる。情報型組織には，『課長』などというものは，ほとんどいなくなる」，

「組織のなかの人間はすべて，自らの目標と貢献について徹底的に考え，責任を負わなければならない。（中略）組織には，部下など存在せず，「同僚」が存在するだけとなる。

知識組織においては，あらゆる人間が，成果から目標へのフィードバックによって，自らの仕事を管理することができなければならない」

(1)　自己責任型組織の必要性

かつて，筆者が属した企業のトップは，経営基盤の確立と称し組織の改革に力を注いだものの，多階層化した結果情報の流れが悪くなり，その流れを遮断するのが管理者だと指摘，管理者を飛び越えて現場を歩き回り，直接意思決定することも度々あった。これまで情報は管理資料として㊙に扱われ，極めて閉鎖的であった。したがって，情報の介在者としての管理者が必要であったのである。しかも管理者は職務権限の拡大と情報を抱え込みに夢中になり，部下に対し優越感を持っていた。情報の流れが上⟷下と規定づけられた時代からネット時代の今日は多チャネル化し，情報も放射状に流れるようになった。

意思決定のスピードは企業の命運を握る。情報の個別管理を一元管理で共有化し，あらゆる活動に活用する。顧客からの情報（購入，サービス，クレーム，問い合せ，メール，来店状況など）の一括管理は，カスタマー・リレーションシップ・マネジメント（Customer Rlationship Management）として顧客の満足度の向上につながる。情報の共有化は従業員の動機づけにもつながる。「知る」ことは，常に自分が「なにをなすべきか」を考え，そして自己決定を下すことであり，彼らの責任を明確化することによって従業員一人ひとりが責任を持った自己責任型組織が要請される。

(2)　これからのマネージャーの役割

これからのマネージャーの役割は，組織メンバーとの共同作業者であり，

コーチでありサポーターでもあり，能力開発者であって，ピラミッド組織時代の上意下達の情報伝達者や意思決定者としての上下関係ではない。コーチという言葉は，「目標達成のサポートをする人」のことであり，メンバーの自発的な行動を促進するために，コミュニケーションを積極的にとり，部門間の調整を進める役割を持つ。そして従業員一人一人が自己管理の可能な能力とスキルを習得するに必要な環境を整備し，支援する。

組織のフラット化は「人」を「コスト」と見る組織の簡素化（リストラ）ではなく，一人一人の能力が活かせる自己実現の可能な創造的組織づくりを目指すものである。ネットが普及したフラットな組織ではチーム制組織が中心となり，プロジェクト・チームの組織では，リーダーが魅力的なプロジェクトを掲げなければメンバーの参加が期待できないし，明確なビジョンを示さなければメンバーの支持を得ることができない。もちろん人格，識見も必要である。ネット時代のマネージャーは従来のマネジメント・スタイルでは支持を得られないことを再認識する必要がある。

伝統的な経営組織は階層を形成し，その秩序を維持するため，規則，規律，システムという規制の企業文化を築いてきた。組織を作ればスタッフはシステムの改革と確立に心血を注ぎ，従業員はそのシステムの拘束を受け，マネジメントが画一的になり，その結果，個人の行動を抑制し，組織は官僚制の道に進む。「お御輿（みこし）型経営」の時代は号令一下，全員目標に向かって突き進んだ。重い御輿（みこし）であったが，いわれるまま担いでいれば間違いなかった。しかし，不透明で混沌とした今日では，一人ひとりの知恵と役割が企業の命運を握る。

組織人のあり方は，沈黙の世代の「服従型」からネット世代の「自己主張型」へと変わった。ピラミッド型組織構造の一番下に位置する従業員は，常に顧客や競合会社に接している。上位に位置する管理階層のすべてのマネージャーはピラミッド構造を逆さに見て，部下をトップに見立て，彼らの意見に耳を傾け，彼らのアイデアや情報を積極的に取り込み，部下の活動を支援する組織として機能しなければならない。

5　結びにかえて

ナレッジ・マネジメント（Knowledge Management）という言葉を最近耳にするようになった。「知識管理」あるいは「知識経営」とも訳されるが，従業員は誰でも仕事の経験によって個々に会得した知識や知恵を持っているものの，それを自分のものとして抱え込み表出していない。知識は“見えない資産”であり，頭のなかにあるノウハウ「暗黙知」である。それらを誰でも利用できる文書化にし，目に見える「形式知」として置き換え組織に共有させる。

共有化された知識は集約され，さらに従業員が新しく得た知識や外部から取り入れた知識を蓄積し，利用し循環して，販売やサービス，技術・製品開発等に活かされることによって事業が創造的に拡大する。トップは，従業員が優れた知識を抱え込まず，組織に進んで提供できるように動機づけを行い，それが活かされるような環境を備えた組織を作らなければならない。これが個人尊重の組織構造であり，彼らの学習意欲を一層助長することになる。

「人」は組織の歯車ではなく，「組織」の主人公である。にもかかわらず，これまでのマネジメントは，人の個性や価値観を押さえた画一的な管理が中心であった。企業活動がグローバル化するにしたがって，企業は人や顧客や文化の多様性に対応しなければならなくなった。企業の方向性を読取り創造的に行動し，競争力を優位に保つには人材しかない。「知の創造」の主役は人間であり，企業はこれまでの経営のあり方を考え直し，人を活かす組織，人を活かす仕組みを創造的に構築することが急務である。

(参考資料)

(1)　Alfred D. Chandler, Jr., *Strategy and Structure,* The M. I. T. Press, 1962.
(三菱経済研究所訳『経営戦略と組織』実業之日本社，1967年)
(2)　飯野春樹編『バーナード　経営者の役割』有斐閣，1977年。
(3)　井沢良智，杉原英夫他著『現代企業と経営』創成社，1994年。

⑷　高橋伸夫著『経営の再生』有斐閣，1995年。
⑸　岸川善光著『経営管理入門』同文舘，1999年。
⑹　小野豊明著『日本企業の組織戦略』マネジメント社，1979年。
⑺　今西伸二者『事業部制の解明』マネジメント社，1988年。
⑻　Robert H. Waterman Jr., *Adhocracy～The Power Change,* The Sagalyn Literary Ageacy, 1990.（平野勇夫訳『アドホクラシー～変革への挑戦～』TBSブリタニカ，1990年。
⑼　日本経済新聞『基礎コース・企業最前線』1999年7月15日～8月11日。
⑽　浜辺陽一郎著『執行役員制度』東洋経済新報社，1999年。
⑾　吉田春樹著『執行役員』文芸春秋，1999年。
⑿　Smantra Ghoshal and Christorpher　A. Bartlett, *The Individualized Corporation.*（グロービス・マネジメント・インスティテュート訳『個を活かす企業』ダイヤモンド社，1999年）
⒀　日本経済新聞社編『Q＆A　日本経済100の常識』日本経済新聞社，1999年。
⒁　Peter F. Drucker *Post Capitalist Society,* A Division of Harper Collins Publishers, Inc,. 1993.（上田惇生，佐々木実智男，田代正美訳『ポスト資本主義社会』ダイヤモンド社，1993年）
⒂　野中郁次郎，紺野　登『知識経営のすすめ—ナレッジマネジメントとその時代』筑摩書房，1999年。

（杉　原　英　夫）

第6章　経営財務の今日的課題と経営行動

1　はじめに

「今時は諸方の入札すこしの利潤を見掛けて喰ひ詰になりて，内証かなしく外聞ばかりの御用等調へ，剰へ大分の売りがゝり，数年不埒になりて，京銀の利まはしにもあわず，かはし銀につまりて難儀，…略…又，商ひの道は有る物，三井九郎右衛門という男，手金の光むかし小判の駿河町と云う所に，面九間に四十間に棟高く長屋作りして新棚を出し，万現銀売に掛値なしと相定め，四十余人利発手代を追ひまわし，一人一色の役目，たとへば金襴類一人…略…竜門の袖覆輪かたかたにても，物の自由に売り渡しぬ。…略…さによって家栄え毎日金子百五十両づつならしに商売しけるとなり。世の重宝これぞかし。此亭主を見るに，目鼻手足あって外の人にかわった所もなく，家職にかはってかしこし。大商人の手本なるべし。」

これは，江戸は元禄時代，西鶴によって書かれた『日本永代蔵』巻一のなかの一文である。商業資本主義隆盛の元禄時代に書かれたこの書は，三百年の年月を経ても今も生々しくわれわれに語り掛けてくるように思われる。以下に，念のためその現代語訳を付した。

「だが今時は大名方が出入り商人にまかせず入札で請負わせるようになったために，商人たちがすこしの利益を目当に競争するので，じり貧になり，懐は苦しく，ただ世間体ばかりで御用をととのえるようになった。あまつさえ大分の売掛代金は，数年未払いとなり，そのもうけは京の両替屋が預金にたいして支払う利息にも及ばず，為替銀の支払いにもつまって難儀し，…略…三井九郎右門という男，手持金の威勢で，昔小判もしのばれる駿河町という所に，間口九間，奥行四十間に棟高く長屋造りして新店を出し，万事現金売りで掛け値なしと定め，四十余人の利発な手代を自由にあやつり，一人に一品を受持たせた。たとえば金緞類一人…略…竜門を袖覆輪の片方分だけでも，自由に売り渡した。…略…であるから家が栄え，毎日金子百五十両平均の商売をしたという。世の調法とは，この店のことである。この亭主を見るに，目鼻手足があって，ほかの人と変わった所もないが，ただ家職にかけては人に変わって賢い。大商人の手本であろう。」（暉峻康隆訳（角川文庫版））

日本の現代企業のおかれている困難な状況のなかでこの書を味読するとき，幾つもの教訓を受け取ることができよう。引用した上の文からだけでも，次のような示唆を受けるのは，筆者のみであろうか。

① 今までは，得意のお屋敷の注文を一手に引き受けてこられたのに，入札（自由競争）となったので，出入り商人の特権がなくなった。

② 売掛代金の回収が何年も滞っている。

③ 利益が預金利息を下回る有様である。

①については，系列の解消により更に厳しい状況にある「中小企業」の苦境を思わせるし，②と③は，そのまま現代の多くの日本企業の状況を思わせる。

この文の後段は，三井の斬新な商店経営の紹介とそれに対する賛辞である。

④ 三井は，手持ち金を持っており，それを有効に投資した。（訪問販売でなく，店頭販売に徹するため大型店舗が必要となった）。

⑤ 従来の商習慣（盆と暮れの年２回の掛け払い）をやめ，現金売りだけにした。

⑥ 手代一人ひとりに一品を担当させた。

⑦ 従来の商習慣の１反売りにこだわらず，細切れで販売した。

⑧ 売上が毎日150両もあった。

⑤の現金売りで，キャッシュ重視の経営をしたことが分かるが，そのために，小銭でも買えるように，⑦の細切れ売りを行った。⑥の分業はそのためでもあったろう。

④の手持ち金（現金）によるかなり巨額の設備投資（初期投資）は，⑧の毎日の売上（現金収入）によって回収されたことが分かる。 初期投資のキャッ

シュ・アウト・フローを，現金・細切れ・店頭販売による毎日のキャッシュ・イン・フローにより堅実に回収することができたとともに，投資に対する十分のリターンを得ることができた。

江戸期の数多くの大商人たちの経営が，大名貸しの貸倒れによって崩壊していったことと考え合わせると，三井のキャッシュ・フロー経営の卓越性に対し，西鶴とともに賛辞を惜しめないところである。

今日の日本の困難な経済状況のなかで，多くの企業はキャッシュ・フロー重視の経営に徹しようとしており，また多くの成功例もある。稲森和夫氏（京セラ名誉会長）は，「経営のための会計学を実践していくために必要な七つの基本原則」の第１番目に「キャッシュベースで経営する」を挙げている。氏の「利益ベースからキャッシュベースへ」の提言は，その厳しい経営実践のなかから生まれ，画期的な成果を挙げてきたものだけにきわめて説得力のあるものである[1)]。

日本においては，2000年３月期決算から，連結財務諸表の場合貸借対照表，損益計算書のほかに，連結キャッシュ・フロー計算書を基本財務諸表の一つとして作成しなければならないことになっている。本章では，キャッシュ・フロー計算書について取り上げることになるが，技術的な接近にとどまらず実践的経営にとってのキャッシュ・フローの重要性までに深めて考察したいと考えている。

結論を先取りして言えば，経営の意思決定にとってキャッシュ・フロー情報を経営指標として重視することの大切さを十二分に評価したい。ただし，一部に見られる，会計上の利益あるいは伝統的会計情報（貸借対照表，損益計算書から読み取れる経営指標）に対する極端な軽視はいささか行き過ぎの感があると思うので，そのことにも言及したい。

冒頭に引用した『日本永代蔵』で紹介されている三井家は確かにキャッシュ・フローの重視によって財を成したのであるが，三井家の会計帳簿組織は，単なる現金収支会計ではなく，ほとんど複式会計と呼んでよいほど卓越したもので，貸借対照表，損益計算書に相当するものも作成・利用されていたことを付言しておきたい[2)]。

2　資本（資金）の調達と投資

株式会社は，資本を調達し，調達した資本を運用して利益を得ることを営みとする。資本は調達の相手が誰かで大きく他人資本と自己資本とに分けられる。他人資本は，法律上の他人（他社）に対する債務（会計上は負債という）に当たり，短期の債務として買掛金，支払手形，短期借入金などがあり，長期の債務として長期借入金，社債などがある。

自己資本は，基本的には株主が出資した資本であり，それに会社が得た利益を留保したものが加わる。出資者である株主は，法律上会社の持ち主であるから，債務にはならない。ただし企業が設備投資などのために資本の調達を必要とするときは，銀行からの長期借入金によるか，社債の発行による（以上は，他人資本）か，新株を発行する（自己資本）かというように，調達のための資本コスト（利息，配当金など）などを勘案して，どの調達方法を選ぶかを決めることになる。

他人資本と自己資本は法律上の性格は基本的に違うものであるが，企業経営者の立場，あるいは意識の層からみると，調達方法あるいは調達源泉の相違という点以上のものにはならない。そのような面もあって，同じ資本というカテゴリーに加えるのである。他人資本と自己資本をあわせて，総資本と呼ぶこともある。

総資本＝他人資本＋自己資本

資本の調達の側面は，貸借対照表の右側「負債と資本の部」に，その現在高が記載される。

調達された資本は，株式会社のなかで何らかの運用形態で存在する。たとえば現金の形態で，あるいは機械や建物の形態で，もしその資本を他社に貸し付けておれば，貸付金の形態で存在する。これらを会計上，資産と呼ぶ。調達された資本は，すべて何らかの形態で運用されているのであるから，資産の総額

（総資産）は総資本に等しい。

総資産＝総資本＝他人資本＋自己資本

資本の運用形態の側面は，貸借対照表の左側「資産の部」に，その現在高が記載される。

資本の運用形態が現在どのような状態にあるかということは，過去その会社が調達した資本をどのように使ってきたかに掛かっている。過去に積極的な設備投資を行ってきておれば，機械・装置や建物などの固定資産が巨額な形態で存在しているであろう。逆に設備投資が控えめだったのなら，固定資産の現在高もそれほど巨額ではないであろう。設備投資をするという意思決定は，そのための支出（キャッシュ・アウト・フロー）が将来相応の収入（キャッシュ・イン・フロー）を生むことを予測するからである。

調達した資本を，他社を支配するためその会社の株式を保有するという投資に当てることもある（子会社株式）。また，調達した資本を過去の借入金の返済に当てるという財務上の使い方をすることもある。

調達した資本を，投資に，財務にどのように使うかは，企業経営の生命線である。貸借対照表には，資本の調達状況（調達の結果）と運用形態（投資などの結果）が，現在高（ストック）で示されている。これらの調達と投資をフローで捕捉することも極めて大切である。このフローを1表で示すものが，キャッシュ・フロー計算書であり，企業の経営においてこれをどう活用するするかが，企業の長期的発展の鍵となると言ってもよい。以下本章では，このことについて考察を進める。

なお，この節では，調達した「資本」というように，資本という表現を使っているが，これは貸借対照表によって説明したからである。資本を「資金」と読み替えて差し支えない。本章でも，他の節では資金ということが多い。

3　企業環境の変容とキャッシュ・フローの重要性

今日，日本の企業がキャッシュ・フローを重視せざるを得なくなっている事情の一つに，連結キャッシュ・フロー計算書の基本財務諸表化という制度会計上の問題がある。周知のとおり，2000年3月期決算を期して，企業が開示する有価証券報告書における財務諸表が，個別企業中心から連結中心に移行すると同時に，連結貸借対照表，連結損益計算書，連結剰余金計算書に加えて，連結キャッシュ・フロー計算書が，加わることとなった。なお，連結財務諸表を作成しない企業は，個別キャッシュ・フロー計算書を作成・開示しなければならないこととなっている。このような制度上の変更そのものが企業に与える影響というものは無視できないが，現代企業にはそのような形式的な規制という面を超えて，企業を取り巻く環境の急速な変貌によってキャッシュ・フローを重視する経営に脱皮してゆかざるをえない面があることも事実である（制度上の変更はもとよりその反映でもある）。

(1)　不良債権問題

銀行を中心とした日本企業の不良債権問題は，単に1業種の問題を超えて，日本の経済そして政治の根幹を揺さぶる問題である。回収の見込みのない債権は早く償却（債権はないものとする）するしかないが，その分は会計上特別損失として費用の側に計上され，この金額が多ければ多いほど，損益計算書上の利益は少なく計上される（もちろん，利益どころか欠損（当期純損失）が計上されることにもなってしまうこともある）。

会計上の利益をそこそこに計上したいという誘惑にかられた銀行は，不良債権の存在を実際より少な目にしたり，あるいは不良債権の償却を少な目にするなどの処理を行おうとする。これに対し，銀行が存在する不良債権を偽りなく開示し，その償却を思い切って行うと，結果として利益は小額となる。この二つの対応の違いは，会計上の利益の大きさに対するこだわりの問題でもある。投資家特に海外のマーケットの反応はどうであろうか。前者の対応をする銀行はたしかに会計上の利益は相当額計上されていても，含み損（会計上表面には出ていない損失）を多額に抱えていることに，投資家はむしろ不信感を持つであろう。後者の対応をする銀行は，会計上の利益は少ないが，含み損がない

（あるいは少ない）ことに，投資家はかえって好感を持つことが考えられる。端的にキャッシュ・フローを考えてみると，後者の方は利益の計上額が小さい分だけ法人税等のキャッシュ・アウト・フロー（現金預金等の支出）が小さくなるので，キャッシュから見れば稼ぎが大きいことになるので，その意味でも投資家は好感を持つことになろう。

このように，見かけの利益よりキャッシュという事実に投資家が注目するとすれば，銀行はもとより他業種の企業もそれを重視せざるをえなくなる。

(2)　メインバンク制の解体

日本では，長く銀行がメインバンクとして系列企業の中心的役割を果たしてきた。系列内企業間の取引代金の決済は，メインバンクにある各企業の預金口座間の振り替えで済ませる。各企業の必要な資金は，メインバンクから借り，直ちにメインバンクに預金する。もし系列企業間の取引だけであれば，銀行と各企業の間も，各企業間もすべての取引がキャッシュレスで済むことになる。系列企業外との取引で現金決済が必要なときは，メインバンクがインター・バンク市場で資金を融通すればよい。

また，メインバンクの貸出しは，系列企業の持つ土地などの資産を担保にして行われていたが，これらの資産は巨額の含み益（土地の貸借対照表上の金額は取得原価（たとえば1億円）で記載されているが，もし売却するとすれば6億円（時価）で売れるとすれば，5億円が含み益）があるので，銀行はどんどん貸出しを行うことができた。

ところが，「バブルの崩壊」によりキャッシュレスの仕掛けがうまく働かなくなってきた。担保の資産の含み益はなくなり，むしろ含み損を持つこととなってしまった。必要な資金はメインバンクにいつでも提供してもらえた時代は過ぎ去り，資金の調達は大変厳しいものとなってきた。銀行からの間接金融から，株式による直接金融に重点を移すことも必要となり，株主からの厳しいリターン要求に対応なければならなくなる。ここにもキャッシュ・フローを重視せざるをえない事情が生じたのである。

(3) 株式持合いの解消

日本において，企業間の株式持合いが広く行われていたことは周知のことである。この仕組みを例で示すと，A，BおよびC社が株式持合いをするとき，たとえばA社がメインバンクから資金を借り入れて，B社の新株を買い，B社はその資金でC社の新株を買う。C社はその資金でA社の新株を買い，A社はその資金で借入金を返済する。この場合は，3社間のキャッシュの移動は全くなく，3社ともキャッシュが減りもしなければ増えもしないことになる。なお，株式持合いにメインバンク自体も参画することが普通である。

株式持合いの結果，まず，その企業間の営業上の関係を密接にかつ安定的にすることができる。また，企業経営者は，資金調達についての苦労が少なくて済む（必要な資金はいつでも調達できる。配当金など株主へのリターンについても大株主は「仲間」であるから，厳しい要求はされないで済み，資本コストに気を使わないで済む。極端な場合，株式の資本コスト（配当金）はゼロというような意識さえでてくる。―たとえば，額面50円の株式を時価の500円で発行すれば，配当金が額面に対し5％とすれば，2.5円となり，資本コストは，実に0.5％となる）。

資本コストに厳しさがないから，設備投資などのリターンについても厳しく考えないでよい。また，企業買収の危険にさらされないので，安心して経営に当たれ，資本コストに厳しさがないこととあわせ，長期的なレンジで計画を練る余裕ができる。

株式持合いは，バブルの崩壊と期を一にして，徐々に解消する傾向がでてきている。解消すればどういうことになるか。企業間のもたれ合いはできなくなるので，営業上の取引（売買，代金取立て）に厳しさが増す。

銀行からの借入金であれ，株式資本による調達であれ，資金調達について厳しさが増す（資本コストに厳しさが必要となる）設備投資なども資金の余裕を見，投資のリターンについて周到な計画を立てた上でないと安易には行えない。株式持合いが解消にいたらないでも，配当要求に厳しい企業もでてきている。企業買収の標的になる危険についても十分配慮をしておく必要がある。資本主義本来の峻烈さのなかにさらされるのである。

以上，メインバンク制，株式持合いが徐々に解消に向かいつつある経営環境について考察したが，今日日本の企業は，資金の調達，資金の投資・リターンについての甘えが許されなくなってきている。ここに，キャッシュ・フローを重視した経営に，各企業がシフトせざるを得ない事情があるのである。

4　利益とキャッシュ・フロー――棚卸資産で考える

企業会計が期間損益計算として行われることから，利益の測定は1事業年度（1ヵ年間）に発生し（実現し）た収益から同期間に発生した費用を差し引いて行われることとなっている。かつての西洋の冒険商人たちの損益計算は，一つの冒険旅行の終わりにすべてを（船も）売却して得た収入から，出発時の船や商品の取得に要した支出を差し引くことで行われた。このような「1回企業」とも呼ばれる企業形態では，支出が費用と等しく，収入が収益と等しい。

今日の企業は，ゴーイング・コンサーン（going-concern）という言葉で表現されるように，永年にわたって存続するものとして営まれる。この場合の企業の損益計算も，企業の終わり（解散）を待って行うことですむならば，一回企業と同じく，収入から支出を差し引けばよいこととなる。しかし，株式会社の例を見ても分かるとおり，株主への配当金を支払うためだけを考えても期間を区切って利益の計算をしなければならない。

期間を区切って損益計算をするとき，その期間内の収入は必ずしも収益ではなく，支出は必ずしも費用ではない。言い換えれば，現金の純増分がその期の純利益とはならないのである。キャッシュ・フローは利益とは異なるものなのである。たとえば，事業年度が4月1日から翌年の3月31日までの場合に，3月に3月から5月までの家賃3ヵ月分の30万円（10万円×3月）を支払ったとすると，キャッシュ・アウト・フロー（支出）の30万円のうち10万円はこの期の費用となるが，4，5月分の20万円分は次の期の費用となる。10万円だけが当期に発生した費用となるのである。

今日の企業会計における利益の計算は，このように期間損益計算として行われているのである。そのことは，否応なしに支出と費用，収入と収益の乖離，つまりはキャッシュ・フローと利益との乖離をもたらしている。以下，この乖離が企業経営にもたらしている重要な事項として，本節で棚卸資産の問題を，次節において固定資産の減価償却費の問題を取り上げる。

企業会計において損益計算書と貸借対照表を作成するとき，期末の貸借対照表には，商品あるいは製品などの棚卸資産の期末有高が計上される。そして，損益計算書には，その期間中の売上原価の総額が計上されるが，これは次の計算式で算出される。

当期売上原価＝当期仕入（製造）高 ＋ 商品（製品）の期首有高
－ 商品（製品）の期末有高

そうすると，期末商品（製品）有高（棚卸高）が多ければ多いほど，売上原価は低くなる。

期間の売上利益は，次の計算式で算出される。

当期売上総利益＝当期売上高 － 当期売上原価

当期売上高は発生し（かつ実現し）た当期の収益であり，当期売上原価は発生した当期の費用であり，両者の差額が商品（製品）売上による利益となるのである。

その結果，その期間の売上総利益は（したがって，最終的に算出されることになる当期純利益も），商品（製品）の期末有高が多ければ多いほど多く計上されることとなる。逆に，期末有高が少なければ少ないだけ，利益は少なく計上されることとなる。

ところで商品（製品）の期末有高は，各商品（製品）別に以下の計算式により計算されたものの合計金額である。

商品（製品）の期末有高＝期末商品棚卸数量×期末商品（製品）単価

各商品（製品）の単価は普通，取得原価（仕入原価，製造原価）が使われる。この取得原価は，取得の時期により金額が異なることも多い。どの時期の原価を採用するかについて，以下のような方法があり，企業はそのどれかを選択することができる。

先入先出法(FIFO)	先に取得したものが先に出てゆくという前提による。
後入先出法(LIFO)	後に取得したものほど先に出てゆくという前提による。
平　均　法	平均原価を採用する。期間全体の取得原価の平均価額を使う総平均法と，期間中のその段階その段階で計算した平均価額を使う移動平均法がある。

企業がこのうちどの方法を採用するかで，期末商品（製品）単価は違ってくる。そのことを，先入先出法と後入先出法を対比して考えてみたい。たとえば，ある商品（製品）が値上がり傾向にあるときは，先入先出法のほうが後入先出法よりも，高い金額となる。取得原価の安い物が先に出ていって，高い物が残っていることとなるからである。したがって，先入先出法の方が期末有高の金額は多くなり，その結果利益はその分だけ大きく計上されることとなる。

このような場合，企業が利益をできるだけ大きく計上したいときには先入先出法を採用し，利益をできるだけ少なく計上したいときには後入先出法を採用するという，企業の利益操作が行われることがある。たとえ意図的に利益操作を行おうとしないでも，先入先出法を採用するか，後入先出法を採用するかで，損益計算書上に計上される利益が違ってくる。事実は同じなのに，二つの利益が可能になる。

以上は，商品（製品）期末有高の単価の算出方法により，利益が違ってくることを取り上げたが，次は，期末有高の数量により，利益が違ってくることをとりあげる。期末有高の金額は，数量に単価を乗じて算出されるのであるから，数量が多いほど，期末有高の金額は多くなり，したがって利益はその分だけ大きく計上されることになる。このことは，企業会計が発生主義の原則によって利益の計算を行っている以上当然のことなのであるが，悪質な利益操作の可能性をも提供することとなる。たとえば，売れる見通しが立たない製品を大量に製造すれば，会計上の多額の利益（見かけだけの）を，貸借対照表と損益計算書に計上することになる。この利益を配当に回せば，いわゆる「蛸配当」となる恐れもある。

このような利益は，販売によるキャッシュ・イン・フローの事実とはかけ離れたもので，株主や債権者などの利害関係者の判断を誤らせるもとともなる。また，経営管理の面からいっても，経営者の認識を誤らせることにもなる。

企業会計が発生主義の原則によって行われること自体は，期間損益計算を行う以上当然のことではあるが，キャッシュ・フローと利益との乖離を明らかにし，キャッシュ・フローから捕捉されるリターンを示し，期待される将来にわたるリターンからみた企業価値を示すには，キャッシュ・フロー計算書が必要とされることとなるのである。「利益はオピニオンであり，キャッシュ・フローは事実である」と言われるゆえんである。

5　利益とキャッシュ・フロー――減価償却で考える

設備投資を行うこととなって，建物，機械などの固定資産を取得すると，多くの場合その時点でキャッシュ・アウト・フロー（たとえば1億1千万円の現金・預金の支払い）が発生する。このキャッシュ・アウト・フローは損益計算上そのまま費用とはならない。その固定資産の耐用年数が10年で，10年後の残存価額が1千万円と予測される場合，1億円は10年にわたって負担することとする。この費用を毎年均等額で負担する（定額法）とすれば，毎年の損益計算上，減価償却費が1千万円計上されることになる。定額法による毎年の減価償却費は次の計算式で算出される。

減価償却費＝（固定資産取得原価（＝実際のキャッシュ・アウト・フロー）
　　　　　－残存価額（予測額））／耐用年数（予測年数）
　　　　＝（1億1千万円 － 1千万円）／ 10年 ＝ 1千万円

減価償却費の計算方法には，代表的なものとして定額法のほかに定率法と呼ばれるものがある。定率法では，毎期（事業年度）の減価償却費は毎期首の帳簿残高（固定資産の未償却部分＝取得原価－減価償却累計額）に一定の減価償却率を乗じて算出される。定率法による減価償却費は，初期において高く，だんだんと逓減してゆく。定額法では毎期の減価償却費は均等額となるので，これと対照的である。したがって，定額法，定率法のいずれを採用するかによって，損益計算書上の利益が違ってくることになる。企業は，減価償却法のどれを採用するかを選択することができるので，この点からも「利益はオピニオンである」との批判にさらされることにもなるし，利益操作に利用されることにもなる。

減価償却は設備投資（固定資産取得）時に，巨額のキャッシュ・アウト・フローが行われ，その後の設備が利用される長い期間はノン・キャッシュ費用の減価償却費が毎期計上されるという特質から，企業財務上の独自の重要な問題が生じる。以下そのことを取り上げる。

産業革命以降，企業は機械設備に巨額の設備投資を行うことが多くなった。この時発生する巨額のキャッシュ・アウト・フローを，その年だけで負担する（キャッシュ・アウト・フローの全額をその事業年度だけの費用とする）と，その年だけは巨額の損失が計上されてしまうことになる。その機械設備は，耐用年数の間変わらずにその機能を維持し続けるのであるから，取得原価を，耐用年数の期間にわたって，各事業年度に配分して負担させるという「原価配分」の方法をとることとなったのである。減価償却費は，それに相当するキャッシュ・アウト・フローがその事業年度には皆無であっても，その年度に発生した費用として損益計算書に費用として計上するのである。その結果，利益は，減価償却費計上分だけ，キャッシュ・フロー純増分よりも，少なく計上されることとなる（端的に言えば，利益よりキャッシュ（正確に言えば，ネット・キャッシュ・フロー）の方が多いこととなる）。発生主義による毎期（各事業年度）の損益計算が，利益（正味財産＝資本の純増分）とキャッシュ・フロー（純増分）とを乖離させることの典型的な事柄である。

減価償却費の計上を発生主義に基づく原価配分として理解するのは，歴史上はかなり後代のことで，19世紀半ば頃では，固定資産の更新の時期がきたとき，巨額の更新資金が必要となるので，実務家たちはその資金の準備の必要から，あらかじめ，修繕のためという名目で基金を留保するとか，必要に応じ更新準備金を積み立てるとかいう財務政策を行っていた。減価償却の費用性が実務家に意識・理解されるまでには，かなりの時間を必要としたのである。減価償却の費用性の認識を確立させるには，現在株主と将来株主とのリターンの公平さの確保の要請があったとされている。

毎事業年度に減価償却費を費用として計上し，その額を減価償却累計額に加算するという処理は，原価の配分による発生原価の計上という意味と更新準備の財産の実質的確保という企業財務の意味との両方を持つ。後者の側面は，減価償却費がノン・キャッシュ費用であることから，利益はその分だけ少なく計上されるので，それに相当する額が企業内に留保されることとなる。

その結果，当該固定資産の更新に至る前に，その留保された累計額を使って新たな設備投資を行うことができる。このことは，近年の企業会計の実務ではかねてから周知のことであり，特に第２次世界大戦後のドイツの急速な経済発展の根拠の一つとしても取り上げられることとなった。これはローマン・ルフチ効果と呼ばれるもので，減価償却の財務的効果は，固定資産に投下された資本を流動化し，回収することであるとし，減価償却によって回収された資金を直ちに固定資産の更なる増設に当てることによって，（新規の外部資金などを調達することなしに）当初のほぼ倍の規模まで固定資産の拡大を行うことができることをいう。これを具体的に論証したのが，ドイツのローマン（Lomann, M.）とルフチ（Ruchti,H.）なので，ローマン・ルフチ効果と呼ばれることとなったが，この点は，彼らに先立って日本の研究者，馬場克三，別府正十郎によってすでに論証されていたものであり[3)]，更にさかのぼれば「資本論」の著者マルクス（Marx,K.）がその問題の所在に気づいていたことでもあった[4)]。

次節以降で述べることになる，キャッシュ・フローを算出するために，当期純利益に減価償却費を加算することの意味は，まさにここにあるのである。減価償却費はその期においては，ノン・キャッシュ費用であり，その分を加えて企業の財産（必ずしもキャッシュの形態とは限らない）を残留させる働きをする。

自己金融のなかに，利益留保のほかに減価償却を加えるのは，減価償却費の計上（それに伴う減価償却累計額への繰入れ）が，企業の外部から資金を調達することなく，新たな設備投資を行うことのできる財務状況を作りだすからである。

減価償却を単に固定資産の取得原価の配分の面だけで考えるのは一面的であり，利益とキャッシュ・フローの乖離を先鋭的にあらわにするものとして認識する必要がある。

6　キャッシュ・フロー計算書の構成

キャッシュ・フロー計算書は，「営業活動によるキャッシュ・フロー」，「投資活動によるキャッシュ・フロー」および「財務活動によるキャッシュ・フロー計算書」の三つの部分で構成される。

(1)　営業活動によるキャッシュ・フロー

まず，「営業活動によるキャッシュ・フロー」の部分では，財貨や用役の生産，提供から生ずるキャッシュ・フローを示す。表示の仕方に直接法と間接法があるが，広く採用されている間接法によれば，税引前当期純利益を基に数値を加減してオペレーティング・キャッシュ・フロー（営業キャッシュ・フロー）を算出する。

営業活動によるキャッシュ・フローのなかのインフロー（収入）には，財貨や用役の提供からの収入（売掛金，受取手形の回収による収入も含まれる），受取利息，受取配当金の収入などが含まれる。また，そのアウトフロー（支出）には，製造用の原材料や提供（販売）用の財貨（商品）を取得するための支出，従業員への給料支払いの支出，税金支払いの支出，借入金の利息支払いの支出等が含まれる。

間接法では，計算の出発点が損益計算書における税引前当期純利益であるから，上記のキャッシュ・フローの計算が行われるように調整計算（加算あるいは減算）が行われる。例えば，支払利息や受取利息は損益計算書上「発生主義」で計算されているので実際の支出，収入とのずれがあるので，調整のための加減計算が必要となる。

調整計算のなかで特に注意しなければならないのは，減価償却費である。減価償却費は，税引前当期純利益に加算される。減価償却費に関するキャッシュ・アウト・フローは，すでに過去において（例えば建物購入時に）済まされておることが普通で，この事業年度で支出されたものではないからである。

〔営業活動によるキャッシュ・フロー〕

税引前当期純利益	500
減価償却費	＋100
EBITDA（キャッシュ利益）	600
売掛金の増加	−50
棚卸資産の増加	−100
買掛金の増加	＋100
法人税等	−100
オペレーティング・キャッシュ・フロー	450

（注）　EBITDA：Earning Before Interest, Tax, Depreciation and Amortization（金利，税，償却前利益）

(2)　投資活動によるキャッシュ・フロー

「投資活動によるキャッシュ・フロー」の部分では，設備資産の取得および処分，他社の株式や社債等の取得および売却，貸付けおよびその回収などから生ずるキャッシュ・フローを示す。

「営業活動によるキャッシュ・フロー」の部分で算出されたオペレーティング・キャッシュ・フローに，この部分のキャッシュ・フローを加減して，最終的にフリー・キャッシュ・フローを算出する。

投資活動におけるキャッシュ・フローのなかのインフローには，建物等の固定資産の売却，株式などの有価証券の売却，貸付金の回収からの収入などが含まれる。また，そのアウトフローには，固定資産の取得，有価証券の取得，貸付けのための支出などが含まれる。

これらは，損益計算書における「発生主義」による損益計算には無関係なものとなっている（簿記上の「交換取引」に当たる）が，キャッシュ・アウトフロー（あるいはインフロー）は事実発生しているのであるから，利益に対し減算（あるいは加算）の計算処理を行うのである。

フリー・キャッシュ・フローは，企業が次のような使途に，「自由に使える」という意味で，この名で呼ばれる。①借入金返済などによる財務体質の改善，②配当金に当てるなど株主へのリターン，③新事業のための設備投資などの戦略的投資などに当てることができるのである。

〔投資活動によるキャッシュ・フロー〕

オペレーティング・キャッシュ・フロー	450
建物購入	−200
有価証券の取得	−50
有価証券の売却	+150
貸付金の回収	+50
フリー・キャッシュ・フロー	400

(3)　財務活動によるキャッシュ・フロー

「財務活動によるキャッシュ・フロー」の部分では，借入れとその返済，株主からの資金調達と減資によるその返還，株主への配当などから生ずるキャッシュ・フローを示す。

「投資活動によるキャッシュ・フロー」の部分で算出された，フリー・キャッシュ・フローに，この部分のキャッシュ・フローを加減して，最終的に「ネット・キャッシュ・フロー」を算出する。

「財務活動によるキャッシュ・フロー」のなかのインフローには，借入れ，株主からの資金調達からの収入などが含まれる。また，そのアウトフローには，借入金の返済，株主への出資金の返還，配当による支出などが含まれる。

これらは，損益計算書における「発生主義」による損益計算には無関係なものとなっている（簿記上の「交換取引」に当たる）が，キャッシュ・イン・フロー

（あるいはアウト・フロー）は事実発生しているのであるから，利益に対し加算（あるいは減算）の計算処理を行うのである。

〔財務活動によるキャッシュ・フロー〕

フリー・キャッシュ・フロー	400
借入金の増加	＋100
借入金の減少	－200
社債発行	－100
新株発行	＋100
ネット・キャッシュ・フロー	300

7　キャッシュ・フロー計算書を読む

キャッシュ・フロー計算書は，貸借対照表，損益計算書に加えて新たに基本財務諸表として登場することとなった。キャッシュ・フロー計算書がなぜ加えられたのか，キャッシュ・フロー計算書は何を目的に作成されるのか，そしてどんな役に立つのかを考えてみたい。

キャッシュ・フロー計算書の目的について，アメリカのFASBのステートメント第95号「キャッシュ・フロー計算書」は以下の四つを挙げている。[5)]

(a)　企業の現金創出力（Ability to generate positive future net cash flows）を評価する。

(b)　支払義務に応ずる能力，配当支払能力および外部資金調達の必要性を評価する。

(c)　純利益とそれに関連する収支のずれの理由を評価する。

(d)　現金および非現金の投資および財務活動が財政状態に及ぼす影響を評価する。

現金創出力は，企業の収益力を示している。収益力の評価は，貸借対照表，損益計算書において行われるものであるが，キャッシュ・フロー計算書においても行われることを示している。損益計算書における利益は，先に述べたように二つ以上の選択できる会計手続き（例えば，減価償却費の計算における，定額法と定率法）のなかから，どれか（例えば定額法）を選んで算出されるものである。したがってこの利益は，企業が会計手続きのどれを選ぶかによって変わるものである。

これに対し，キャッシュ・フロー計算書においては，EBITDA（キャッシュ利益）の算出に当たり，減価償却費などのノン・キャッシュ費用を利益から差し引いている。オペレーティング・キャッシュ・フローは，EBITDAから法人税などのキャッシュ税額と商品や売掛金・買掛金などの運転資本の増減を加減して算出されるもので，企業の営業活動から獲得されるキャッシュ・フローを示している。これは企業の営業活動による成果の事実を表現している。

オペレーティング•キャッシュ•フローから設備投資などの投資活動のキャッシュ•フローをマイナス（あるいはプラス）すると，フリー•キャッシュ•フローが算出される。フリー・キャッシュ・フローが長期にわたってマイナスが続くようであれば，その企業経営のリターンは投下資本に対してきわめて不十分ということになり，収益性の欠如が明らかとなる。フリー・キャッシュ・フローが潤沢にあれば，それを戦略的設備投資，有価証券投資に向けることや，長期借入金の期限前の返済とかM & A（企業買収・合併）を行うなど，思い切った戦略的決断が可能となる。

支払義務に応ずる能力，配当支払能力および外部資金調達の必要性は，財務上の流動性，安全性の問題である。これについては，「財務活動によるキャッシュ・フロー」に注目しなければならない。たとえば，大きな設備投資などがあるのでもないのに，財務活動における借入れなどによるキャッシュ・インフローが大きく，ネット・キャッシュ・フローがマイナスになっているような場合は，営業活動でのキャッシュ・フローの赤字を財務活動で補っている場合が多い。これは営業活動における収益性の弱点にも係わることであるが，損益計算書では相当な利益が計上されていても，販売不振による棚卸資産の過剰在庫の抱え込みなどがあると，営業活動でのキャッシュ・フローは赤字にもなるのである。

企業財務上の流動性，安全性は，貸借対照表によっても見ることができるが，貸借対照表で示されるのは，キャッシュなどのストック情報（期末に現金がいくらあり，これに対して借入金がいくらあるというような）である。これに対して，キャッシュ・フロー計算書はその現金有り高に至るキャッシュ・フローを示して，流動性，安全性の問題をキャッシュのフローを通して具体的に明らかにしているのである。

純利益とそれに関連する収支のずれの理由は，キャッシュ・フロー計算書の出発点に，税引前当期純利益をおき，その末尾にネット・キャッシュ・フロー（キャッシュの期中純増（減）額）を算出することによって明らかに示される。

現金および非現金の投資および財務活動が財政状態に及ぼす影響は，「投資活動によるキャッシュ・フロー」と「財務活動によるキャッシュ・フロー」を中心に，明らかに示される。たとえば，戦略的な設備投資が，どの範囲「営業活動によるキャッシュ・フロー」によるオペレーティング・キャッシュ・フローによってカバーされているか，またそれでカバーしきれない部分を「財務活動によるキャッシュ・フロー」のなかで，銀行からの長期借入金でカバーしているのか，新株発行によるエクイティー・ファイナンスでカバーしているのか，などが明示される。

8　キャッシュ・フローと投資・企業価値・株主価値

前節まで，キャッシュ・フローがいかなるもので，それがどのように算出されるかについて考え，さらにキャッシュ・フロー計算書から何が読み取れるかについても若干の考察を加えた。本節では，企業の経営にとって，あるいは企業の利害関係者にとってのキャッシュ・フロー情報の役立ちについて更に考えたい。まず，キャッシュ・フロー情報は投資の採算性の評価に有用であり，次に企業価値の評価にとって有用である。

(1)　投資の採算性の評価

投資は，一定のリターンが期待されるときに行われるものである。たとえば，新鋭機械装置を導入するなどの設備投資を行う場合は，省力化によって人件費が削減されるという効果が期待される。人件費削減の効果は，その企業のリターンにはね返ってくるが，このリターンが投資と比べて満足できるものであったら，その投資は成功と言えるし，将来に向かって満足できるものと予測される場合は，その投資を実施に移す意思決定を行うこととなる。

投資の意思決定を行おうとする場合，それに有効な，正味現在価値，内部収益率および投資回収期間の三つの評価指標がある。

正味現在価値（NPV：Net Present Value）は，将来にわたる各年度のフリー・キャッシュ・フロー予測額の現在価値（資本コストレートで割引計算を行って，現在価値に換算したもの）の合計額（たとえば10年分の合計額）から初期投資額を差し引いたものをいう。

各年度の予測フリー・キャッシュ・フローの現在価値は，次の計算式で求められる。(FCFは，フリー・キャッシュ・フローの略号)

予測FCFの現在価値＝予測FCF／$(1+割引率)^n$　　n＝期間

割引は資本コストレートで行うが，資本コストレートは，銀行からの借入金，社債などの有利子負債のコストと株主資本のコストの加重平均で算出する。

内部収益率（IRR：Internal Rate of Return）は，投資採算の指標で，最初の投資額と将来にわたる予想フリー・キャッシュ・フローの現在価値が同額になるときの割引率である。これが資本コストを上回わらなければ，投資採算がないことになる。

投資回収期間（Payback Period）は，初年度の投資額とその後の追加投資額（キャッシュ・アウト・フロー）およびそのリターン（キャッシュ・イン・フロー）のすべての累計が0になるのは，投資後何年先かを見るものである。つまりは，投資の回収に要する年数である。たとえば，ライフサイクルがせいぜい3年と考えられる製品について，投資回収が5年も掛かるような分析結果が出ればその投資は危険である。

⑵　企業価値・株主価値の評価

企業価値とは，企業の将来生み出されるであろう予測フリー・キャッシュ・フローの現在価値で決まる。たとえば，10年間にわたる各期のフリー・キャッシュ・フローの現在価値の合計に10年目の残存価値の現在価値を加えたものである。これを次に計算式で示す。

企業価値＝企業のすべての将来のフリー・キャッシュ・フローの現在価値
＝予測期間内の予測キャッシュ・フローの現在価値の合計
＋残存価値の現在価値

予測期間内の各期の予測フリー・キャッシュ・フローの現在価値
＝予測フリー・キャッシュ・フロー／(１＋資本コストレート)^n
n＝期間

もし，この企業価値（将来の全キャッシュ・フローの現在価値）が投下資本（総資本＝他人資本（有利子負債）＋自己資本（株主資本））を上回れば「価値創造」となり，下回れば「価値破壊」となるといわれる。企業価値が創造される，あるいは破壊されると言うのである。言うまでもないことであるが，企業が維持発展していくためには，あくまでも価値創造経営でなければならないのである。

株主価値という概念あるいは指標がある。これは，次の式で計算される。

株主価値＝企業価値－有利子負債

株式会社の調達源泉を大きく分ければ，自己資本と他人資本に分かれる。自己資本分の企業価値は株主持分と考えるのである。したがって，企業全体の価値から，他人資本の大部分を占める有利子負債を差し引くことで，株主価値とするのである。

株主価値を発行済み株式数で割ると，１株当たりの株主価値が算出される。（これを理論株価と呼ぶ）たとえば，株式市場での株価が理論株価よりも高いときには，マーケット（投資家）はその会社に更なる改善・発展を期待しているとみることができよう。反対に，市場株価が理論株価より低いときには，マーケットの期待はあまり大きくはないということになり，経営者は何らかの対応を考えなければならないことになろう。

投資キャッシュ・フロー収益率（CFROI＝Cash Flow Retern On Investment）という指標がある。これは，将来の予測フリー・キャッシュ・フローを割り引いた結果が投下資本と等しくなるときの割引率である。

この指標は資本コストと比較して，それを上回るリターンがあれば，価値を創造していることとなり，反対に下回れば価値を破壊していると考える。

9　キャッシュ・フローの重要性とその位置づけ

今日，日本の企業は，キャッシュ・フローを経営に生かすことに積極的になっている傾向が強い。たしかに，連結キャッシュ・フロー計算書の基本財務諸表化という「外的」な，あるいは「法制度的」な要因もあるであろうが，企業自体の管理上の要請，経済的環境の変化からくる要請という要因があることもまた否定できないことであろう。

メインバンク制の脆弱化により，銀行へのもたれかかりが許されなくなってきて，必要な資金の調達は自らの才覚で行わなければならなくなってきている。また，企業間の株式持合いが解消傾向にあることは，形骸化されがちであったエクイティー・ファイナンス（株式発行による資金調達）が，実質的意味を持つこととなってくるとともに，国内の株主のリターン要求が欧米並みになってくることも考えねばならない。

もとより，海外の株主の増加によりこれらの株主のリターン要求は，すでに日本企業の経営者に容易ならざる対応を迫っていることは，周知のとおりである。

資金調達に関する環境の厳しさ，利害関係者特に株主のリターン要求の厳しさ，他面投資に関する環境の厳しさ，リターン獲得の困難さの深化は，投資と予測リターンの長期的なレンジのなかでのシビアな整合性が，要求されることとなる。

今日，日本の多くの経営者たちが「キャッシュ・フロー経営」の必要性，重要性を説き，自ら実践しているのは，このような厳しい状況のなかで会計上の利益を指標にすることの危険性を知っているからであろう。利益は，期間損益計算の必要性からくる一つの「つくりごと」なのである。投資の意思決定に，キャッシュ・フローの現在価値を求める技法を活用するが，計算上は各事業年度の利益の現在価値を求めることもできるのであるが，あえてそれを採用しないのは，利益は上記の意味でのつくりごとであり，また利益操作で歪められる可能性も無視できないからである。「利益はオピニオンであり，キャッシュ・フローは事実である。」ということは，こういうことである。

しかしながら，キャッシュ・フローを絶対視することは適当ではない。減価償却費の取り扱いを考えてみよう。減価償却費はノンキャッシュ費用であるから，キャッシュ・フローの計算ではこれを除く処理を行うこととなっている。ただし，その固定資産の「価値的減耗」が存在すること，そして，いずれはそれに相当する再投資が必要になることもまた，「事実」なのである。

この点について，近年注目されている**経営指標EVA**（Economic Value Added，経済的付加価値）がある。これは（正確さを若干犠牲にして言えば），損益計算書上の税引き後利益に利益調整項目（不良債権・不良在庫引当金などの増分）と税引後の金利を加えたものである。注目すべきことに，EVAの場合（キャッシュ・フロー計算書の作成の場合と異なり）減価償却費を加え戻すことをしないのである（差し引いたままなのである）。その理由は，投下資本（固定資産）の維持があってこそリターンを得ることができるのであるから，減価償却費は費用として差し引くという考えにある。キャッシュ・フローの考えや指標を，極端に画一的にとらえることにも，危険があることは考えておくべきであろう。言うまでもないことであろうが，財務諸表は，キャッシュ・フロー計算書だけに価値があるのではない。貸借対照表，損益計算書もそれぞれの限界を持ちながらも，有益な情報を提示しているのである。

減価償却費の取り扱いについては，注目すべき研究が，佐藤倫正氏によって紹介されている。それは，ホーングレン（Horngren,C.T.），ラパポート（Rappaport,A.）によるもので，損益計算で計上されている減価償却費に，「企業の独占的地位の維持」のための設備更新に必要な金額を加えて，修正利益を算出する，というものである（この修正利益は，むしろフリー・キャッシュ・フロー に近いとされる)。これは，キャッシュ・フロー計算書での減価償却費の扱いとまったく逆の扱いであることに留意しておきたい[6)]。

もう一点，留意しておくべきことに触れておこう。今日の経済社会においてのNPO（Non-Profit Organization，非営利組織）の重要性については，つとにドラッカー（Drucker,P.F.）の指摘しているところであるが[7)]，NPOの会計の中心にあるのは，収支会計（収支予算によってコントロールされる）である。収支会計は，キャッシュ•フローの会計であり，「収支会計計算書」は言わばキャッシュ・フロー計算書に当たる。官庁会計の場合も同様であることは周知のことであろう。今日，NPOも官庁も収支会計計算書だけではなく，「貸借対照表」，更には「損益計算書（に相当するもの)」の提出が求められたり，義務づけられたりしている。これらの組織にあっては，キャッシュ・フローの計算から，財産計算（キャッシュ以外の財産の計算も行う)，損益計算（純財産増減計算）を導き出す必要に迫られている。これは，株式会社において財産計算と損益計算からキャッシュ・フロー計算書を導き出す必要に迫られていることと，まことに対照的または補完的である。

このことからうかがわれるのは，貸借対照表，損益計算書およびキャッシュ・フロー計算書は，それぞれ補い合うものとして利用されるべきであるということである。キャッシュ・フロー，キャッシュ・フロー計算書，キャッシュ・フロー関連の経営指標の重要性は強調されなければならない。しかし，三つの財務諸表ならびにそれらから導き出される経営指標は，言葉の真の意味で合い補い合うものとして，実践され，また更なる工夫と研究が重ねられるべきことであろう。

(参考資料)

1)　稲森和男著『実学－経営と会計』（日本経済新聞社，1998）参照。
2)　西川　登著『三井家勘定管見－江戸時代の三井家における内部会計報告制度および会計処理技法の研究』（白桃書房，1993）参照。

3）　馬場克三著『減価償却論』（千倉書房，1951），
　　別府正十郎著『減価償却の理論』（森山書店，1968）参照。

4）　「さて，君は工場主として，固定資本が現物で取り替えられることが必要になる時期以前に君たちは固定資本の還流分をどうするか，を知っているにちがいない。そこで君はこの点を（理論なしに，純実際的に）僕に答えてくれたまえ。（マルクスからエンゲルスへの手紙 1867.8.24（K.Marx・F.Engels『資本論に関する手紙（岡崎次郎訳）』より。

5）　FASB：Financial Accounting Standards Board（財務会計基準審議会）.

6）　佐藤倫正著「連結キャッシュ・フロー計算書」（企業会計 Vol.52／No.1（中央経済社，2000）所収）参照。

7）　Peter F.Drucher *"Managing the Nonprofit Organization"*, 1990 参照.

（参考文献） 下記の文献に多大に負った。

ダイヤモンド・ハーバード・ビジネス編集部編『キャッシュフロー経営革命』（ダイヤモンド社，1997）
中沢　恵・池田和明共著『キャッシュフロー経営入門』（日本経済新聞社，1999）
津守信也著『企業財務　戦略と技法』（東洋経済新報社，1999）

（大場敏男）

第7章　経営のグローバル化と国際会計

1　はじめに

簿記会計を単に金銭や物品の出納を記録するだけと見るならば，その歴史はきわめて古く，遠くエジプト，バビロニア，アッシリヤの昔にさかのぼり，寺院や王侯貴族の財産管理の記録に用いたといわれている。今日の企業にとって必要不可欠な複式簿記の原点は，15世紀初め地中海貿易の中心都市として発展したヴェニスに存在していたといわれる。1494年にヴェニスで出版されたルカ・パチオリ（Lucas Pacioli）の名著「算術・幾何・比例要覧」に所収の「計算および記録詳論」には，複式簿記の記帳法が詳しく紹介されている。

わが国にとっては，明治初年，欧米の文物摂取にともなって複式簿記が移入され，旧来の大福帳形式から一挙に大改革が起こり，この改革に寄与した最初の文献に福沢諭吉の「帳合之法」があり，また当時来日中の英国人アラン・シャンドに大蔵省が依頼した，銀行制度に関する立案書として「銀行簿記精法」が挙げられる。その後，銀行会計制度はもちろんのこと，一般商事会社の経理にも強く影響し，今日でもなおわが国経理実践のなかに脈々と生き続け，経済発展に寄与したことは確かである。

経済的には後進国といわれたわが国ではあったが，明治以後の経済成長はめざましく，それに伴って，簿記会計制度も改善・整備されて行った。世界でもトップクラスの経済大国になった今日，もはや国内市場のみでなく，広く海外に市場を求める企業や国外に支店を設ける企業，海外の企業と合弁会社を設立する企業も多くなった。一方では，日本の経済が上昇するに従い，黒字減らしを求める海外からの圧力，その結果としての安い輸入品の氾濫，輸出産業のコスト切り下げを目的の政策など，国境を越えたさまざまな問題が出るにつけ，企業会計も国際化という問題を抜きには，もはや成り立ち難くなっていることも事実である。そこで，この章では特に経営のグローバル化に伴う会計の国際化という問題を取り上げ，若干の考察を試みる。

2　国際会計の意義

経済市場が拡大し，ヒト・モノ・カネ・情報などの国境を越えた往来が増大するにつれて，「国際化」という用語が盛んに使用されるようになった。しかし，一口に「国際化」といっても，いまだに定着した定義はなく，使う人の立場によって異なっているが，おおむね次のように整理できるのではないか。まず第一には，経済領域が国境を越えて拡大するという事実認識，第二は，日本の国際貢献度を提唱する用語として，第三は，市場開放という意味での開かれた日本社会市場の提唱，そして第四は，環境問題などを含めた，地球社会を標的としての用語となろう。

国際会計（international accounting）は，企業活動が国際化するに伴って出現してきた会計の研究分野といわれ，大きく二つの問題を取り扱っている。まず第一は，各国の会計制度や会計基準が異なるために生まれる問題である。在外子会社あるいは合弁会社の個別の財務諸表は，それぞれ異なる国の会計基準によって作成されており，親会社は連結に当たっては調整を図らねばならない。また，海外市場で資金を調達する場合，その資金調達の国の会計基準によって作成された財務諸表を開示して，説明をする必要がある。いずれの場合も，企業は時間とコストを負担しなければならない。第二は，変動相場制の下での国際取引から出てくる国際問題である。外貨建金銭債権債務（後述）をいかなる時点の為替レートで換算するか，ということで，財務諸表上の円貨額が違ってくる。また，海外の子会社や合弁会社の外貨表示の財務諸表の換算も為替レートによって違ってくるという問題がある。

そこで，国際会計基準（international accounting standards）が必要となってくる。これは，国際会計基準委員会[1)]が公表しているある特定の国に属さない公平な会計基準で，連結財務諸表，金融商品，退職年金，法人税，外貨換算，リース，開発研究費などの問題についてそれぞれ個別に起草委員会を組織し，公開草案や一般からの意見聴取という過程を経て，国際会計基準第何号という形で公表されたものである。

しかし，公表母体である企業がプライベート・セクターであるため，各国の企業は国際会計基準の準拠はまだ強制的ではなく，一つの経済事情に代替的な複数の会計処理も認めていて，まだ未選定の問題も残っているので，基準としての効力が薄いという指摘もあるのが現状である。その改善策として，1987年に会計処理の選択を削減することを目的に，プロジェクトが設置され，89年に「財務諸表の比較可能性」が公表された。これに先立って，パブリック・センターである証券監督者国際機構[2)]が，一つの経済事象について，できるかぎり同じ会計処理が適用されること，未選定のテーマがないことなどを条件に国際会計基準を支持する姿勢を打ち出したのである。

この背景には，80年代，各国の企業が，資金調達に当たって証券の多国間発行を実施し，そのために国際資本市場を拡げたことにある。多国間のディスクロージャー（企業情報公開）と会計，証券流通市場の規制，市場仲介者の規制，法的執行と情報交換等の問題がある。また，国際資本市場の統一の必要性から，国際会計基準に，国際的な株式公募の際の最低限企業情報公開基準（ミニマム・ディスクロージャー・スタンダード（minimum disclousure standards）の機能が果たせることを期待している。

3　外貨換算会計の意義

企業が国境を越えて経済活動を行うようになると，輸出・輸入の取引が増え，また，海外に支店や子会社，あるいは合弁会社が設立されることが多くなり，外国で株式や社債を発行して資金を調達する機会が増えてくる。これにともなって，企業は外貨（foreign currency）で表示された会計数値を自国の貨幣単位に換算する必要が出てくる。

換算（translation）とは，簡単にいえば，ある尺度によって測定した値を別の尺度によって測定した値に変更することであり，物量計算では換算率が一定しているので計算は比較的簡単であるが，これを国際間取引にあてはめると，特に，変動相場制を前提としている今日では，変動する為替相場（exchange rate）をどのように適用し，換算によってもたらされた為替換算差額をどのように処理するかは重要な会計の課題である。そのような問題を取り扱うのが外貨換算会計（foreign currency translation accounting）といわれる。

財務会計において，外貨換算は大きく三つのケースに分けられ，その一つは，外貨建取引を帳簿に記録し，外貨建ての資産・負債の貸借対照表表示価格を決定する場合であり，次に海外支店の外貨で表示された財務諸表を本国の本店財務諸表に併合させる場合，そして三つめは在外子会社の外貨で表示された財務諸表を親会社の財務諸表と連結する場合である。企業会計審議会[3)]は1980年６月に外貨建取引の会計処理および財務諸表表示に関する一般に公正妥当と認められる基準として，「外貨建取引等会計処理基準」（以下外貨基準と略する）を公表した。さらに，外貨建取引をめぐって，内外の環境が著しく変化し基準の見直しが審議されて，1995年５月に改定基準が公表され，「外貨基準」においても，外貨換算を必要とする前記の三つのケースが設けられたのである。

次節において，この三つのケースを中心に「外貨基準」について，簡単な論議を進めたい。

4　外貨建取引と在外支店・子会社会計

企業が海外との取引において，外国から材料を購入し，製品を製造して外国に販売するとき，外貨金額で取引価格を決め，外貨で収支を行うことがある。また，海外からの借入や海外への貸付を外貨で行い，代金の決済を外貨で行うこともある。さらに額面金額が外貨で表示された株券・社債の発行や売買取引も発生する。このような売買価格が外貨で表示されている取引を指して，外貨建取引（transaction denominated in foreign currency）とよんでいる。外貨建取引において，債権・債務の決済処理には「一取引基準」と「二取引基準」がある。

「一取引基準」とは，仕入（輸入）・売上（輸出）などの売買取引と代金決済取引を一つの取引と見なす方法で，輸出入取引日とその代金の円貨による決済日が２会計期間にまたがる場合，「一取引基準」によると，決算日における為替相場の変動に応じて売上高や仕入高が修正され，さらに決済日の為替相場の変動に合わせて，売上高・仕入高が修正される。したがって，取引当日と決算日，決算日と決済日の為替相場の変動によって生ずる為替差額は，損益としては計上されないので，取引の代金決済が行われるまで，取引の最終的な代金は確定しないこととみなされる。

これにたいして，「二取引基準」は，仕入（輸入）・売上（輸出）取引と代金決済取引を別個の取引とみなして，取引日と決算日，決済日の間に為替相場が変動しても，仕入・売上高を修正しないで，それによって為替差額が生じても財務上の損益とみなして，これを営業外損益として処理する方法である。

「外貨基準」では，外貨建取引と当該取引から生まれる外貨建金銭債権・債務に関わる為替差額の発生は，それぞれ別個のものとして取り扱うという「二取引基準」の方を採用している。それによって，為替差損益を計上することになるが，その理由として，「一取引基準」では，代金決済が終了するまで費用・収益額が確定しないが，「二取引基準」では，このような不都合は生じないこと，また，取引日と決算日の間の為替相場の変動によって，暫定的影響を開示した方が表現が明白となり，経営者にとって，為替対策が立てやすいという利点があるからである。

「外貨基準」のなかで，外貨建項目の決算時の会計処理においては，特に外国通貨[4]や，外貨建金銭債権・債務[5]，外貨建有価証券[6]の処理について規定している。

次に，在外支店の財務諸表の代表的な換算方法として，１．流動・非流動法（current-non-current method[7]），２．貨幣・非貨幣法（monetary-non-monetary method[8]），３．テンポラル法（temporal method[9]），４．決算時レート法（current rate method）[10] がある。

在外支店の外貨表示財務諸表を，本店または国内の支店の財務諸表と合併する場合，原則として貨幣項目は貨幣・非貨幣法に流動・非流動法を加えた方法で，非貨幣項目はテンポラル法を適用する。

最後に，在外子会社・合弁会社等の財務諸表の換算について若干述べておく。連結財務遺諸表の作成にあたり，在外子会社や関連会社の外貨表示財務諸表は円貨額に換算しなければならない。これに関して，「外貨基準」は決算日レート法を採用している。その結果，資産・負債に対して適用される為替相場と，資本にたいして適用される相場が異なることによって生ずる換算差額は，為替換算調整勘定として，貸借対照表に記載されることになる［(外貨基準一の１の(2)］。

いずれにせよ，海外に進出，あるいは海外に支店や合弁会社を有する企業にとっては，自家の営業評価をいずれの時点で行うかによって，額が異なってくるわけであるが，相対的に見ていずれが正しいかという判断は，極めて難しい問題である。そのことが，国内取引によって，得られる利潤と，国外からの利潤を相対的に評価することによって，経営目標の指針とすべきであることはいうまでもない。

5　グローバルな経営思考と国際会計の展望

日本企業経営の近代化は，産業革命ともいわれる明治維新に欧米より遙かに遅れて出発し，欧米からのさまざまな技術導入に伴って始まったといわれる。

当時主たる工場のほとんどが官営であり，その運営方式も諸外国の運営制度を取り入れ，これを見習う形で，例えば1871年には造幣寮の洋式記帳簿や複式簿記が採用された。1872年には，株式会社制度を盛り込んだ国立銀行条例[11]が公布され，その後，福沢諭吉が持ち帰った「帳合之法」やアラン・シャンドの「銀行簿記精法」の出版にともなって，一般にも普及するや，近代工場の運営についても関心が深まり，やがて資本主義国の仲間入りを果たすことになるのである。

こうして，外国から，いわば移入された複式簿記の原理は，わが国経済の近代化とともに歩み続けることになる。1889年にはわが国初の会計規則が公布され企業会計制度が公式に導入されて，現在の基本的な形はすでに出来上がっていたのである。そして，日本はやがて，世界を相手に，二度も不幸な戦争を体験したが，日本経済も奇跡的に立ち直りを見せ，国際的にも高く評価されるまでに至った。その間，アメリカの新しい経営学の導入とともに，企業会計制度も新しく生まれ変わり，経済復興にも大きな役割を果たした。

今，日本企業にとって，対応しなければならない問題は，国境を越えて海外に支店を有し，あるいは合弁会社を持つ時代として，もはや国内組織のみならず，大きく世界に目を向けた経営感覚が必要であり，それに伴って，企業会計も国際的視野に立たねばならないことである。

企業活動の目的は「営利」にあることから，継続的に企業活動を続けることによって発展し，成長することを目指している。そのためには，より有利な設備投資を国内のみならず，いまや，海外に求める企業が多くなるなかで，新たな資金をいずこに求めるか，その結果である経営成績（business result）や財政状態（financial position）を誰に報告し，どのような経営活動からいくらの利益を獲得したかを，「貨幣的評価の公準[12]」によって示さなければならない。これが「会計の目的」であるならば，この「貨幣的評価」が国内取引だけならば，いわゆる「円貨」のみで「財務諸表」表示すればよいが，海外に支店や合弁会社を有する企業にとっては為替レートを通して再評価することになり，表示の困難性が生まれるのである。

日本企業の業績をめぐっては，昭和30年（1955年）ごろから最近に至るまで，その都度，日本的経営の世界的通用性が論議の対象になってきたが，日本企業が世界各国にさまざまな理由で進出し，また，世界経済に対する日本経済の役割が高まるにつれ，ますます日本企業は多国籍化[13]し，先進レベルに達する段階に至りもはや欧米諸国と肩を並べる時代に来たといえる。いまや，日本企業が直面している変革のなかで重要なことは，最たるものといわれる閉鎖性を脱却して地球的視野に立った，世界的社会の真の構成単位となることであろう。

そのためにも，国境を越えた企業活動が必要であるが，この点では，早くから多国籍企業を生んできたアメリカの企業でさえも世界各国に散らばる子会社等の統括は，あくまでもアメリカ本国の経営方針と戦略によらざるを得ないとわれ，企業運営の難しさが推察される。これからは，世界的視野に立った真の意味での企業経営が，国境を越えて実現する時代を迎えようとしている。その意味では，すでにヨーロッパはユーロ（Euro）[14]によって欧州貨統合の実践に踏み切った。これが定着すれば，前述した為替レートの変動に悩むこともなくなり，加盟国の範囲を拡げていけば，弱い通貨国との若干のひずみはあるにせよ，やがてそれらの問題は時間とともに解消されて，全世界が統一通貨で通用し，地球企業[15]の実現という考え方も夢ではない。

企業の国際化にともなって，企業会計の国際化という言葉は，口で言うほど簡単ではないことは判っていても，企業の国際化というとき，単に自社の製品の輸出を国外に広げて事業を有利に展開するだけではなく，輸出国や進出先国の経済発展にも協力し，互恵的社会建設への協力や支援を含めた，世界的視野に立った企業の経営戦略や企業倫理を持たねばならない。それと相まって，企業に正しい経営成績という情報を提供するという立場の企業会計の役割も重要であり，単に本国の本社から眺めるだけではなく，世界的視野に立った，言い換えると，大きく地球という世界観に立った，客観的な資料に基づいた財務諸表等を提供するという責務がある。

6　あ と が き

この原稿をやっと書き上げたのが，平成11年（1999年）の12月も押し詰まった31日の夜更けであった。明けて，2000年１月１日，いみじくも朝日新聞朝刊が，社説に次のような印象深い記事を載せているのが目に入った。

「20世紀の初頭に16億だった地球人は，今は60億に達し，21世紀の中頃にはこれが100億をこえるといわれるが，その100億人がアメリカのように家畜中心の食生活をすれば，地球が4つも必要な計算になる。単に食料問題だけでなく，木材の減少やオゾン層の破壊，自然環境の破壊はすさまじく進むであろうし，これらが示すものは，地球の「富の分配」ではなく，もはやリスク（risk）をどのように配分するかという，新しい地球問題が生まれる。」

「リスク社会」では，この「負の財」の配分をめぐる対立が新たに加わり，だれがその「負の財」を負担することになるか，ということであろうか。残念ながら，各国はまだこの「負の財」を生まないという政治システムは持っていない。また，目を一転して，例えば海外の支店や合弁会社で製造されるコンピュータの部品は，そのコンピュータさえ買えない現地の労働者の賃金で賄われ，国内ではそれが産業廃棄物となって山積みされているいう現実を見たとき，はたして合併された「連結財務諸表」に出てくる営業利益は何を意味するのであろうか。日本の企業も，単に「自社の身の回り」とか「今の利益」だけにとらわれることなく，諸外国の政策や環境を配慮した企業管理が必要であり，企業会計もそのことを充分反映した姿で表現され，そのことが企業経営そのものにアピールする力を持ってこそ，真の意味の「国際会計」の使命を果たすことになるのではないであろうか。

（注）

1)　国際会計基準委員会（International Accounting Standards Committee IASC）
各国の会計士団体によって設立された民間の国際機関で，1973年オーストラリア，カナダ，フランス，ドイツ，日本，メキシコ，オランダ，イギリス，アイルランド，アメリカの会計士団体の合意によって設立された。日本の参加メンバーは日本公認会計士協会である。各国の会計基準が異なることから生まれるトラブルを解決することを目標に国際会計基準をテーマ別に作成し，これが世界的に承認・遵守されるよう活動を展開している。しかし，あくまでもプライベート・セクターであるため強制力を持たないので，起草委員会や理事会のほか諮問機関を設けて，国際的な財務諸表に関心を持つさまざまな機関に呼びかけて，意見の交換を行っているのが現状であり，証券監督者国際機構（注）2)との関連も深い。

2)　証券監督者国際機構（International Organization of Securities Commissions）
各国の証券規制当局が加盟している国際機関であり，1974年に組織されたアメリカ証券監督者協会に，83年以降フランス，イギリス，韓国の証券取引委員会などが順次加盟して，86年に現在の名称に変更され，世界的な組織となった。87年には国際会計基準委員会の諮問機関として「財務諸表の比較可能性」の起草委員会にオブザーバーとして参加している。88年には，わが国の大蔵省証券局もこれに加盟している。

(参考図)

国際会計基準委員会（IASC）の機構

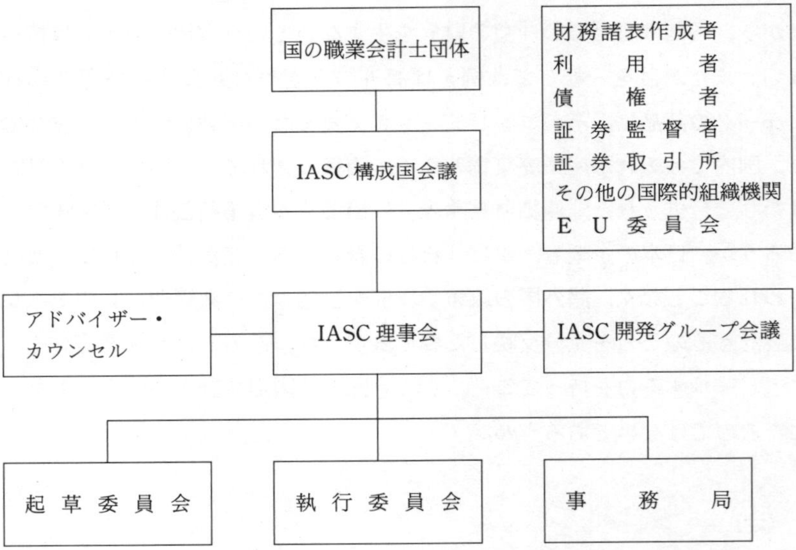

（出所）　集英社　情報・知識 imidas（1998年版）より引用。

3)　企業会計審議会（Business Accounting Deliberation Council）企業会計審議会は大蔵省の諮問機関であり，「企業会計基準及び監査基準の設定，原価計算の統一，企業会計制度の整備改善その他企業会計に関する重要事項について調査審議し，その結果を大蔵大臣又は関係各行政機関に対して報告し，又は建議すること」を目的としている。同審議会は1947年に設置（当時は，経済安定本部に企業会計制度対策調査会として設置）されて以来，企業会計原則，監査基準，原価計算基準等わが国の企業会計に関する多くの基準や意見書等を公表して，わが国の企業会計制度の発展に大きく寄与してきた。最近公表された意見書に「外貨建取引等会計処理基準の改訂について」（95年５月）や「連結財務諸表見直しに関する意見書」（97年６月）がある。

4)　外国通貨は決算時の為替相場で円換算すべきで，外国通貨は支払手段として保有され，決算時の相場で換算して現在の交換価値を表示することになる。

5)　原則として短期の外貨建金銭債権・債務は決算時の相場を適用し，長期の債権・債務は取得時の相場を適用するが重要な為替差損が生じた場合は決算時の為替相場によって，円換算額とするとなっている。[外貨基準一の２の(1)]

6)　外貨建有価証券については原則として，長期の外貨建有価証券は，取得時の為替相場による円換算額で付記し，短期のものは決算時の円換算額を付記する。[外貨基準一の２の(2)]

7)　流動資産・流動負債は決算時の為替相場を適用し，固定資産・固定負債は取得時の為替相場による方法。

8)　貨幣性資産・負債は決算時の相場を適用し，その他は取得時の相場による。

ここで，非貨幣性項目としては，棚卸資産や有形固定資産等が挙げられる。

9)　現在または将来の価格で記帳されている資産・負債は，決算時の為替相場により換算し，過去の価格で表示されている資産・負債は取得時の相場を適用する方法である。

10)　在外企業の純財産を除くすべての財務諸表項目に決算時の為替相場を適用して，円に換算する方法。

11)　明治５年（1872年）に制定された国立銀行条例に基づいて設立された銀行を指して，国立銀行というが，国営でも国有でもない。銀行券発行を認められたが，発行条件が正貨兌換から政府紙幣との引き替えが緩和されてから盛んに設立され，153行にも及んだ。日本銀行設立に伴って銀行券発行は打ち切られ，32年までには，普通銀行に代わった。

12)　会計公準（accounting postulates）は，企業会計が成立するために，社会的に同意された暗黙の了解で，会計理論あるいは会計原則を構築するための前提となる。会計公準は，１．企業実態の公準（business entity）２．継続企業の公準（going concern）３．貨幣的評価の公準（monetary valuation）の三つが挙げられる。貨幣的評価の公準とは，会計の計算対象が企業の行う経済活動であることから，経済価値の共通尺度である貨幣価値をもって，測定尺度として使用し，企業の経営成績や財政状態を表示するという基本的前提に立つ。なお，貨幣数値が，一定であれば，開示された会計結果は比較性を持つが，貨幣価値は常に変動するで，この公準の適合性には問題点を残す。

13)　多国籍企業（multinational corporation）外国に支配下の現地国籍法人を持ち，事業を国際的に展開している巨大企業，世界企業という言い方もする。

14)　ユーロ（Euro）マーストリヒト条約（欧州連合条約 Treaty of Maastricht

1991年末オランダのマーストリヒトで開催された欧州理事会で合意された欧州連合条約で，正式には，Maastricht treaty on European union と呼ばれ，92年２月に調印された）で規定されたEMU（経済通貨統合）に参加したEU加盟国に導入された単一通貨の名称．EMUに参加するには一定の経済収斂（しゅうれん）条件（物価，長期金利，為替相場，財政赤字と債務残高）満たすことが必要で，まず1999年１月から，イギリス，スエーデン，デンマーク，ギリシャを除くEU11カ国の参加が決まった。ユーロが導入されると参加国通貨の為替相場がユーロに対して不可逆的に固定される。2001年末までの移行期間は，銀行間取引はすべてユーロ建てとなるが，市中では各国の通貨が流通する。ユーロの紙幣や硬貨は2002年に導入の予定で遅くとも同年６月には各国通貨は停止されることになっている。

15）　地球企業という表現については，ドラッカーの「新・地球企業経営」週間ダイヤモンド，1988年６月17日号より引用

（参 考 文 献）

個々の引用は一部を除いてしていないが，下記の文献にはいずれも負うところが大きかった。

河野二男編著『現代簿記概説』税務経理協会，1999年
佐野雄一郎他共著『経営管理総論』同文書院，1993年
小野豊明著『経営学入門』マネジメント社，1998年
嶌村剛雄編『体系会計学習辞典』税務経理協会，1988年
恒藤　恭・藤田敬三他編著『経済学小事典』岩波書店，1953年
P.F. ドラッカー著，上田惇生他訳『経営論集』ダイヤモンド社，1998年
P.F. ドラッカー著，上田惇生他訳『すでに起こった未来』ダイヤモンド社，1997年
二神恭一編著『ビジネス・経営学辞典』中央経済社，1999年
金田一春彦他監修『日本語大事典』講談社，1990年
菊谷正人他共著『会計学原理』同文書院，1995年
伊達邦春・大石泰彦共著『近代経済学を学ぶ』有斐閣，1978年
日本税理士会連合会編『税務経理ハンドブック』中央経済社，1993年
森本三男編『実践経営の課題と経営教育』第１巻，学文社，1999年

（矢 野 富 夫）

第8章　市民社会時代の企業行動と経営倫理

1　はじめに

二十世紀の終わりに当たり，企業の「不祥事」が続く。金融機関の不良債権問題についての経営陣の対応，東海村の放射能事故の問題，果ては産業廃棄物の不法な海外持ち出しなど際限がない。企業に倫理があるのか，経営者の倫理はどうなっているのかという問いを受ければ，答えに逡巡する思いである。企業は，利益を求めて行動し，得た利益を分配する。利益は倫理と共存できるのかという古くて新しいテーマがある。このただならぬ経営環境のなかにある企業に対し，この問いを投げかければ，どのような回答があるのであろう。

この章では，この厳しさのなかにありながらも，現象の渦に巻き込まれることなく，視野を時間，空間ともに広げ，また深めて考えることを意図した。その結果，経営者のあるいは意識下に潜んでいるかもしれない，宗教的エートスにも考察を及ぼすこととなった。

以下，まず利益の分配の側面における経営倫理を，チャリティー・プリンシプルをキーとして考察し，続いて利益獲得の経営行動そのものの側面における経営倫理を，スチュワードシップ・プリンシプルをキーとして考察を進める。

2　チャリティー・プリンシプルとエートス

「はっきり言っておく。金持ちが天の国に入るのは難しい。重ねて言うが，金持ちが神の国に入るよりも，らくだが針の穴を通る方がまだ易しい[1]。」

これはよく知られた聖書の言葉である。このイエスの言葉には前段がある。一人の金持ちの青年が，イエスに永遠の生命を得るにはどんな善いことをすればよいかをたずねた。イエスは，掟（おきて）を守るようにと答えた。青年は言った。

「そういうことはみな守ってきました。まだ何か欠けているのでしょうか。[2]」

これに対するイエスの答えと青年の反応を，聖書は次のように記している。

「「もし完全になりたいのなら，行って持ち物を売り払い，貧しい人々に施しなさい。そうすれば，天に富を積むことになる。それから，私に従いなさい。」青年はこの言葉を聞き，悲しみながら立ち去った。たくさんの財産を持っていたからである。[3]」

この後に，イエスから弟子たちに，冒頭の言葉が語られるのである。

この物語を，われわれは信仰の問題として考えようとしているのではなく，あくまでも経営の問題として考えようとしている。近代資本主義の成立に，キリスト教的エートスが深くかかわっていたということは，つとにウェーバー（Weber,M）によって指摘されているが[4]，同じエートスは現代企業の経営あるいは経営者に対し，その経営行動を規制するものとして，顕在的にあるいは潜在的に機能しているのではないかと考えられる。現代企業が，キリスト教文化圏の西洋において発生し，さらに発展を続けてきたことを考えれば，このように考えることはごく自然なことであろう。

さてこの物語は，富をたくさん貯えている人の問題である。この際その富がどのように得られたかは，問われていない（青年は掟を守っていると言っているので，不正などは行っていないと考えてもよい)。貯えた富を施すことが，求められているのである。

アメリカの鉄鋼王と言われたカーネギー（Carnegie,A.）は，企業人が守るべき二つの倫理的原理の一つとして，“Charity Principle”（慈善の原理）を掲げている。カーネギーは，貧困から身を起こしアメリカ最大の鉄鋼会社USスチールを設立した。そしてニューヨーク市にカーネギー・ホールを寄贈したり，カーネギー・メロン大学を設立するなど，みずからチャリティー・プリンシプルを実践した。

カーネギーはそれにもかかわらず，「慈善と称する行為のほとんどは，それを受ける人の遊び癖を助け，泥酔を励まし，怠惰を奨励しているのと変わりはない」とし，社会に役立つ真の慈善は，金を与えればいいというものではないと強く主張している。カーネギーはまた「富を持ったまま死ぬことは，恥である」とし，生きているうちにその富を社会にもっとも有益に使うよう努めなければならないと主張している。富の使い方としては，家族に残すのが最悪で，つぎに死後に寄付することも好ましくないとする。

カーネギーは，「金持ちが神の国に入るよりも，らくだが針の穴を通る方がまだ易しい。」という聖書の言葉と，「私（カーネギー）がしばしば語る“富を持ったまま死ぬことは恥じである”ということは，その言わんとするところほとんど同じであり，わずかな差があるだけである」と言っている[5)]。

カーネギーの経営思想に学んだとされる，マイクロソフト社の創業者で同社のCEOを務めていた（2000年1月13日に退任を発表した）ビル・ゲイツ氏（43歳）が，退任に先立ち個人財産1,000億ドル（約11兆5,000億円）を，エイズやマラリアなどの撲滅のために，研究機関などに寄付をしたと報じられた（ゲイツ氏の退任時の個人財産は，900億ドルと言われるので，財産の半分以上をすでに寄付していることになる)。ゲイツ氏の行動は，カーネギーの言にまさにピタリと符合する。

カーネギーの思想と実践は，実に100年を経て，現代アメリカの企業家に受け継がれているのである。この思想や実践が，キリスト教の信仰として「正統的」なものであるかどうかはともかくとして，そこに2000年の時を超えて脈々と流れる，宗教的エートスがあると考えるのは自然の理ではなかろうか。この宗教的エートスは，当然のことながら一部の富豪の行動に例外的に現れてくるものではなくて，西洋社会において企業，あるいは企業家・経営者の行動を導く一つの普遍性を持つものであろう。この普遍性は，アメリカにおける企業や企業家個人のフィランスロピー活動に典型的に現れている。

3　経営行動とフィランスロピー

(1)　アメリカのフィランスロピー

西洋社会特にアメリカにおける個人や企業の社会への寄付などは，単にカーネギーや，ゲイツというような一部の大富豪に限られるものではない。1991年，HIV ウィルスに感染したプロ・バスケットボール選手マジック・ジョンソンが，引退後エイズ教育のため，また HIV 感染者の世話のためマジック・ジョンソン財団を作り，彼の書いた本の純益が出版元から寄付されたほか，多くの人々から寄付が寄せられている。また，日本の国際的ジャーナリスト千葉敦子が乳がんで 6 年間の闘病生活の後，アメリカで1987年に死亡したが，その死後彼女の主要な活動拠点であったアメリカで「千葉敦子基金」が作られ，彼女の本の印税は全額その基金に振り込まれてアジア人ジャーナリストの留学資金に当てられており，基金への寄付の呼びかけもなされている。

日本人の野口英世博士が先端的な医学研究を行ったのは，ロックフェラー研究所であった。野口博士は，この研究所で豊富な研究費を使って存分な調査研究を行い世界的研究業績をあげたのである。この研究所は，石油王のロックフェラー（Rockfeller,J.D.）の寄付によって作られ運営された。彼は病気の不幸を根絶する願いからこの研究所を作ったと言われ，設立後すでに100有余年を経過している。

アメリカにおいては，このように個人や企業が何らかの社会的な貢献のために財団を設立し，基金を設けることが広く行われている。財団（foundation）は，みずから研究所や美術館などを経営する場合と，基金（fund）の利息を奨学金，助成金などとして外部に拠出する場合とがある。アメリカの場合，後者が広く行われている。後者の場合，マジック・ジョンソン財団のように，一つの目的をもって作られた財団もあるが，幾つもの目的を包含する財団（多目的財団）があり，一つの多目的財団にたとえば○○病研究助成基金，□□奨学基金のような違った名前，違った目的を持つ基金が設けられることが多い。個人や企業がこれらの財団の基金に対して寄付を行うことも，広く行われている。

このような社会への貢献を行う行動を，フィランスロピー（philanthropy）と呼ぶ。この言葉は，ギリシャ語の「フィロ」（愛する）と「アントロポス」（人間）に語源を持ち，一言で言えば「人類愛」を意味するのである。社会的貢献の経営行動を企業が行うことを，企業フィランスロピーと呼ぶ。フィランスロピーという言葉は，チャリティーという言葉とほとんど同義であり，ボランティアという言葉にもつながるが，これら二つの言葉の根底にあるもの（愛）を表現する言葉と言ってよいと思われる。

フィランスロピーの行動内容には，さまざまなものがあるが，そのなかで特徴があり，広く行われているものを挙げ，若干の説明を加えよう。

<メセナ>（mecenat）芸術・文化に対して貢献することを言う。美術館を作ったり，美術館に寄付をしたり，また文化・体育行事を協賛する（冠イベントなど）などである。メセナという言葉は，初代ローマ帝国皇帝アウグストゥスの部下マエケナスの名前に由来する。マエケナスは才能ある詩人たちを庇護したことで知られる。

カーネギー・ホールやカーネギー・メロン大学を寄贈したカーネギーは，天文台の建設にも力を尽くした。彼の事業は，ロックフェラー財団に受け継がれ，壮大なウィルソン・パロマ天文台が誕生した。この天文台が人類の天文学や物理学の発展に果たした役割は，計り知れないものがあるという。ヨーロッパの各都市に見られる博物館，美術館，図書館，公園の多くも，民間の寄付によって作られたものである。

日本の場合，大原美術館，石橋美術館など企業人の寄付によって作られ，運営されている立派なものがあるが，まだ数が限られており，国立，公立の施設が中心となっている。

<マッチング・ギフト>（matching-gift）寄付の進め方について近年注目を受けているものに，マッチング・ギフトがある。これは，従業員個人あるいはそのグループが社会的貢献に当たる寄付を行うとき，企業も相当額（たとえば，従業員献金額と同じ金額）をあわせて寄付するという経営行動をと

るものである。アメリカにあっては，従業員が一人の市民として社会に奉仕するということが定着しているので，マッチング・ギフトは，広く行われている。日本の場合，企業が態勢を整えても従業員の側の行動がなかなか先行しないという現実がある。

<%クラブ> 個人が所得の，企業が利益の数%を社会的貢献としての寄付を行うグループのことである。アメリカでは，３%クラブとか５%クラブとかが数多く存在する。この伝統は，聖書に由来するもので[6]，今日においてもユダヤ教，キリスト教の敬虔な信者たちは，所得の10分の１は神のものとして最優先して献金している。アメリカで%クラブが広く行われている背景には，やはりキリスト教的あるいは一神教的エートスがあると考えるのが至当であろう。

日本では，経団連に事務局をおく「１%クラブ」がある。「１%クラブ」に参加している企業は，経常利益の１%を社会に還元している。%クラブも日本では，大きな経営行動としての広がりはいまだない。

⑵　企業フィランスロピーに対する批判と反論

アメリカでは，キリスト教的エートスが社会の底流に流れているので，個人のフィランスロピーについては異論や批判は起こりようがないが，企業のフィランスロピーについては，批判の意見や動きがある。企業は「資本の価値増殖のために営利目的を追求する」組織であるから，営利目的に関係のないことに企業の財産を使うという経営行動は許されないとする批判である。たとえば企業が大学に寄付を行ったことは企業の目的に反するものであり，その金額は本来資本の出資者である株主に，配当金として分配されるべきものであるという主張で，株主からの訴訟があったこともある。今日においても，慈善目的の寄付は株主あるいは従業員への分配を不当に減らすものであり，また企業の社会への貢献は利益を税金で社会に還元することで果たされるのであるから，慈善目的の寄付は行うべきではないという主張がある。

このような主張をする立場の一人としてフリードマン（Friedman,M.）がある。もとより，彼は企業が反倫理的，反人道的なことを行うのを許容したり，弁護したりしているわけではない。彼は，企業とは社会のなかで価値を生み出し，配分する存在であって，経営者は企業を効率よく運営して利益を増やすことに集中すべきであって，慈善行為（beneficence）は結果的には盗みをすること（stealing）と同じになってしまうと言うのである[7]。

このような考えに対して，確かにフィランスロピーは企業の利益を目的として行われるものではないが，結果的には企業の利益と矛盾するものではないという考えがある。そう考える理由は，企業は健全で活力のある社会（たとえば低い犯罪率，よく教育された労働力，豊かな購買力を持つ社会）があってこそ利益が上げられるのであるから，そのような社会を維持し発展させていく経営行動自体が企業の「利益」になるとともに，その企業が社会の維持，発展に寄与したという社会的信用をもたらすものでもあり，それはその企業の利益につながるということである。

このような長期的な視点で見た「利益」を，“enlightened self-interest”（見識ある自己利益）と言う。企業が利益を追求するといっても，社会が崩壊しては元も子もないので，企業は社会において他と共生することが生存の前提となり，企業が良き社会の存続・発展のために貢献するための具体的経営行動をとることの大切さを示しているのである。

次の項において，企業とは何かということを起点として，さらに企業フィランスロピーという経営行動の「正当性」について考察を進めたい。

(3)　企業とは何か

企業とはそもそも何であるかということを，ここで改めて問い直そう。企業についての一般的な定義を求めれば，「市場社会（資本主義経済）における資本の価値増殖のために営利目的を追求する独立的な生産経済組織である」ということになろう。

企業が「営利を目的」とするということは，企業自身の資本の価値増殖のために金銭的な利益を得ることを目的とするということで，慈善や宗教活動などを目的とするのではないことを意味している。

企業の「資本の価値増殖」ということは，中世の手工業者や今日の生業（なりわい）と異なり，資本の所有と労働が分離しているのであるから，価値増殖は労働を提供する労働者（従業員）の（少なくとも直接的な）目的とはなり得ないということである。労働者にとって敵対的なものとして考えられることも多い。

企業が「独立的な組織」であるということは，企業の営利追求や企業の存続のリスクは企業自身が負うものであり，最終的には誰も助けてはくれないということである。

企業が「生産経済組織」であるということは，社会の消費者に対し財またはサービスを生産し配給する組織であるということである。自分が消費するために生産・配給を行うのではない。消費者の立場を後回しにして考える傾向も出てくる。

しかしながら，今日企業をこのようなものとして受けとめて済ませるのは間違いではないか，少なくとも一面的ではないかと思われる節がある。企業は確かに私的企業として存在するが，しかし企業の社会性もまた否定できないのではないかということである。このことを次の項でさらに考えよう。

(4)　企業は市民である

久留米市にはブリヂストンの創業者故石橋正二郎氏が私財を投じて作った石橋文化センターがあり，そこの美術館には久留米出身の画家青木繁の絵などが所蔵され多くの人々に親しまれている。グアム島には日本交通公社が寄贈した“KOBAN”（交番）があり，ポリスマン二人が常駐して犯罪の防止に役立っているという。これらの事柄を，先に示した企業の定義と照らしてどう解釈したらよいか。「結局は会社の宣伝であって，利潤追求に結びつくのだ」という冷ややかな見方は，当然ありうるであろう。しかし，やはりそれだけで説明尽くせるものではない。

コーポレート・シティズン（corporate citizen，企業市民）という言葉が使われるようになって，もはや久しい。企業も社会のなかでの市民と考えれば，市民として社会に奉仕することは，ごく自然なこととなる。労働者も消費者も，その社会において企業とともに共生する市民なのである。企業は独立的な組織であるといっても，その社会を構成する一員である。石橋文化センターの入り口には，「一人は万民のために，万民は一人のために」というメッセージが掲げられている。ブリヂストンが営利を求めずに経営をしているとは言えないが，しかし営利追求のみで塗りつぶせないものがそこにはあると考えるのが自然なのではなかろうか。

アメリカで，エクセレント・カンパニー（excellent company＝超優良企業）という言葉が使われることがある。これは財務状態など経営状況の特に優れた企業を意味するのであるが，企業が真にエクセレントであるということは，従業員を大切にし，良き製品を世に贈り，地域社会へ貢献するというような面が経営行動のなかに含まれていなければならない。企業を市民として考えれば，それは当然のことであろう。このように考えれば，企業はコーポレート・シチズン（企業市民）である。企業が良き市民でなければならないということを，コーポレート・シチズンシップ（corporate citizenship）と言う。

4　経営理念のなかのフィランスロピー

(1)　営利追求とフィランスロピー

前節で示した，企業の定義を再び示そう。「企業は，市場社会（資本主義経済）における企業の資本の価値増殖のために営利を追求する独立的な生産経済組織である」企業が営利を目的として存在するものである以上，営利目的と結びつかないフィランスロピーが企業の経営行動のなかにどのように位置づけられているかという問いがある。この問いに対する答えとして，「見識ある利益」を根拠とした考えと，コーポレート・シティズンシップの考えを示した。

企業フィランスロピーも，企業の経営理念として明確に位置づけられていないと，企業の経営状態が良く余裕があるときには，抵抗なく進められたとしても，いったん経済的な環境の急変などで経営状態が思わしくなくなると，経営行動のなかでたちまち雲散霧消してしまうことになりかねない。企業にとってフィランスロピーが営利追求の一手段に過ぎなかったり，一時の流行であったりするのであれば，長続きはしないであろう。

⑵　現代企業の経営理念におけるフィランスロピーの位置づけ

①　経営理念と組織文化

経営理念（management creed, company philosophy）とは，経営者が経営活動を進めるに当たっての信念を言う。経営理念は，企業（などの組織体）の存在の根拠（この企業がなぜ存在するのか，なぜ創業されたかということ）を示す経営者の信念，信条であり，経営目標を定め，経営組織を作り，経営行動を行う際の基本となるものである。経営理念は，企業の創業者の創業精神に源泉を持つものであるが，その後に後継の経営者の考えが加えられたり，環境の変化に対応するために変更が加えられたりすることもある。経営理念は，社訓，社是，家訓などの名称で，文章や言葉で表現される場合（成分形式）と，そのような表現をとらず経営者の経営行動そのものによって，いわば以心伝心で表現する場合（不文形式）とがある。

組織文化（organizational culture）とは，企業などの組織体の経営組織を構成するメンバーが共有する価値観（何が大切か）・思考様式（パラダイム，何をどのように考えるか）•行動規範（何をしなければいけないか，何をしてはいけないか）などを指し，いわば社風に相当する言葉である。企業の組織文化を，特に企業文化（corporate culture）と言うことがある。組織の構成員の意思決定や経営行動は組織文化の圧倒的な影響下にあるのであるから，組織文化がいかなるものであるかということは，企業の存立，発展を左右する重要なことである。

組織文化が形成されるためには，まず，①経営理念（価値観）の明確化，浸透が大切であり，そのため社是・社訓の役割が大きい。また，②価値観の表現の一つとしての企業内の「神話」の役割がある。創業の物語，名セールスマン伝説のごとき感動的物語は，価値観を分かりやすく示す。価値観の浸透には，さらに③儀式，キャンペーンなどの具体的行動の共有が有効である。最後に，

④企業内教育による価値観の浸透がある。経営理念は，組織文化として企業に息づいていない限り，絵に画いた餅である。良き組織文化が形成され，維持，発展されるためには，経営理念の確立と浸透が不可欠であろう。フィランスロピーが，企業の経営行動のなかに息づくためには，経営理念，組織文化のなかにしっかりと位置づけられていなければならないのである。

②　経営理念に見る営利とフィランスロピー

幾つかの企業において，経営理念として実際に何が掲げられているかを見てみよう。特に営利目的と企業倫理とりわけフィランスロピーの位置づけに注意してみよう[8)]。

<会社名（事業分野）>	**<社是・社訓・イメージコピー>**
資生堂（化粧品等）	私たちは多くの人との出会いを通じて，新しく深みのある勝ちを発見し，生活文化を創造します。
鐘紡（化粧品等）	愛と正義の人道主義，科学的合理主義，社会国家への奉仕
花王（家庭品，日用品）	清潔，美，健康　　清潔な国民はさかえる。
ライオン（家庭品，薬品等）	わが社は「愛の精神」を経営の基本とし，人々の幸福と生活の向上に寄与する。
サンスター（家庭品，化粧品）	常に人々の健康の増進と生活文化の向上に奉仕する。
ジョンソン（洗剤，ワックス等）	社会貢献，人間尊重，健全な成長
日本アムウェイ（家庭用品）	わが社は，企業の社会的責任を常に自覚し，良き企業市民としての意識を高めるように努める。（一部抜粋）

以上は，化粧品，家庭品などを製造・販売する企業数社の社則などを示したものである。いずれも，営利追求，資本増殖があからさまに記されていることはない。逆に，愛と正義の人道主義，愛の精神，社会貢献，社会的責任，企業

市民などの言葉が含まれており，経営理念のなかにフィランスロピーの精神が込められていることは，文面による限り疑えないところであろう。

これらの企業が，営利追求を行わないはずはないのであるが，ここでの経営理念のなかには明文としては含まれていず，社会的責任，社会的貢献を中心にした倫理性の高いものとして記述されている。次の節以降では，経営理念というような場合とかく曖昧にされがちな，企業の営利追求という経営行動そのものの倫理性を問いたいと思う。

5　スチュワードシップ・プリンシプルとエートス

(1)　スチュワードシップという語の源泉

「天の国はまた次のようにたとえられる。ある人が旅行に出かけるとき，僕（しもべ）たちを呼んで，自分の財産を預けた。それぞれの力に応じて，一人には五タラントン，一人には二タラントン，もう一人には一タラントンを預けて旅に出かけた。早速，五タラントン預かった者は出て行き，それで商売をして，ほかに五タラントンをもうけた。同じように，二タラントン預かった者も，ほかに二タラントンをもうけた。しかし，一タラントン預かった者は，出て行って穴を掘り，主人の金を隠しておいた。

さて，かなり日がたってから，僕たちの主人が帰ってきて，彼らと精算を始めた。先ず，五タラントン預かった者が進み出て，ほかの五タラントンを差し出して言った。『ご主人様，五タラントンお預けになりましたが，御覧ください。ほかに五タラントンもうけました』主人は言った。『忠実な良い僕だ。お前はすこしのものに忠実であったから，多くのものを管理させよう。主人と一緒に喜んでくれ。』

次に，二タラントン預かった者も進み出て言った。『ご主人様，二タラントンお預けになりましたが，ほかに二タラントンもうけました。』主人は言った。『忠実な良い僕だ。お前は少しのものに忠実であったから，多くのものを管理させよう。主人と一緒に喜んでくれ。』ところで，一タラントン預かった者も進み出て言った。『ご主人様，あなたは蒔かない所からかき集められる厳しい方だと知っていましたので，恐ろしくなり，出かけて行って，あなたのタラントンを地の中に隠しておきました。御覧ください。これがあなたのお金です。』主人は答えた。『怠け者の悪い僕だ。わたしが蒔かない所から刈り取り，散らさない所からかき集めることを知っていたのか。それなら，わたしの金を銀行に入れておくべきであった。そうしておけば，帰って来たとき，利息付きで返してもらえたのに。さあ，そのタラントンをこの男から取り上げて，，十タラントン持っている者に与えよ。だれでも持っている人はさらに与えられて豊かになるが，持っていない人は持っているものまで取り上げられる。この役に立たない僕を外の暗闇に追い出せ。そこで泣きわめいて歯ぎしりするだろう[9]』」

この文は，新約聖書「マタイによる福音書」のなかの＜「タラントン」のたとえ＞の個所の全文である。これは，イエスが弟子たちに天の国について，たとえ話で教えているのである。このイエスのたとえ話を信仰的にどう読み解くかがここでの課題ではない。この個所が，多くの論者によって，企業のスチュワードシップという概念の源泉とされている点に注目したい。たとえば，ヴァンゲルメルシュ（Vangermeersch,R.）は，「スチュワードシップは，執事（スチュワード）の遂行する役割のことで，執事は，イギリスの領地法（feudal law）における貴族の財産を全般的に管理する高官である。

しかし，スチュワードシップという概念はすでに古代社会に存在し，聖書のなかの二つの個所にその源泉が見られる[10]」とし，一つの個所は，旧約聖書「創世記」41章のヨセフがファラオの夢を解く物語にあるとする。イスラエルから来たヨセフは，エジプトの王ファラオの不思議な夢を，「今後七年間の豊作の後に七年間の飢饉が続く」ことを示していると読み解き，食糧の備蓄を行うことをファラオに薦める。ファラオは，ヨセフの言葉に感心し，「ヨセフに向かって，“見よ。わたしは今，お前をエジプト全国の上に立てる”と言い，印章のついた指輪を自分の指からはずしてヨセフの指にはめ……[11]」て，ヨセフを自分の地位に次ぐ高官とし，全権限を委ねた。ヨセフは，スチュワードになったのである。

そして，スチュワードシップの源泉を示す第二の個所が，本節冒頭に引用した「タラントン」のたとえ話である。このたとえ話には，一人の主人に財産を預けられた三人の僕（しもべ）が登場する。主人は，財産の委託者であり，僕はその受託者である。受託者の務めは何か。古代社会にあって受託者は財産を大切に保全管理しなければならなかった。同時にその財産を有効に使って財産価値を高めなければならなかった。たとえ話の主人を貴族に，僕を執事に置き換えてみると，貴族は財産の所有者であってもそれを活用することはしなかった（その知識・技術もなかったことが多いが，身分としてそれは許されなかった)。執事は，奴隷の身分であることも多かったが，財産の管理運用の知識・技術を持っていた。

この間の関係は，“master-slave relations” の図式で説明されることも多い。slave である steward（執事）は，master（主人＝財産所有者＝貴族）に対し stewardship を持つ。スチュワードシップとは，執事が主人に対して負う財産管理・運用責任（そしてその裏には，それを行う権限も与えられる）のことである。上のたとえ話で主人から預かった金を，地中に埋めていた男は，執事の役目を果たしていなかったことになる。なぜなら，この男は財産（金）の運用をまったく行おうとしなかったからである。この男は主人から怠け者と叱責され，罰を受けることとなる。他の二人の男は，それぞれ財産（金）を運用して財産価値を高めたので，主人に誉められ，ご褒美にもっとたくさんの財産の管理をさせてもらえることとなった。

今日のキリスト教会で，このスチュワードシップを標語としている場合がある。その趣旨は，神（主人）から預かっているもの（教会堂などの財産のほか，信仰そのものも含まれると考えられる）を大切に保全管理し，その価値をさらに高めていく責任が，教会員にあるということである。ちなみに，教会によっては，その責任を負う信者の中心になる者を特に「執事」と呼ぶことがある。スチュワードシップは，具体的には教会堂を改築するための献金を呼びかける場合などの標語となったりするのである。

企業の利益追求の経営行動を読み解く際に，このスチュワードシップという概念が有効かどうかという問題がある。そのことを次の項で取り上げる。

(2) スチュワードシップ・プリンシプル

カーネギーの挙げる企業人が守るべき二つの倫理的原理の一つとして，チャリティー・プリンシプルがあった。もう一つの原理は，スチュワードシップ・プリンシプルである。企業あるいは企業人は，社会から富（財産）を預かっていると考え，預かった富を運用するのはスチュワードたる企業人の大切な仕事であると考えている。カーネギー自らの言を聞こう。

「私が，富豪と呼ばれている人たちの義務だと考えていることは，次のようなものである。まず，自分にどれだけの収入があったとしても，贅沢を避け，常に質素に暮らすことを心がけなければならない。自己の資産のうち，妻子には生活が成り立つ程度の資産を与え，それを超える資産は，社会からその運用を信託された財産であり，自分はたまたま，その受託管理者に選ばれたのだと考えなければならない。財産の運用は常に，どうすることが財産の信託者，つまり社会の利益になるかを熟慮した上で行わなければならない。それは信託財産の管理者として当然の義務なのである[12)]。」

カーネギーは，企業人は獲得した利益の使い方として，社会への積極的な還元を行うほか，受託財産の管理者としてその財産の価値を高める運用をしなければならない，つまり積極的な利益の獲得に努力をしなければならないというのである。

カーネギーは，利益を獲得すること自体にスチュワードとしての責任を課しているのである。しばしば，利益を獲得すること自体は悪で，その「罪滅ぼし」に，チャリティーをするのだという受け止め方をすることがある。カーネギーは，そうではなく利益獲得のために努力を傾けること自体に，倫理的価値があると考えているのである。

アカウンタビリティー（accountability）という概念は，スチュワードシップという財産管理・運用の責任のなかで生じる報告責任を示すものである。受託者は，受託した財産の管理・運用状況および結果について，委託者に報告する責任がある。報告を行い，その報告が委託者の承認を得て，その責任が解除されることとなる。

さて，カーネギーの主張するスチュワードシップ・プリンシプルは，一人カーネギーに固有のものであろうか。この節のなかで，われわれは聖書の中にスチュワードシップの源泉を見た。欧米における企業人の経営行動に，古代社会からの宗教的伝統のなかで培われてきたものが，何の痕跡も止めないと考える方が無理ではないかとおもわれる。このことを，次節においてさらに考えたい。

6　近代的企業の誕生とエートス

(1)　西欧におけるエートス

西欧における市場社会（近代資本主義）の成立に当たってプロテスタンティズムの倫理の果たした役割の大きさについては，ウェーバーの説いたところである。彼は，プロテスタント（キリスト教新教徒）の信仰の持つ禁欲性，さらにはそこから生み出され醸成される禁欲的エートスが，近代資本主義を生み出す際に大きな働きをしたとする。

プロテスタントの信仰にあっては，信徒たちは神の救済の証(あか)しを利益に求めた。彼等は，自分の職業は神の召命によるもの［beruf（独），calling（英）］であり，その招きに応じて働いた結果利益が上がっておれば，それは神の栄光を増すものであり，神から祝福を受けていることの証拠，つまり神が自分（信徒）に永遠の生命を与え給う救済の証しとして受けとめたのである。したがって，彼等は利益を得ることに大きな喜びを感じたわけであり，そのために勤勉に働くことは当然のことであった。

さらに，彼等にとっては利益自体が目的ではなく，利益を得ることが救済の証しなのであるから，得た利益を浪費するようなことをせず，その利益を新たに資本として投じることによってさらにより多くの利益を得ようとしたのである。このようにして生まれた経済主体が近代的企業であり，経済システムが近代資本主義である。プロテスタンティズムの信仰から紡ぎだされた禁欲的エートス（勤勉であること，利益を浪費せず再投資すること）は，このように資本の価値増殖のために「禁欲的に」営利を追求する近代的企業を誕生させる力となったのである。

企業は飽くなき営利追求を至上命令とするから，として本来的，本質的に非倫理的，反倫理的なものとされることがあるが，企業の誕生においては厳しい信仰に立つ禁欲的倫理によって方向づけされ，加速されたことに留意しなければならない。近代的企業は，あたかもその誕生の由来を忘れたかのごとくに，営利追求一筋に非倫理的，反倫理的な経営行動に身をやつしていると認識されている場合もある。これは，しばしば「資本の論理」という言い方で表現されることも多かった。しかし，現実をこのように認識することは本当に妥当なのであろうか。企業の経営行動を内的に規制するものとして，その底流にその源から流れ伝わる倫理性があると考えることはできないのであろうか。

倫理性の源流には，やはり宗教改革によるプロテスタンティズムがあると考えられるが，宗教改革というものが本来そうであった，またそうであるべき信仰を取り戻そうとした運動であることを考えると，源流はさらにさかのぼり，聖書そのものに行き当たる。われわれは，それがスチュワードシップを説いた教えであると思う。この教えは天の国（永遠の命）に至る道をたとえで示したものであり，神から与えられたものを，力を尽くして守り育てなければならないことを示している。

禁欲的利益追求を薦めるエートスの源泉は，ここにあると思われる。カーネギーは，彼の企業家としての果敢な経営行動と，真摯な思索のなかから，ついにその源泉を掘り当てたと考えるべきであろう。

(2)　日本近世における商家の家法

日本の近代資本主義ひいては近代的企業の成立は，明治維新を待たなければならなかったが，その先駆的なものはすでに近世に誕生していたと考えなければならない。西欧におけるキリスト教的エートスが醸成した禁欲的職業観に匹敵するものとして，日本近世において誕生し実践された職業倫理があることが指摘される。それを示す一つの例として，近江商人・中井家の家法（家訓）を取り上げよう。商家の家法は，店主・番頭から丁稚に至るまでの者の経営行動の規範として厳しく遵守されたものである。

金持ち商人起請文（きしょうもん）

もろもろの人々沙汰申さるるは，金溜まるを運のある，我は運のなきなどと申すは，愚にして大なる誤なり。運と申す事は候はず。金持にならんと思はば，酒宴遊興奢を禁じ，長寿を心掛け，始末第一に，商売を励むより外に仔細（しさい）は候はず。此外に貪欲を思はば先祖の憐みにはずれ，天理にもれ候べし。始末と吝（しわ）きの違あり。無智の輩は同事とも思ふべきか。吝（しわ）光は消えうせぬ，始末の光明満ぬれば，十万億土を照らすべし。かく心得て行ひなせる身には，五万十万の金の出来るは疑ひなし，但運と申事の候て，國の長者とも呼るる事は，一代にては成かたし。二代三代もつづいて善人の生れ出る也。それを祈候には，陰徳善事をなさんより全（またく）別儀候はず。後の子孫の奢を防がんため，愚老の所存を書記畢（おわる）。

文化二丑正月　九十翁中井良祐識

中井家を起こした初代中井源左衛門良祐（1716～1805）が浄土宗に帰依していたことから，法然上人の「一枚起請文」にならって，家法をこのような表題とした（起請文とは，神仏に誓うこと書いた文書である）。この家法は，いわば大商人となるための心掛けを示したものであり，まず宴会，遊興，贅沢を禁ずるという禁欲的言葉があり，日常生活を質素にすること，長寿を心掛けることを要請している。つぎに始末第一という言葉がある。ここでいう始末とは節約を意味するが，吝嗇（りんしょく）（けち）とは異なり，無駄を省くという経済的合理性を徳目として掲げているのである。薄利多売を心掛けた中井家において利益を出すには始末が不可欠である。そして商売に励むこと（勤勉）もまた利益を出すためには，不可欠なのである。

このように中井家家法にあっては，勤勉，始末，質素な生活という禁欲的倫理が強く求められている。そしてさらに，良き後継者が与えられるためには，それを祈って「陰徳善事」(密かに寄付を行うなど，社会に報恩感謝の貢献をすること）を行う以外にないとしている。この家法は，中井家において代々大切にされるとともに，他の近江商人にも伝わり，その家の家法になったこともあると伝えられている。このような商の倫理は，中井家に限らず，他の近江商人更には大阪商人を含む広範囲の商人に共通性を持ったものであったと言われる。

近世中期以降の職業倫理について述べるとき，石門心学に触れないわけにはいかない。石門心学とは，石田梅岩（1685〜1744）を創始者とし，士農工商から公家社会まで多くの信奉者を得たと言われる一大思想体系である。梅岩は百姓身分で商家に勤め，引退後研究とその思想の普及に努め，「都問答(とひもんどう)」を著わした。いか，そこに示されている商人の職業倫理についての考えの要点を紹介する。

梅岩は商人の行う売買は天下のため大切なことであって，その利潤は武士の禄と同じで正当なものとしている。そして，武士の禄の正当性が，その忠誠によって認められると同じく，商人も売り先に対し誠実であること，倹約（経費節減）に努めることによって，はじめてその商業利潤が正当化されるとしている。梅岩は，さらに「能(よ)く貯え，よく施す」ことを勧めている。勤勉に努めて利潤を得，その利潤を窮民救済などの布施（社会的貢献）に当てよ，とするのである。

梅岩の勤勉，倹約，布施を勧める思想の系譜は，近世初期の鈴木正三(しょうさん)（1579〜1655）にさかのぼることができる。正三は戦国武士（徳川家康の旗本）であったが，，40歳で出家して曹洞宗の僧侶になった。正三はその主著「四民日用」において，四民すなわち士農工商いずれの職業も，それを行うことが仏行であるとし，「人々の所作の上にをいて，成仏（悟りをひらくこと）したまうべし。」と書いている。

商人については，「売買せん人は，先(まず)得利（利益獲得）の益(ます)べき心づかいを修行すべし。其(その)心遣と云は他の事にあらず。身命を天道に抛(なげうち)て，一筋に正直の道を学ぶべし。」と書き，目先の得を考えずに正直に，天より与えられた商いを身をなげうって行うことこそが，修行であって，利益はおのずから与えられると説いた。

正三の仏教的思想は，西洋におけるプロテスタンティズムの倫理（さらにさかのぼれば，スチュワードシップにおける責任倫理）に極めて類似性の高いものであり，このキリスト教信仰の醸成したエートスが，西洋における近代的な企業の成立に大きな役割を果たしたと同様，正三の思想，さらにはその系譜にある梅岩の思想は，信心深い江戸期の商家の経営行動のなかに生きることによって，江戸期中期以降の商家において，卓越した企業経営を生み出したのである。

ちなみに，ウェーバー（あるいは，ウェーバーの大塚史学的受容）によれば，プロテスタンティズムの醸成したエートスの生み出したものは，商業資本主義（大塚は，前期的資本主義と名付ける）ではなく，産業資本主義である。これに対して，鈴木正三に源流を持つ日本の仏教的エートスは，江戸期において商業資本主義の形成に力を添えた。この食い違いについて論ずる用意はここにはないが，江戸期中期以降に勃興した商業資本を，ヨーロッパの前期的資本と同一視することはできない。たとえば，近江商人が明治期以降，繊維産業等の産業資本として成長していった事実はその証左である。

7　利潤即涅槃——一つの実践

前節までで明らかにしようとしたことは，企業における経営倫理の二つの側面である。一つは，企業の利益の社会への還元の倫理性の問題である。これは企業フィランスロピーという企業の経営行動で行われる場合と，企業利益の配分を得た創業者などの個人が行うフィランスロピー活動とに分けられる。（実際には，これら二つは分かちがたく結ばれていることが多いが）他の一つは，利益獲得の経営行動そのものの倫理性である。カーネギーの表現によれば，前者はチャリティー・プリンシプルによるもの，後者はスチュワードシップ・プリンシプルによるものである。

この章を終るに当たり，この二側面の実践者であった一人の経営者を紹介したい。それは，協和醱酵工業株式会社を起こし，永くその経営に当たった故加藤辮三郎氏である。[13] 氏は，仏教に深く帰依した人であるが，経営の在り方を仏教に学んだと言う。仏教では諸行無常，諸法無我，涅槃寂静を三法印と言うが，諸行無常では，「わたくし自身も無常迅速のなかの一員でありますが，わたしのお預かりしている企業もまたその例外ではないのであります。ともどもに刹那刹那に変化しているのであります」とし，「一刹那も油断をするな」「一喜一憂するな」「変化するから希望がある」などの教訓を得たと言う。

諸法無我では，「わたくしは，この自覚を与えられまして，初めて，他からの恩恵のいかに重々無尽なるものであるかを知りました。同時に，自分の行為が，いかに他に累を及ぼすものであるかに気づきました。このことは，ひとりわたくし個人についてもいえるばかりでなく，わたくしのお預かりしている企業とても同様であります。わたくしの奉職している会社は，じつに測り知れない無尽の恵みによってはじめて成り立っているのです。…（略）…この会社の行為が全世界に向かってかならずや何かの関係を持つのであります」とし，自らの経営者としての責任，企業の社会的責任・宇宙全体に対する責任を強調している。

涅槃寂静では，「我」にとらわれないことを説き，「企業がどのように落ち目になっても，責任を他に転嫁せず，愚痴を言わない境地，それが念仏なのであります。競争しながらも，相手を友と感じさせるところ，そこが涅槃寂静の世界なのであります。」と言う。

加藤氏の言で注目すべきは，自分が創業した企業を「お預かりしている企業」と受けとめていることである。世界から，宇宙から預かっていると言う加藤氏の思想は，神から預かっているというスチュワードシップの思想と全く同型である。加藤氏が，「お預かりしている」協和醱酵の経営に全力で立ち向かったのは当然のことであり，その成果は協和醱酵グループの現況に実っている。

氏は利潤が社会的不公正を助長するかもしれないという危惧をしながらも，それは制御可能と考える。そして利潤なくして会社の安定はなく，会社の安定なくして従業員の安定もないとし，また利潤のあらまし半分は税として国民の福祉のために使われるとして，「私は，利潤獲得のため最善を尽くさなければならない。」と言う。

氏の次のような言葉は，前述したわが国近世の鈴木正三等の思想に近似する。「生死すなわち涅槃なりとさとる人にとっては，利潤もまたすなわち涅槃なりと感得することができる。そこに執着を離れた利潤がある。衆みなともに楽しめる利潤がある[14)]。」

加藤氏の思考の底には，資本主義的企業の経営倫理をつきぬけて，人間の集団そのもののもつ普遍的な問題がある。あらゆる人間集団のもつ業（ごう）（仏教では，共業（ぐうごう）と呼ぶ）は，社会制度の違いを超え，集団の種別，規模の大小を問わずに現れるものである。社会主義的企業であれ，市民社会における公益法人，学校法人，宗教法人さらには行政も例外ではない。

ここでわれわれもまた，ウェーバーが示した組織の官僚制，さらにはガルブレイス（Galbraith, J.K.），ドラッカー（Drucker, P.F.）が肉薄した組織の問題に直面するが，これについては稿を改め論じなければならない。

加藤氏の経営思想からは，無尽の恵みを得ている世界，宇宙への還元がある。氏の行われた社会的活動に，在家仏教協会の設立と運営がある。これは教派にとらわれない仏教の普及活動であり，関係の書籍の出版，月刊「在家仏教」の発行，全国の数箇所で，毎月行われている講演会など，寺院仏教とは違った形での運動であり，悩み多き人生に苦しむ人々に希望のメッセージを送りつづけている。この運営には，協和醱酵が講演会会場の提供を行うとともに，講演会の司会には協和醱酵の若い社員が当たるなど積極的な経営行動がとられている。

企業における経営倫理の在り方には，諸相があるであろう。しかし，それを経営実践とかけ離れた，単なる理想の姿と考えるのは早計であろう。加藤氏の経営実践はそれを物語っていると思う。

(参考資料)

1) 新約聖書『マタイによる福音書』19-23〜24（新共同訳)。
2) 同　19-20。
3) 同　19-20〜21。
4) Max Weber *"Die Protestantische Ethik und der Geist des Kapitalismus"*（大塚久雄訳『プロテスタンティズムの倫理と資本主義の精神』(岩波書店，1959).
5) Andrew Carnegie *"The Gospel of Wealth"*（1889)（田中孝顕監訳『富の福音』（きこ書房，2000)).
6) 十分の一献金については，たとえば聖書の次の個所にある（新共同訳による)。
旧約聖書『創世記』28-22「あなたがわたしに与えられるものの十分の一をささげます」。
新約聖書『ルカによる福音書』18-12「わたしは週に二度断食し，全収入の十分の一を献げています。」
7) Milton Friedman "The Social Responsibility of Business is to Increase its Profits" *New York Times Magazine* September 13, 1970, p.33
8) 『FACE 93 SHEET 企業の顔』(朝日ジャーナル Vol.34 No.9) より一部引用。
9) 新約聖書『マタイによる福音書』25-14〜30（新共同訳)。
10) Micahael Chatfield・Richard Vangermeersch *"The History of Accounting"* p.566（訳文は拙訳).
11) 旧約聖書『創世記』41-41〜42（新共同訳)。
12) Andrew Carnegie, 前掲書 5), p.74.
13) 加藤辨三郎『仏教と実業』(コマ文庫，1982）参照。
14) 　同　『随縁自在』(コマ文庫，1984）参照。

(参考文献) 脚注以外に下記文献に多大に負っている。

出口正之著『フィランソロピー一企業と人の社会貢献』丸善，1993年。
林雄二郎編著『フィランソロピー——その日本的課題』ダイヤモンド社，1993年。
井沢良智著『日本企業グローバル化の構図』学文社，1996年。

（大 場 敏 男)

第　三　部

適応の企業戦略と管理行動

第9章　現代企業とミッション・マネジメント

1　企業のミッション

(1)　ミッションとは何か

企業経営の場で用いられる理念とかミッション，さらにはビジョンなどといった言葉は，経営活動を展開する際の拠り所となる価値観や行動規範，指導原理であることは認識されていても，それらの定義に関しては，しばしば精度を欠いている。これは，これらの用語で何を問題に議論するかで，その意味内容が大きく異なってくることや，主観的な価値判断の性格が強い戦略的意思決定の際の前提要素であることなどに起因するものと考えられる。さらには，この分野に関する研究が著しく立ち遅れていたこともある。

しかし，最近では，経営戦略論や組織論などの領域からこの問題にアプローチする議論が増加してきており，特に，スタンフォード大学のコリンズとポラス（Collins,J.C. & Porras,J.I.）両教授の研究成果により，米国ではミッションや理念などといった企業の価値観的側面への関心度が高まってきている[1]。

ミッションに関する今日の考え方は，主として1970年代の半ばにドラッカー（Drucker,P.F.）が著わした指針に基づいている[2]。ドラッカーは，「わが社の事業は何か」という質問は，「わが社のミッションは何か」という質問と同じ意味であると述べている。ミッションは，ある企業が他の類似企業と明白な違いがあることを示す目的を持ち，多年に渡って通用させ，その企業の存在理由を表明するものである。それはまた，「わが社の事業は何か」という重要な質問に答えるものであり，明確なミッションは，企業目的の確立と戦略策定を効果的に行うための不可欠な要素となる。いずれにせよ，ミッションは「何をしたいか」と「誰のために役立ちたいか」という見地から企業の長期的方向性を明らかにするものである。たとえ，経営陣がそのことを意識しながら文書を作ることがなかったとしても，すべての企業は存在理由を持っているものである。

ドラッカーは，企業のミッションについて次のように述べている。

「企業のミッションは，優先順位や戦略，計画作成，仕事の割当の基礎となる。そしてまた，管理者の職務の設計，とりわけ管理機構の設計の出発点にもなる。企業の事業は何かに答えるほど簡単明瞭なものはないと思われるかもしれない。鉄鋼会社は鉄鋼をつくり，鉄道会社は列車を走らせて貨物と乗客を運び，保険会社は火災保険を引き受け，銀行は金を貸すに決まっていると思われよう。だが実際には，わが社の事業は何かという質問はほとんど常に難しく，正しい答えがはっきりしているどころではないのが普通なのである」

ミッションは，あらゆる種類の組織（公共，民間，非営利，営利などに関わらず）にとって重要である。その重要性の主な理由は，ミッションが戦略上の決定，および日常業務上の決定の指針となるからである。そのうえ，ミッションは組織を一体化する連結機能をも果たす。また，経営戦略の策定プロセスにおいては，どのようなアプローチ手法を採用しようとも，ミッションの作成は戦略策定の最初の段階に位置づけられ，最も重要な目的の一つとされる。

本章では，第3章の「現代企業の経営戦略」で議論した経営戦略の対象範囲拡大の一方である社会性を伴った戦略技法「ミッション・マネジメント」について検討を行う。わが国では，ミッションという用語より経営理念や社是・社訓といった用語が主に用いられている。意味する内容には若干の違いがあり，その点については後述するが，本章では企業の価値観を具現化する概念用語としてミッションを統一して用いることにする。

(2)　ミッションの戦略的機能

キングとクレランド（King & Cleland）は，以下の理由から，企業がミッションを作成することを勧めている[3)]。

(a)　目的に関する組織内部の意見を確実に一致させるため。

(b)　組織内の資源配分のための根拠，あるいは基準を与えるため。

(c)　全体的な方向性または組織の風土を確立するため。

(d)　各人の心を組織の目的と方向に向けさせる焦点としての役割を果たさせるため。そして，目的や方向に沿うことができない人が組織の活動に深く関わることを防ぐため。

(e)　個別目標を理解してそれに沿った業務構造を作り上げることを容易にするため（組織内部の各担当者に業務を割り当てることを含む）。

(f)　組織の目的を具体的に示して，それらの目的に基づき，コスト，時間，成果に関するパラメーターの評価と管理が可能なやり方で，個別目標を定めるため。

あらゆる企業が固有の目的と存在理由を持っている。その固有性をミッションに反映しなければならない。ミッションはその性格次第で，その企業の競争上，有利な立場をもたらすこともあれば，不利な立場をもたらすこともある。明確なミッションを作成して，その意味を理解し合った時，企業の価値観の持つ意義をいっそう高めることが可能になる。以下では，そのようなミッションの持つ戦略的機能について概観する。

①　企業の経営姿勢を表明する機能

ミッションは経営姿勢の表明であり，しかも，具体的な戦略内容の記述というよりは戦略方針である。少なくとも次の二つの大きな理由から，通常その意味する範囲は広い。第一に，優れたミッションでは，経営者の創造性が抑えられずに，実行可能な目標と戦略に関する多様な案の作成，検討が行われることを考慮に入れてあるからである。あまりくわしく規定し過ぎると，組織の創造的な力に制限を加えることになる。その一方，どのような戦略案も排除しないというほど全般的過ぎるミッションはうまく機能し得ないであろう。

第二に，組織のさまざまな利害関係者達の間の違いを，効果的に調和させるためには範囲を広くしておく必要があるからである。利害関係者のなかには従業員，株主，顧客，取引企業，競争企業，債権者，地域社会，環境保護団体，一般大衆などが含まれる。利害関係者達は組織の戦略に影響を与えたり，与えられたりするが，さまざまな関係者の要求や関心事は多岐にわたり，しばしば対立する。例えば，一般大衆は特に企業の社会的責任に関心が強いが，株主側は収益性の方に強い関心を持つ。全ての利害関係者の組織に対する要求を均等に重視しながら，それらに対処することはできない。しかし，優れたミッションは，さまざまな利害関係者達の要求を満足させるために組織が行う対応を明確に示している。

大多数の企業のミッションは高度に抽象的な表現が用いられている。しかし，あいまいさにはそれなりの値打ちがある。なぜなら，詳し過ぎると逆効果を生む可能性があり，反対意見を刺激する根拠となり得るからである。かえって，精密なミッションは創造性を抑制する可能性があり，組織内部に硬直性を生み出し環境変化に抵抗することにもなる。あいまいさによって環境の変化に適応する場合の柔軟性を高めることが確保できるのである。そして，明確なミッションは戦略代替案の選択に役立つ判定基準となる。

②　企業内の異なった見解を集約する機能

一部の経営陣が自社のミッションの作成に乗り気でない理由は何か。第一に，「わが社の事業は何か」という疑問が論争を引き起こしかねないからである。この疑問が提起されると，その企業の経営陣間の見解の相違が明らかになる。長期間一緒に働いていて，互いに判り合っていると考えている人達が，突然，自分達が基本的に異なる考えを持っていることに気づくかも知れない。ドラッカーは，ミッションの明確化について次のように述べている。

> 「わが社の事業は何かこそ，真の決定なのである。また，真の決定というものが正しくて有効な決定になり得るには，いろいろと違った見解を基礎にせねばならない。ミッションの決定はあまりにも重要なので，異議なしと決めてしまうことはできない。企業のミッションを明確化することが，経営管理の効果をあげるための重要な第一歩となるからである。企業のミッションに対する定義づけの不一致を隠したり，生半可に理解したりするのが，多くの場合，経営陣を分裂させてしまう傾向がある。ミッションを作成することは，早急に，そして骨を折らないで出すべきではない」

一般的に，経営陣は，自分の組織が問題の渦中に置かれた時しかミッションを作らない。ドラッカーによれば，「わが社の事業は何か」を真剣に問い直すもっとも大切な時期は，会社が成功している時であるという。

「成功は常に，その成功をもたらした当の行動を陳腐化してしまうし，成功によって，常に新しい現実が創造され，そして，常に新しく異なった問題が創造される。会社が成功しているときに，わが社のミッションは何かと問わない経営陣は，結局は一人よがりで，怠惰で，おごり高ぶっているのである。そして，成功が失敗にかわるのも時間の問題である。わが社の事業は何かという問いに対する答えで，最も成功したものでも，早晩，陳腐化してしまうものである」

③　企業の顧客志向を明確にする機能

優れたミッションは，顧客の期待を反映している。製品を開発して，それから市場を見つけようとするのではなく，顧客のニーズを認識し，その後に，そのニーズを満たす製品またはサービスを供給すべきである。また，優れたミッションは，顧客に対して自社の製品の効用を明らかにしている。つまり，電話会社のミッションで電話よりも通信に重点が置かれ，石油会社のミッションで石油やガスよりもエネルギーに重点が置かれ，鉄道会社のミッションで鉄道よりも輸送に重点が置かれ，映画会社のミッションで映画の代わりに娯楽に重点が置かれている理由がここにある。

ミッションを作成する大きな理由は，企業に存在理由を与えてくれる顧客を引きつけることである。企業の目的に関する代表的なドラッカーの次の記述が，ミッションにおける顧客志向の重要性をもっとも明白に示している。

「事業とは何かを決めるのは顧客である。なぜなら，顧客が，いや顧客だけが，財貨あるいはサービスに対して支払う意思をもつことによって，経済資源を富に，そして単なる物を財貨に変換させるからである。顧客が自己の購入しているものをどう考えるか，どんな価値を認めるか，これによって高品質の中身が決まるのである。つまり，これによって，事業とは何か，何を生産するのか，繁栄するかどうかが決まるのである。また，顧客が購入し，価値を認めているのは，決して製品に対してではない。それは常に効用に対してである。つまり，製品あるいはサービスが，その顧客のために果たすものに対してである。顧客こそ事業の基盤で，企業を存続させるのである。」

④　企業の社会に対する方針を明確にする機能

企業の社会に対する方針には，経営上の哲学と思想を多く含んでいる。その理由から，企業の社会に対する方針はミッションの作成に大きく影響を与える。社会問題によって，経営陣が，企業がさまざまな利害関係者からどのような恩恵を被っているかを考えるだけでなく，利害関係者に対してどのような責任を負っているかを考えることを当然とする状況が生じている。企業の社会的責任の問題に関して数十年にわたって議論が続けられてきたが，企業の多くは社会に対する適切な方針を定めようとして，いまだに苦労しているのが現状である。

社会的責任の問題は，企業が自社のミッションを定める際に生じる。社会が企業に与える影響とその逆の影響は年毎に顕著になりつつある。企業の社会に対する方針は，全ての経営活動と統合されるべきで，そのなかにミッションの作成が含まれる。社会的責任に関する最近の見解では，戦略を決定する際には，社会的責任に直接，間接に配慮すべきであるということになりつつある。ゆえに，企業は経済的利益を生む社会活動に携わろうと努力すべきである。

例えば，本田技研工業（以下ホンダと略す）が20年ほど前に，サリドマイド障害で両手が使えない障害者からの１通の手紙に応えて，足の前後運動でハンドルを操作する自動車を開発したのは偶然ではない。当時，両上肢障害者の運転は法律上できなかったし，コストと技術的な問題も大きく採算に合うものでもなかった。にも関わらず，開発を決断させたのはホンダの優れて明確なミッション（ホンダでは「基本理念」と「社是」と表示）が存在したからである（日本経済新聞「20世紀日本の経済人」1999年１月25号)。1956年に策定されたホンダの基本理念と社是は以下のとおりである。

基本理念：人間尊重　三つの喜び（買う喜び，売る喜び，創る喜び）

社　　是：わたしたちは，地球的視野に立ち，世界中の顧客の満足のために，質の高い商品を適正な価格で供給することに全力を尽くす。

やり方の違いはあるけれども，大多数の企業は，自社が社会的責任に沿った方法で事業を遂行していることを，外部の人々に明確に知らせようと努力している。そして，ミッションは，その趣旨を伝えるための有効な手段となり得る。

2　ミッションと企業の経営行動

(1)　ミッション作成の怠慢

ミッションは，戦略を策定し，実行し，評価するために不可欠である。明確なミッションがない場合，企業の短期的行動が長期的利害にとって逆効果を生みかねない。ミッションは常に見直しをしなければならないが，ただし，慎重に作られるならば，大きな変更の必要性は滅多に生じない。優れたミッションは時間の試練に耐え得るものだからである。

しかしながら，まだ多くの企業が将来方向を定めるのに不可欠なミッションや理念すら作り上げていない。たとえば，デビット（David,F.R.）は，ビジネス・ウィーク誌が選んだトップ1,000社の最高経営責任者の59%が，ミッションを持たない企業を経営していることを見出している[5]。面白いことに，これらの大企業の一部は，事業を多角化するために，自社独自の中核的事業あるいは製品分野を越えて他社を買収している。ポーター（Porter,M.E.）は，これらのタイプの多角化企業の業績を調査し，これらの動向の成功比率の客観的データを提示している[6]。それは，平均して，これらの企業が新しい産業分野での取得資産の半分以上を，また全く新しい分野での取得資産の60%以上を整理したことである。ミッションが企業戦略を導くことは先に示したが，他社を買収することで多角化した企業も含むすべての企業の活動に焦点を与えることをも意図しているのである。

また，わが国においては，㈶社会経済生産性本部（以下生産性本部と略す）が実施した「社是・社訓に関連する調査[7]」によると，回答企業（上場企業及び店頭登録企業ほか735社）の89.2%が経営理念・社是社訓を制定していることが報告されている。しかしながら．ミッションに基づく経営（生産性本部では経営理念・社是社訓に基づく経営を「ミッション経営」と定義している）を明確に実践していると回答した企業はそのうちの66%で，34%の企業がミッションは持っているが企業経営に十分に活かされていないことが明らかとなっている。

(2)　ミッション作成を阻害する要因

いくつかの要因が，ミッションを作成できない理由としてあげられる。これらの阻害要因を克服していくことが，ミッション・マネジメントを展開していくための第一歩となる。

①　多種多様な利害関係者集団の存在

大部分の企業は，多数の利害者と多様な関係を持っている。そして，利害関係者達は，企業が自分達の利益や要求を満足させる能力を絶えず増大させることを望んでいる。しかし，すべての利害関係者の要求を満足させる経営姿勢・方針を明確にすることは極めて困難である。

しかし，ミッションを作ることを怠っている企業は，現在の利害関係者と潜在的利害関係者に対して，その企業が好ましいものであることを示す機会を逃すことになる。ミッションは，内外の重要な利害関係者と意思の疎通を図るための有効な媒体である。ミッションの主要な価値は，企業の究極の目的を具体的に示すことによって生み出されるからである。

②　ミッションを作成するために必要な膨大な作業量

ミッションの作成は，容易かつ迅速にできるものではない。ミッションを書き上げるだけでも多くの時間を要する。一語一語が，すべての利害関係者が求める方向と確実に調和するように慎重に選ばれなければならないからである。したがって，ミッションの作成に当たっては，あいまいな状況や情報不足に対する忍耐と膨大な時間的犠牲が必要とされる。

しかし，ミッションは，わが社の将来像は何か，わが社は誰に役立とうとするのか，そして，企業の戦略上と業務運営上のガイドとなる全般的な指針をもたらすものである。それゆえに，経営陣は，社内外のどの利害関係者にとっても理解できる方法でミッションを明確に表現する責任がある。もしこれをしなければ，利害関係者達は自分の職務を遂行するために必要な理解力と方向性を持ち得ないであろし，限られた経営資源があまりにも多くの異なる企業活動や事業計画に割り当てられることになりかねない。

③　現状維持の組織慣性

一般的に，組織の機構は企業の業績が傾いてはじめて変更される。根本的で大幅な変革が必要だと示唆する重要な局面に直面しても，現状を維持しようとする傾向があり，この組織の慣性は時の経過とともに進化する。

そこで，ミッションを作成するにあたっては，作成プロセスに関与する当事者達のなかに，企業の状況を率直かつ客観的に把握し，かつ処理することができる変革型リーダーを取り込む必要がある。変革型リーダーは，概してカリスマ的であり，私利私欲を超えて，個々の作業グループや企業全体の利益へと目を向けるように配慮する能力を備えているものである。

④　機密漏洩の危惧

ミッションは，少なくとも，その企業がどのような独自性をもっているのか，企業がどのようになりたいと望んでいるのか，企業が役立とうとしている相手は誰なのかといった企業の基本的価値観について記述され，このような情報がさまざまな利害関係者に提供される。ミッションは，企業の現在および将来の経営行動の全般的な指針を映し出していることから，一部の経営陣は，この種の情報は機密事項であり，多くの利害関係者，特に競争企業に利用されるべきではないと危惧している。

しかし，ミッションは企業の将来の経営行動に関係する詳細情報を提供するものではないし，そのような詳細情報は，戦略や種々の計画の領域に属する。ミッションは幅が広く，経営行動の全般的な方向のみを指し示す。したがって，ミッションが機密情報を漏らすかもしれないという危惧は間違っている。

⑤　ミッション作成過程での論争

「わが社の現実の姿は」，また「わが社の将来のあるべき姿は」といった基本的な疑問に関係する議論を行おうとすれば，社内での認識の相違が暴き出され論争を生み出すことになりかねない。一般的に言って，どの方向性も利害関係者の誰かかにとって魅力的だからである。

しかし，このような問いへの答えを確定するには選択が必要であり，社内で作成される代替案は公に評価され，形成されなければならない。したがって，ミッションの作成が，社内の利害関係者間の意見相違を確認するための絶好の機会をもたらすことになる。

⑥　日常業務上の問題処理に費やす時間

重要な戦略課題に関わる人達が，しばしば日常の業務上の問題を処理することに巻き込まれる恐れが出てくる。例えば，上層部の経営管理者達が企業の長期的な方向性に関わる問題よりも，製造現場での作業にはるかに多くの時間を費やすかもしれない。

しかし，このような場合には，まずミッションを作成するための時間を見出すべきである。なぜならば，ミッションが取組むべき業務上の問題解決の方向性を指し示してくれるからである。

3　ミッションを構成する要素

(1)　ミッションの構成要素

ミッションは，その長さ，内容，形式，明細に関してさまざまであるし，またそうなる可能性を持っている。マッギニス（Vern McGinnis）によれば，ミッションは次のようなものでなければならない[8]。

(a)　組織が何ものであるか，そして何になりたいと願望しているのかを明確にすること。

(b)　内容を十分に限定しながらも，範囲を十分に広げて創造的な思考を可能にすること。

(c)　対象となる組織と他の全ての組織との違いを際立たせること。

(d)　現行の活動および予想される活動の両方を評価するための枠組みとして役立つこと。

(e)　組織内全体で広く理解されるよう，十分に明確であること。

しかし，ミッションを構成する要素については，さまざまな意見があり，定まった構成要素があるわけではない。デビットは，以下の9項目が備わっていなければならないとする。

(a)　顧客：誰が自社の顧客か。

(b)　製品またはサービス：自社の主要な製品またはサービスは何か。

(c)　市場：自社はどこで競争するのか。

(d)　技術：技術は自社の第一関心事か。

(e)　存続・成長・収益性：自社は経済的目標の達成を約束しているか。

(f)　理念：自社の基本的な信条，価値観，達成目標，理念に基づく優先事項は何か。

(g)　コンセプト：自社の独自能力あるいは主な競争優位性は何か。

(h)　公的イメージ：自社は社会，地域共同体，環境に関する諸問題に責任を果たしているか。

(i)　従業員：従業員は自社の重要な財産と考えられているか。

ミッションを作成し，評価する技術を高めるための最良の方策は，実際の企業のミッションを研究することであろう。例えば，デビットが示した9項目の構成要素に基づきメルク・アンド・カンパニー（Merck & Company，以下メルクと略す）のミッションを評価してみると，これらのすべての要素が含まれていることがわかる[9)]。

メルクは，「われわれは人々の生命を維持し，生活を改善する仕事をしている。すべての行動は，この目標を達成できたかどうかを基準に評価されなければならない」との価値観のもと，ミッションを「顧客の需要を満たし，生活の質を向上させる優れた製品とサービスを社会に提供することである。そして，従業員にはやりがいのある仕事と自己の向上の機会を提供し，株主には高水準の配当を行うことである」とする。また，それを実現するために「世界初の総合的な薬剤ケアの会社を創り上げること」をビジョンとし，サービスの対象を「医者，患者，薬剤師，製薬会社」としている。そして，メルクが，蠅が媒介する寄生虫が原因となる風土病で，アフリカ，中東，ラテンアメリカの貧しい熱帯地域に見られる糸状虫症の治療薬を開発し，世界中の医療従事者がその薬剤を無償で使えるようにした意思決定は，このような優れたミッションと無縁ではない。

(2) ミッションの具体的内容

前出のコリンズとポラスは，基本理念（core ideology）は，基本的価値（core values）と目的（purpose）の組合せにより構成されるとする[10)]。そして，基本的価値とは組織にとって不可欠で不変の主義であり，文化や経営手法と混同してはならず，目的とは単なる金儲けを超えた企業の根本的な存在理由であり，個々の目標や事業戦略と混同してはならないとする。

デビッドの考え方は，その本質的意義は企業の価値観的側面を強調しているにもかかわらず，９項目の構成要素には，事業ドメインレベルの「製品」「市場」「技術」などの戦略的要素が一部含まれている[11)]。現実にこれらのミッションを作成，使用している企業側としても，それが価値観的側面を表現するものなのか，それともより具体的な戦略レベルでの方向性を表明するものなのかはほとんど意識しておらず，用語の使い方もあいまいなままである。

一般に米国企業の多くは市場志向で，具体的な市場での成功要因に重きを置いた将来の方向性を指し示し，日本企業では，価値観や行動規範などに重点を置いた表現が多く見受けられる。歴史性や文化性，企業特性など種々の要因が考えられるが，同じ資本主義経済下での企業経営において，企業の価値観的側面を表明するのに大きな違いが存在するはずもなく，用語の違いも意味をもたない。要は，その企業特有の価値観や将来の方向性を企業内外に明確に示すところに戦略的意義があるからである。コリンズらの研究からも，基本理念を維持し，進歩を促した企業こそが長期的に繁栄し，対象企業と比較して圧倒的な業績をあげていることがわかっている[12)]。

参考までに，米国のミッションとわが国の理念の構成内容を比較してみると表９－１のようになる。

表9－1　米国のミッションとわが国の理念の構成内容比較

順位	米　　国	企業数（301）	日　　本	企業数（735）
1	Values	256	顧客志向	534
2	Service	230	社会との共生	527
3	Mission	221	挑戦（チャレンジ）	405
4	Customers	211	先駆者精神・イノベーション・創造性	368
5	Quality	194	従業員の尊重	365
6	Employees	157	従業員の団結・和	282
7	Growth	118	技術の優秀性	268
8	Environment	117	サービス精神	247
9	Profit	114	個人の尊重	236
10	Shareholders	114	地球環境への配慮	194
11	Success	105	勤勉	184
12	Leader	104	グローバル（国際化）	175
13	Best	102	正直	172
14	Respect	98	株主	159
15	Vision	95	専門家としての誇り	138
16	Communities	93	国家への奉仕	80
17	Team	91	その他	79
18	Commitment	88	人類	70
19	Serve	84	倹約	36
20	Performance	82	女性の活用	13

出典資料：米国のミッションについては，Jeffrey Abrahams, *The Mission Statement Book,* Ten Speed Press, 1995. より，日本の理念については，財団法人社会経済生産性本部「社是社訓に関連する調査」（1998年9月発表）より井上が作成。

4　ミッション・マネジメントの展開

(1)　ミッション・マネジメントの概念

通常，ミッションは，アニュアル・レポート（annual report）の冒頭に記されている。しかし，その表現の仕方は多様で，ミッション（mission）のほか，バリュー（values）やビジョン（vision），フィロソフィー（philosophy）といったさまざまな用語が用いられているのが現状である。わが国において経営理念と同義語として，経営哲学や経営方針，社是・社訓といった用語が頻繁に使用されているのと同じである。ここでは，議論を進めていくために，全米301社のミッションを集計し分析を行っているアブラハム（Abrahams）の定義を用いることにしたい[13)]。

Values

バリューとは，個人あるいは個々のグループの思考や行動の指導原理や目標となるものである。バリューは，組織の進むべき方向を指し示すことによって，その組織の特性を定める。

Mission

ミッションとは，組織の目的あるいはその存在意義を明確に記述したものであり，組織のプランやプログラムが目指すべき方向を指し示す。ミッションは，ビジョンの方向づけを行うためにある。

Business Philosophy

ビジネスフィロソフィーとは，組織を管理運営するための行動規範を定めるものである。バリューをいかに経営のなかで活かしていくかについて，より具体的な記述を行うことにより組織のバリューを解釈しやすくする。

Vision

組織のビジョンとは，組織全体の方向性を定めるため，ある時点での組織のあるべき姿を簡明な言葉で描いたものであり，組織の具体的な目標を示す。また，ミッションを実現するためにビジョンはある。

この概念区分を整理してみると，企業のバリュー（価値観）を具現化したものがミッション（使命）やフィロソフィー（理念）であり，それをある特定の時期の企業のあるべき姿として表現されたものがビジョン（将来のあるべき姿）だということになる。また，フィロソフィーはわが国で使用される経営理念と同義と考えられよう。そこで，企業の価値観を具現化するには，用語の使い方は別として，ある程度抽象的な表現でしか言い表せない部分と，製品や市場，技術などといった戦略的要素まで含めた将来の企業の方向性を具体的に表現する部分とに分けられることがわかる。仮に，ここでは前者をミッション・理念的部分，後者をビジョン的部分と呼ぶことにする。

一般にミッション・理念は，抽象性，包括性が高く，また，経営者の経営哲学や信念などが反映されていることから，企業の内外の関係者に企業のあり方，方向性などを具体的にイメージ化させていくには，難しい局面が出てくる。そこで，抽象的で包括的なミッション・理念をいくつかの局面に分解し，具体的にイメージできるように再構成することが必要となり，この役割をビジョンが担うことになる。つまり，ミッション・理念は連続的で無限に広がる全体像としての直観的，感性的に認識されるアナログ的知覚と言え，ビジョンは不連続的で還元主義的な分析を通じて範疇化し，分類して認識把握されるデジタル的知覚と言える。

このため，アナログ的なミッション・理念は，デジタル的なビジョンにより類別・整理され論理的に表現されることになる。そして，これらの概念が企業戦略を導き，マネジメント（経営管理）のあり方を方向づける。このような流れで企業の経営活動を推進していく経営手法を，ここではミッション・マネジメントと呼ぶことにする（バリュー・マネジメントとの呼び方もある）。

ミッション・マネジメントとは，企業の指導原理であるバリュー（価値観）をアナログ的なミッション（使命）やフィロソフィー（理念）とデジタル的なビジョン（将来のあるべき姿）に具現化し，それに基づいた企業戦略の構築やマネジメント（経営管理）を行っていくことと定義した。わが国におけるこれまでの経営理念への関心は，社会的責任の重要性を契機に展開されてきたし，

表9－2　ミッション・マネジメントの概念

↓	
Values	企業の指導原理
↓	
Mission Philosophy	企業の価値観を存在意義，行動規範として具現化
↓	
Vision	ミッションを特定の時期のあるべき姿として具現化
↓	
Strategies	ビジョンに基づき企業の環境適応と資源配分を行う戦略代替案を策定し，実行・評価する

経営史の分野からの研究が中心であった。そこで専ら議論となるのは，経営理念の主体をめぐる問題であり，経営目的との関連，そして，その公表性をめぐる問題であった。しかし，戦略論的アプローチからすれば，ミッションあるいは理念は単に文章化され，設定されていればよいというわけでなく，いかに企業戦略をはじめ，組織，経営管理など企業活動の全体に浸透させるかが最重要関心事となる。

(2)　ミッション・マネジメントの現状

ミッションや理念など企業の価値観を具現化した概念が，企業業績にどのように貢献しているのか，これを数値的に把握していくのは極めて困難である。過去，ピーターズとウォーターマン（Peters,T.J. & Waterman,R.H.）は，六つの財務指標を用い43の超優良企業に対し詳細な調査を実施，超優良企業に共通する八つの特性を明らかにした[14)]。そして，そのなかの一つに「価値観に基づく実践」という特性があった。しかし，ビジネス・ウィーク社の調査によると，その後の4年間ですでに14社が超優良とはいえなくなっていることがわかった。

コリンズとポラスは，明確な理念は長期的な業績に反映されると，設立後50年以上を経過した企業でビジョナリーだと考えられる企業18社と比較対象企業との株価分析を行い，ビジョナリー企業は株式の累積総合利回りが市場平均の15倍，比較対象企業は2倍にとどまっていることを明らかにした[15)]。長年利益の最大化を目的としてきた同業他社より，基本的な理念の追求を最優先してきたビジョナリー企業の方が利益が高いことを実証したのである。

ミッションや理念はすべての企業に必要である。創業時はもとより，企業規模が拡大するにつれ，社員が増え組織の階層性が増し，事業範囲も拡大していく。複雑になったマネジメントのなかで組織のベクトルを合わせていくには，組織の構成員が共有する価値観がその役目を果たすことになる。

そして，特にベンチャー企業には，今日その必要性がより高まってきている。創業した企業が，ある時点では同じような状態にありながら，その後の経過がまったく異なることがある。急成長を遂げ始めたときに直面する死の谷（death valley ）を克服できるかどうかである。例えば，ホンダは1946年創業，1948年の法人設立で，現在の「基本理念」「社是」「運営方針」が制定されたのが創業10年後の1956年，ホンダの急成長の原動力ともなった超ロングセラー「スーパーカブ」の発売2年前の資金繰りに奔走している時期である。その後，激しい経済・社会環境の変化のなかで幾度かの危機に直面しても，現在までなんら修正が加えられないまま「ホンダフィロソフィー」がその死の谷を乗り越える役目を果たし，それに基づいた「ホンダマネジメントコンセプト」が経営の理論として確立されている[16)]。

アーサーアンダーセンはミッション・マネジメントが必要な企業を次のように類型化している[17)]。「長期間低迷している企業」「企業環境が劇的に変化している企業」「合併によって新しく出発する企業」「分社化によって新しく生まれる企業」「グループ経営を行う企業」「海外事業展開を推進している企業」の6類型である。これに「ベンチャー企業」を付け加える必要がある。

生産性本部が実施した調査[18)]では，ミッションを共有化するための制度化については，社内誌・リーフレットの配布（53.6%），日常業務での教育（46.7%），朝礼などでの訓示（28.7%）が主で，委員会を設置して浸透に取り組むような積極的な活動は8.4%に過ぎない状況にあることが報告されている。ミッションを制定した年代では，1980年代後半から1990年代前半に36.7%が集中しており，当時のCIブームを反映したものと考えられる。さらに，バブル崩壊後に見直した企業は27.0％と３分の１弱あるが，これは企業倫理に対する関心が高まった時期と一致しており，CIブームや企業倫理といった社会的要因に敏感に企業が反応しているのであって，構造変革期における根本的な企業革新に取り組んだ結果の見直しとは考え難く，変更していない企業も一貫したミッションに基づいた企業経営を貫くというよりは，表記が抽象的であるため，変更しないでも経営環境の変化に比較的柔軟に対応できたという消極的な要因に負うところが大きいものと考えられる。

⑶　今後の展望

「組織や戦略だけでは十分ではない。」「企業が支持し，従業員が信じるような企業の価値観（company's values）は，競争上の成功にとってきわめて重要なものである。価値観こそが企業を動かす（values drive the business)」とリーバイ・ストラウス社のロバート・ハース（Rovert Haas）は強調する[19)]。最近では，先に示したように，企業の価値観が企業の業績にどのように寄与しているかを具体的に検証したものがいくつか見受けられるようになった。

しかし，それらのほとんどが，業績のいい会社が結果として，総じて「時代を超え，理念や原理原則を頑なに守り抜く経営姿勢」であるという論調であり，企業の価値観を具現化した概念の機能面についての分析・研究が十分ではないように見受けられる。従来は，価値判断を含む故に主観性を扱うことを社会科学は避ける傾向があった。しかし，企業の持つ社会的影響力の拡大が進む現代社会においては，ミッションや理念などの主観性の科学化の重要度は高まるばかりであろう。

ポルシェ（Porsche）のシュルツ（Schultz）が語った次の短い話のなかに，ミッション・マネジメントの重要性が示されている[20)]。

「３名の人がある工事現場で働いていた。３人とも同じ仕事をしていたが，一人ずつ何の仕事をしているのか尋ねられた時，それぞれ違った答えが返ってきた。「石を砕いているのさ」と最初の人が答えた。「生活費を稼いでいるよ」と２番目の人が応じた。「大聖堂を建てるのを手伝っているんだ」と３

番目の人が言った。私達のなかで大聖堂を建てることができる人は，そんなにいるものではない。しかし，私達がどのような動機からその仕事に従事していようとも，大聖堂を連想することができる限りにおいては，その仕事は他の仕事よりやり甲斐があるように思われる。明確で優れたミッションは，それらがなければ鬱とうしい問題で，しかも空しい動機になる可能性があった物事のなかに大聖堂（つまりやり甲斐のある仕事）を見出すことを助けてくれるのである」

(参考資料)

1) Collins,J.C. & Porras,J.I., *Built to Last,* Harper Business, 1994.（山岡洋一訳『ビジョナリーカンパニー』日経 BP 出版センター，1995).
2) Drucker,P.F., *Management Tasks, Responsibilities, and Practices,* Harper& Row, 1973.（野田一夫・村上恒夫監訳『マネジメント：課題・責任・実践(上)(下)』ダイヤモンド社，1974).
3) David.F.R., Strategic *Management:Fifth Edition, Prentice* Hall, 1995.
4) Drucker, *ibid*(2).
5) David, *ibid*(3).
6) Porter,M.E., *From Competitive Advantage to Corporate Strategy,* Harvard Business Review, May-June, 1987.
7) (財)社会経済生産性本部『社是社訓に関連する調査』財団法人社会経済生産性本部，1998.
8) David, *ibid*(3).
9) David, *ibid*(3).
10) Collins & Porras, *ibid*(1).
11) David, *ibid*(3).
12) Collins & Porras, *ibid*(1).
13) Abrahams J, *The Mission Statement Book,* Ten Speed Press,1995.
14) Peters,T.J. & Waterman,R.H., *In Search of Excellence,* Harper and Row, 1982.（大前研一訳『エクセレント・カンパニー』講談社，1983).
15) Collins & Porras, *ibid*(1).
16) 一條和生著『バリュー経営』東洋経済新報社,1998。
17) アーサーアンダーセンビジネスコンサルティング『ミッションマネジメント』

生産性出版，1997。
18)　(財)社会経済生産性本部,同上調査(7)。
19)　水谷内徹也「経営理念序説」『富大経済論集』第38巻2号，1992。
20)　David, *ibid*(3).

参 考 文 献（下記の文献に負うところが大であった）

1)　Blanchard,K. & O'Connor,M., *Managing by Values,* Berrett-Koehler Publishers,1997.（瀬戸尚訳『1分間マネージャーの価値経営』ダイヤモンド社，1997.
2)　Ireland,R.D.,&Hitt.M.A., "Mission Statements: Importance,Challenge, and Recommendations for Development", *Readings in Strategic Management, Arthur* A.Thompson, 1995.
3)　小野桂之介『ミッション経営の時代』東洋経済新報社，1997.

（井 上 善 海）

第10章　新日本的経営と能力主義

1　は じ め に

企業経営の根幹をなす重要なキーワードとして「能力主義」という用語が登場して，すでに30年を超える[1)]。能力主義管理を支えるさまざまな施策は，時代の変遷とともに修正され，加えられて機能し，日本経済の飛躍的な成長に寄与してきた。

終身雇用は長期人材育成を可能にし，年功序列はロイヤルティにプラス熟練の習熟度を促すシステムとして機能している。さらに，企業は，こうして培われた能力を企業内に長く蓄積するため終身雇用制をとった。内部に蓄積された能力は，企業独自のノウハウとして高い競争力を持ち，オイルショックや円高不況にも耐えてきた。そして，それは日本的経営の成功例の一つとして海外でも称賛されるに至ったのである。

しかし，今日の「能力主義」は，日本経済の成長神話の終焉によって大きく転換を迫られている。一つには，情報化の進展によって経営に俊敏さが要求され，顧客重視の経営は多用な価値観を求められるようになった。二つには，技術革新によって高度の知識や能力が要求され，企業内に蓄積された能力では不十分で，企業内教育では対応できなくなってきたこと，そして何よりも仕事自体がいちじるしく変化し，その質も量も昔と比べて格段に高くなったこと，である。三つには，雇用の流動化を進めるにあたって，企業と個人の関係もまた見直しの段階に入ったことであり，能力には市場価値が要求され，そのため個々の労働者は転職可能な能力（employability）をも要求されるようになった。能力主義というキーワードそのものは変わらないが，そのあり方や求める能力，内容が大きく変化した。

かつて，企業の人事部に籍を置いたことのある筆者は，能力主義のあり方やそのシステムの運用についてかなりの事例や見解を見聞してきたが，能力主義における「能力」について，その概念を明確にしたものや，企業が求める能力について明示する企業は少なかった。能力主義の徹底を標榜する時代にあって，その根底にある能力について考え方を明らかにしなければ意味がない。

そこで，ここでは能力主義における能力について考察し，あわせてこれからの能力主義のあり方を再考してみたい。

2　能力主義の変遷

歴史的にみてこれまでどのような能力主義がとられてきたか，キーワードによって振り返ってみる。

- 明治時代……実力主義＝抜擢人事，信賞必罰，人物採用，技倆
  技倆等級別賃金……官営・横須賀造船所
  益田孝「ムシロ多額ノ給料ヲ支払ウモ，有為ノ人材ヲ登用シ，小人数ヲモッテ優ニ頻繁ナル用務ヲ処弁セシメザルベカラズ」(『歳末ノ辞』明治33年[2])

この時代は起業が多く，労働者は高賃金を求めて，頻繁に労働移動を繰り返していた。

- 大正時代～昭和初期……温情主義＝労働移動の抑制，運命共同体としての家意識（親子の間柄）（武藤山治），人格主義＝労使は対等な人間（大原孫三郎）
- 昭和時代（戦時体制，戦時中）……年功主義，集団主義＝労働力の確保，労働移動の禁止（従業者移動阻止令），賃金統制
  人事考課の手本となった海軍考課制度にみる能力＝身体・性行……人格，気質，趣味など
  「国民職業能力申告令」(昭和14年）……国家による国民能力の現状把握「必要ある際，とって直ちに用いることのできる労働力の質と量の現

状を正確に知るための方便として制定された」（企画院研究会「国家総動員法勅令解説」昭和18年）

「重要事業所労務管理令」（昭和17年）……全員年1回昇給，皇国的勤労観[3)]

- 昭和21年代～40年代＝能力主義第一期（前兆）……電産型賃金体系へ能力給の組み込み（昭和23年），職階制，日経連「能力主義管理」の提唱「少数精鋭，高能率，高賃金」（昭和44年）
- 昭和50年代～昭和60年＝能力主義第二期……人員整理，目標管理，業績評価
- 1990年以降……成果主義，時価主義，年俸制

時価主義は，有価証券や土地などのような含み資産を評価するのではなく，時価を基準に評価する資産評価の方法を能力評価にもあて，保有能力ではなくて現実に発揮された能力で評価することをいう。国際会計基準の「時価主義」が2000年度から導入されるため，その例にならって特に強調し，こういう表現をしている。

終身雇用制は年功序列制度を形成し，年功主義は能力主義と対にする言葉として，能力や働きぶりとは無関係に勤続年数と年齢によって処遇を序列化したものだと表現する人が多いが，経済の高度成長期にあっては，熟練労働力の定着を促進するために，その熟練度や努力，貢献度を評価する人材育成のシステムとして機能し，長期的な能力を重視する能力主義だったといえる。

3　能力主義の諸見解

能力主義とは，昭和40年，日経連の総会において採択されたもので，労働者一人ひとりの能力を最高に開発し，最大に活用し，学歴や年齢・勤続年数にとらわれない能力発揮に応じた真の意味における平等な処遇を行うことによって，意欲喚起を重視し，少数精鋭主義を目指す人事・労務管理を能力主義と名づけた。翌年10月には，これを受けて能力主義管理研究会が，具体的な方策を取り

まとめ，これがその後の人事・労務管理の基本的な考え方として定着し，その具体的な方策もこぞって企業は取り入れていった。

能力主義に関する基本的な考え方を当時はこう表現している。

「昭和40年代は人事労務の革新の時代である。資本自由化，労働力不足，賃金大幅上昇など，企業経営をめぐる内外の厳しい環境に対して，もの・かね・技術の革新だけでは不十分となった。これからはどうしても，人の革新が必要である。(中略) とにかく，今までの年功制，終身雇用制の，ことなかれ主義では，これからやって行けないのは確かである。従業員一人ひとりの能力を最高に開発，活用し，少数精鋭主義を確立しなければならない」(日経連・関東経営者協会「能力主義管理に関する企業の実態調査」昭和42年序文より)。

(1) 能力主義管理とは

能力主義を主軸にした人事・労務管理の諸施策の総称を能力主義管理とし，その考え方を次のように説明する。

「能力主義管理とは，労働力不足，賃金水準の大幅上昇，技術革新，開放経済，労働者の意識変化など，経済発展段階の高度化に伴うわが国企業経営をめぐる厳しい環境条件の変化に積極的に対応して，従業員の職務遂行能力を発見し，より一層開発し，さらにより一層有効に活用することによって労働効率を高める，いわゆる少数精鋭主義を追及する人事管理諸施策の総称である。とくに現在の段階では，従来の年功・学歴を主な基準とする人事労務管理から可能な限り客観的に適性・能力を把握し，それに基づく採用・配置・教育訓練・異動・昇進・賃金処遇・その他の人事労務管理への移行を進めることである。それはいわゆる画一的年功制からの脱皮である」(日経連編「能力主義管理」日経連，昭和44年)。

終身雇用，年功序列など，伝統的な人事管理慣行の脱皮をはかり，能力中心の人事労務管理を進めていこうとする意気込みが，当時の高い経済成長とあいまって産業界に広がった。当時（1967年７月）行われた調査（日経連・関東経営者協会「能力主義管理に関するトップ経営者層の意見調査」）では，トップ経営者層の97.6%が能力主義の推進の必要性を認めており，その必要性のほとんどは，「少数精鋭主義」と「高能率高賃金」をあげていた。

⑵　能力主義管理の具体的展開

昭和40（1965）年代の人事管理の現状は，年功主義を基本にするも，かなりの部分に能力主義の要素を取り入れている。賃金では，職能給の導入や昇給に評価を重視し，年功要素（勤続給，年齢給など）を押さえた。昇進は，能力と年功を勘案しながら行ったものが多かった。とくに熱心だったのは能力開発で，企業内教育訓練体系は階層別教育を中心に行われた。また，当時の生産性本部など外部機関によって公開セミナーも盛んに行われ，参加率も高かった。

しかし，一方では，前ページでも取り上げた調査の中で「年功制修正のための重点施策」の質問について，「仕事•能力に応じた賃金体系の確立」としたものが圧倒的に多かったが，その改正は遅々として進まず，90年代になってやっと加速がついた感がする。同じ調査の「年功制の将来」については，「両者の調和をとる」とした答えが57.5%あり，これが今日までの道程を正確に言い当てたような気がする。

90年代までオイルショック，円高不況と数度の経済問題が発生してきたが，拡大生産は経済の安定基調を支え，それには集団主義，労使協調が人事の要諦であったともいえる。

4　日本における能力主義

日本における能力主義は，これまで集団主義，能力開発主義であった。それは人間的側面を重視し，良好な人間関係の維持に努めてきたことである。能力主義推進上の障害に，人間関係の悪化を心配する経営者もいた。企業は，一芸に秀でた社員よりも，地道に努力する社員を評価し，結果よりも能力開発のプロセスに重きを置いてきた。

日本における能力主義は，年齢あるいは勤続にふさわしい貢献力を評価する一種の能力主義であったともいえる。当時，野田一夫は，次のように述べている。

「わが国に伝統的な能力主義は，アメリカの場合のように，特定の職務を遂行する要素能力ではなく，人間の全人的な能力を評価する傾向がある。さらにアメリカの場合のように，その時点その時点における能力の発揮度を評価して対価を支払う対価能力主義よりは，長期的・持続的な能力の発揮度を評価する傾向がある」。[4)]

しかし，能力評価には，発揮された能力と保有能力（潜在能力）の評価があり，終身雇用をとる日本企業の場合，ゼネラルスタッフ指向でローテーションによって昇進させていくには，結果だけではなく，職務遂行の全プロセスにわたって総合的に判断する必要があったのである。

西宮輝明は，日本的能力主義を批判し，次のように指摘した。

「……賃金をはじめとして，いわゆる労働費用の高騰に企業が耐えていくためには，それが決して企業にとって高くつかないような人材の有効活用化が必要であり，そのためには，人事管理の能力主義化が必要であるという考え方がその背後にあったわけである。しかし，この時代は高度成長の流れの中で，個々の企業の生産性の伸びも著しく，能力主義が実践上の課題として意識される程度がきわめて弱かったといってよいのではないだろうか。（中略）抽象的な表現であるが，能力主義の導入が，わが社にとってなぜ必要なのか，今までの人事管理システムは，どのようなところに弊害があるのか，それを克服するのには，わが社の場合はどうしたらよいのか。（中略）このようなことが，ほとんど点検されずに制度が色々と形を変えてきたいうのが，多くの実態ではなかっただろうか。（以下略）」[5)]

現実に経営者の多くは，生産や販売体制の拡大によって市場を確立することに夢中で，結果として難しい問題を先送りしてしまった。しかし，企業は指摘されるほど無関心であったわけではない。賃金の高騰は，生産性の上昇と売り上げの増大によって吸収できると考えていたのである。したがって，肝心の賃金システムがどの企業も横並びで，組合との軋轢を避け，抜本的な改革には至らなかった。

5　「能力」について

(1) 能力の定義

能力主義における能力とは何か。能力は，天性や努力によって開発される能力，また職務によって要求される能力も異なるが，環境によっても変化する。3年前（1996年），九州地区で企業の実態調査を行い，そのなかで「企業が求める能力」について調べたことがあるが，いずれもこれという確たる答えを得なかった。「能力」そのものに対する認識がどの程度のものか，企業はもっとこの問題について踏み込んで考えなければ，真の能力主義にはなりえない。

日経連の能力主義管理研究会の報告では，能力の定義について次のように述べている[6)]。

「能力とは，企業における構成員として，企業目的達成のために貢献する職務遂行能力であり，業績として顕在化されなければならない。能力は職務に対応して要求される個別的なものであるが，それは一般的には体力・適性・知識・経験・性格・意欲の要素から成り立つ。それはいずれも量・質ともに努力，環境により変化する性質を持つ。開発の可能性を持つとともに退歩のおそれも有し，流動的，相対的なものである（中略）

要求される能力は，個別的，具体的な，職務毎に異なる実体である。しかし，抽象的には，いかなる職務においても，職務遂行能力を形成する主たる要素は，次の六つと考えられる。

能力＝職務遂行能力＝体力×適性×知識×経験×性格×意欲

・体力は仕事の物理的負荷に耐える肉体的耐久力と，仕事を最後までやり通す肉体的貫通力である。（中略）

・適性はなかば先天的な生来固定的なものであり，またなかば後天的に育成される適応能力である。（中略）

・知識は一般知識と専門知識からなる。(中略)

・経験は熟練技能職種をはじめとして現実には多くの職種においていぜんとして能力形成の一つの要素であることに変わりはない。それが年功制をその限りにおいて正当づける面を持つ。(中略)

・特に重要な性格は，職能により要求される度合いは異なるが，一般に共通するものとしては，責任感・一貫性・積極性・創造性・誠実性・協調性の六つである。(中略)

以上のすべてにすぐれていたとしても，もし従業員に仕事に対する意欲，やる気がなければ，それらの能力構成要素はあってなきに等しい。能力主義管理において，従業員にいかにしてやる気を起こさせるか，の意欲（モチベーション）管理が重視されるのはそのためである。(以下略)」

岩田龍子は日本的能力を次のように説明する。長文になるが引用してみよう。

「能力＝アビリティーについて“(1)訓練や経験の結果現実に到達した，能力のレベル（the attained level of ability）”と“(2)潜在的な可能性としての能力（potential ability）”とを区別して，(1)を“実力”(2)を狭い意味での“能力”と規定し，わが国においては，実力よりも，能力が重視される傾向を示している」

「(1)まず第一に，能力は，ある漠然とした一般的な性格のものと受け取られることが多いこと，(2)第二に，能力は，訓練や経験によってさらに開発されるべき，ある潜在的な力であり，したがって，直ちに役立つ力，つまり，“実力”とは考えられていないことである」

「……以上のような能力観は，わが国の社会に深く浸透している。このため，わが国においては，米国とは異なり，人が訓練と経験によって到達した能力水準，すなわち，“実力”に対してよりも，人の持つ“潜在能力”に対して，より大きな関心を示す傾向がある」

「アメリカでは，“アビリティは，ある特定の領域で訓練・経験の結果磨き上げられた力”，そして，その力は，“人間の美徳のごとくごく限られた一部”にすぎない」

「……しかし，わが国では，特定の領域での成功は，彼の持つ底知れぬ潜在能力の一つのあらわれと見なされる傾向が多い。それは，いわば氷山の一角であり，表面には現れていない彼のすぐれた“能力”の一端を示すものである。このように，わが国では，能力がきわめて包括的なものとして，すなわち，人間的な力として理解される傾向が強いために，能力の有無は深くその人間的価値とかかわっている。(後略)」[7)]と。

能力は，80年代まで潜在能力重視の傾向にあった。終身雇用制のもとでは能力主義は能力開発主義であり，長期的な人材育成のためにも，担当する職務遂行能力以外の将来の職務における遂行可能な能力まで求め，長期的な人事評価をした。また，集団維持に必要なロイヤルティやマナー等を含め，まさに人間的価値を求めたのである。筆者の在籍していた会社のトップは，企業の社会的責任の一つとして，健全な社会人の育成は企業の役割であると人間的価値を強調した。つまり，「仕事ができる」だけでは評価されなかったのである。

(2) 能 力 と は

能力を英和辞典（『ライトハウス英和辞典』1997年，研究社）で調べると，

ability＝もっとも一般的に使われる言葉で，何かをする能力，できること，有能さ

faculty＝才能，手腕

capacity＝収容力，力量

capability＝手腕，可能（将来）性，素質

talent＝（生まれつきの）才能，(特殊な）能力，才能のある人たち

proficiency＝熟達，熟練，堪能

competence（competency）＝能力，適性，(地位にふさわしい）能力，実力

competenceは，語源がcompete（競争する）からなり，コンピーテン

シー（competency）の概念を，「組織内の特定の職務にあってすぐれた業績を上げる現職者の特性」と定義している[8]。つまり，職務遂行能力で「好業績者の行動特性」を表す。

したがって，「能力」は，職務にかかわる能力のことであり，好業績につながる発揮された能力であり，潜在的な能力ではない。

能力の一般概念は次のように分類される。

- 潜在能力
  - 知識・技能
  - 精神的習熟度（理解力，判断力，表現力，折衝力など）
  - 情意（意欲，協調性，積極性，規律性，責任性など）
- 顕在能力
  - 職務達成度
  - 責　任　度
  - 勤 務 成 績

6　日本企業における能力主義の能力について

(1)　能力主義の能力における問題点

日本企業における能力主義の能力は，次のような問題を持つ。

- 人の部分に重心を置き，能力職能資格制度における等級ランクづけとしての能力概念であり，職務の概念が希薄で，職務遂行に必要とされる能力や行動特性が求める能力の概念があいまいである。
- 能力の対象が，標準者に期待される保有能力中心で，「するべき」の期待論に終わっている。
- 集団主義の秩序を維持する能力が重視され，人間関係や組織内のバランス維持に力学が動いている。
- 要求される能力はほぼ固定的で，環境の変化や経営戦略に対応しているとは言い難い。
- それぞれの能力要素が抽象的で，範囲が不明確であり，具体性に欠ける。
- 能力の評価要素は全社（全階層）共通であることが多い。

・　評価要素となる能力は，ほとんど人事部門の担当者が考えたもので，現場のニーズを把握したものとは言えず，臨場感に欠ける。

能力は，職務にかかわるものであり，綿密な職務調査などによって必要な能力を明確にしなければならないが，現実には遠藤公嗣が以下に指摘するように，困難な問題があり，筆者も3～4年経験したが，職務の変化があまりにも早く，対応できなかった。

「職務分析の技術的困難性―高度成長ののもとで，継続する技術革新と労働力不足の結果，分析すべき職務の内容が変化し続けたことと，労働組合の職務給に対する反対が強く，また，その前提となる職務分析が技術的に困難な状況下では，労組の反対を押し切る力は無かった。

職務分析の導入が放棄されたため，職務に関係が薄い評価要素，たとえば，“積極性”とか“協調性”などの性格の特徴（trait）の評価要素，今日の言葉で言う情意の評価要素が，戦前から引き続き大きな比重を占めた。その一つの理由は，上記の，職務の属人的性格であろう。そして，1955年からの高度経済成長が職務分析の困難さを増加したとするならば，日本企業は，これらの評価要素をますます重視せざるをえないのである[9)]」

⑵　能力主義における能力の本来的意味

能力の意味について論述しているものは少ないが，青木武一によれば，能力とは，

「問題解決能力で，それは問題把握力や意思決定能力を含めた広い概念」

とし，「⑴能力は抽象的に論じられることが多く，現実的でない。⑵問題解決というとらえ方をすれば，その能力は企業の解決すべき問題を解決し，効果を発揮し，実益が上がる，⑶能力というものも“こうすればこうなる”というように操作的にとらえないと実務に結合しない。実務につながるためには問題解決能力として考えることが得策」と述べている[10)]。

また，花岡正夫は，能力を実践能力と呼び，次のように説明している。

「先天的要素の強い気質と後天的要素の強い性格……が，態度，信念，価

値観，などの影響を及ぼし，役割としての行動に変わる」（中略）「企業行動は，企業が活動するための環境をとらえ，方向づけしながら行動するために，問題を発見し，これを解決しながら行動することによって成り立っている。すなわち，問題分析，意思決定，行動推進，結果というプロセスを通じて行動実践が行われる（下略）」[11]

実際，筆者は，あるとき自社のトップに「能力とは何か」という質問をしたが，それに対して彼は，「一言で言うと，問題解決能力だ」と答えてくれた。「経営するということは，問題解決することであって，企業は問題解決の集団だ」と言う説明を受けたものである。「問題解決能力」は，問題の意識と構築から，仕事の進め方，意思決定までさまざまの能力を要するものである。その後，筆者は，社員には徹底して問題意識を持たせるようにし，その結果，社員の能力が著しく向上した経験を持っている。

7　人事考課と能力

人事考課は，スミス（Richard. C. Smith）とマーフィ（Mathew. J. Murphy）がいうように，「その所属する組織に対する人の価値を秩序的に決定することを容易ならしめるもの」であるが，現在は，能力によって評価し，職能資格制度によって格付けした上で給与を決定するのが一般的である。抽象的な保有能力の評価では働きの程度（業績）に明確な「差」がつかず，本来の意味での公正には遠い。しかも，結果は同様の経歴を持つ等級内で調整が行われ，年功的な要素が配慮されていた。

しかし，最近，目標管理による業績評価が多くなっている。ただ，目標を達成したかどうかの結果ではなく，成果に至るプロセスや顧客満足度，行動における倫理性など，広い概念でとらえ評価する，いわゆる成果主義（Pay for Performance）である。賃金は，成果の度合いによって支給され，成果がなければ昇給はしない仕組みである。

IT（Information Technology）の時代である今日は，従来と異なった能力主義が要求される。もともと，能力は固定的なものではなく，経営戦略や環境の変化によって常に見なおす必要がある。これまで日本の能力主義における職能資格制度は，共通の評価要素で評価し，評価される能力は保有能力（潜在能力）が中心で，その等級に在位する従業員もローテーションの可能性を持っていたし，共通の評価はそれなりの意味を持っていた。

そしてこれは，能力評価―長期評価―能力開発―人材育成と連鎖して，長期勤続と異動昇進，豊富な経験は能力として昇給につながっていた。能力主義＝能力開発主義ともいわれる所以である。しかし，生産性の向上，人件費のコスト低減など，企業経営の重要問題は，人事制度の根幹をなす能力主義と能力のあり方が問題になったのである。

8　アメリカにおけるコンピテンシー (Competence＝Competency)

コンピテンシーは，「組織内の特定の職務にあってすぐれた業績を上げる現職者の特性」と定義される。極端な職務主義を通してきたアメリカでは，仕事の変化や多様化に職務記述書の限界が生じて，職務記述書に記載されていない担当業務以外に手を出さないといった弊害が顕在化してきた。

アメリカの企業の多くは，これまでの人事管理から人材の育成を重視する人的資源管理に重きを置き，能力主義を重視する傾向に移行している。コンピテンシー人事制度の導入である。コンピテンシーとは，職務遂行との関連で定義された能力であり，そこからは潜在的な能力が除外されている。この評価基準は，「スキル・知識」「行動様式」「人格特性」の分野からなっている[12)]。

コンピテンシー登場の経緯について，「職務の時代は，終わった。人々はプロセスやプロジェクトチームのような短期間，グループ制やチーム制で働くようになり，固定的な職務の概念は消滅しつつある。職務にかわって人の能力であるコンピテンシーが登場してきたのである[13)]」と指摘する。

「これまでのやり方では，自分の能力を開発し発揮したいという人間の本来の欲求に反すること。臨機応変な人事対応ができないなどが，人事マネジメントの限界をもたらせた。そうした閉鎖感が新たな人材マネジメントを生み出そうとしているのであり，日本企業も思い切った改革を速やかに進めなければ立ち遅れることになる」。

9　ま　と　め

かつて，筆者の在籍した企業では，新しい職能等級制度を導入することによって，人事評価制度がスタートした（1975年）。当初，職務の達成度を中心とする評価であったが，実績につながる使命感や態度，スキル，チーム・ワークの維持など，職務遂行を支える能力も評価しなければベターとはいえないとして，併せて能力等級制度を導入した（一般にいう職能資格制度に近い）。その後，目標管理制度の導入に伴って，勤務成績の評価も取り入れ（業績賞与につながる），人事考課時には，実績，能力，成績と3種類行った。さらにその後，この制度はいろいろと検討されたが，これに代わる画期的なものはなく，部分修正をしつつ現在も続いている。

仕事の成果と，仕事ぶりの最初から最後までを評価することは，昇給や昇進のためのものではなく，人間尊重，「個性」重視の人事管理を進めていくのに大事なことである。人材の流動化時代にあって，十分なエンプロイヤービリティ（employability＝社外で雇用可能な能力）を身につけることも必要であり，結果のみを重視する結果主義（業績主義）では，人間尊重の人事管理とはいえない。しかも，長期人材育成は大事であり，能力主義はまた能力開発主義であることも，忘れてはならない重要なことである。

（参考資料）

1)　能力主義管理の詳細については，日経連発行の『能力主義管理』日経連能力養成管理研究会編，（昭和44年発行）に詳しい。
2)　坂本藤良著『日本雇用史（上）学歴と出世の物語』1977年，中央経済社。
3)　皇国的勤労観とは，第2次世界大戦に向かってわが国は，準戦時体制となり，労働も賃金における思想も「奉公の大儀」が中心となって，「皇国的勤労観」なる思想が現れた。勤労は，皇国に対する奉公であり，家族は親和と協調のなかで遂行され，従業員は滅私奉公の精神で仕事を通して報国に専心するべきものとされた。これに対して，経営者は，家族的な思いやりをもって働く者の福祉の向上に配慮すべきであるという考え方に立ち，処遇は能力や生産効率から切り離し，勤続年数もしくは年齢と連動すべきであるとした。

4)　野田一夫著「新能力主義論：能力主義とはなにか」別冊中央公論経営問題特集号，昭和43年春季号。

5)　西宮輝明著「日本的能力主義人事批判」季刊中央公論経営問題冬季号，昭和51年。

6)　日経連編『能力主義管理』日経連，昭和44年。

7)　岩田龍子著『日本的経営の編成原理』文真堂，昭和52年。

8)　ウイリアム･マーサー社『図解　戦略人材マネジメント』東洋経済新報社，1999年。

9)　遠藤公嗣著「人事査定制度の日本化」(橋本寿朗編『日本企業システムの戦後史』，東京大学出版会，1996年所収)。

10)　青木武一著『意思決定能力の開発』ダイヤモンド社，昭和43年。

11)　花岡正夫他著『現代人事管理』白桃書房，昭和47年。

12)　今野浩一郎著『勝ち抜く賃金改革』日本経済新聞社，1998年。

13)　大田隆次著『アメリカを救ったコンピテンシー』経営書院，1999年。

(杉　原　英　夫)

第11章　デジタルネットワーク社会の企業経営

1　はじめに

最近の情報機器の進歩と世界的なデジタル情報網の展開は著しく，その社会へ与える影響には驚くべきものがある。

本来，時間と情報は負の関係である。時間が経てば，情報の鮮度は落ちていく。人から人への伝達では，その時間と距離が長くなると，伝えられる内容が最初の正しい意味を持ち得ないことさえある。こうした致命的欠陥を補いつつあるのが，最近の情報機器の発達と世界的なデジタル情報網の構築である。瞬時に不特定多数の人間が同じ情報を共有することができるようになった。いとも簡単にデジタル情報は国境を越え，規制をかいくぐり我々の元へやってくる。まさにいま，地球規模の「デジタル情報の共有化」が，我々の暮らしにさまざまな変化をもたらそうとしている。

もちろん，社会的な変化というものは諸々の原因によって決まってくるもので，ここで取り上げるデジタル情報の共有化だけが決定要因ではない。極端には，人間の英知を超えた自然の猛威や事故，はたまた多発する地域紛争などといった要因も忘れてはならない。ただし，デジタル情報の共有化が推し進める全ての社会変化は唐突でも暴力的でもなく，しかし，不可避的に広まっていくものに違いない。おそらく，長年にわたり多くの家電製品が我々の生活を改善していったように，広く社会に浸透していくものであろう。

では，こうした国境を超えてデジタル情報が拡がるネットワーク社会の到来を迎え，企業経営はどのように変わろうとしているのだろうか。あるいは，どのように変わっていかなければならないのだろうか。

本章では，これからのグローバルデジタルエコノミーとそこから波及する社会的影響について，①デジタルネット社会では，参加者の主体的行動が可能になる，②物価の上昇しにくい状況が生まれる，③製品・サービス等の世界標準が確立されやすくなる，という三点を軸にしながら，今後望まれる企業経営の姿について考察を加えていく。

本章の前半ではデジタル情報の特性とその社会的影響について述べ，後半でデジタルネットワーク社会の企業経営が持つ可能性に重心を置いて論述している。そして，最後に幾つかの企業がデジタルネット社会で自ら生き残っていくために行っている取り組みを紹介している。こうした考察が，デジタルネットワーク社会での企業経営の一助となるよう願っている。

2　デジタル情報の基礎

(1)　デジタル情報とは

デジタル情報とは，「数値配列化された情報」のことである。分かりやすく言うと，文字・数字・図形・表・絵・写真・映像・音声など全ての情報を０と１という二つの数値に置き換えるのである。この０と１をビット（bit）と呼び，その01010101といった「数値の束」をバイト（byte）と呼ぶ[1)]。この「数値の束」をやり取りするのがデジタル情報に他ならない。そして，「数値の束」から元の情報の形へ変換するのが，コンピューターの役目である。そのため，デジタル情報はコンピューター単体，もしくはコンピューターネット上でやり取りするのである。

そして，デジタル情報は，以下に挙げるような幾つかの優れた特徴を持っている。その特徴をアナログ情報と比較すると，デジタル情報の持つ優秀さが際立ってくる

(2)　デジタル情報の優れた特性

①　情報に到達するのが容易である（瞬間的な到達能力）

我々は，情報収集のため図書館へ行くことがある。今後，図書館の書籍がデ

ジタル化されていけば，自宅のパソコンなどの情報端末を操作して必要な情報が入手可能である。瞬間的という形容は大袈裟かも知れないが，それが仮に地球の裏側にあっても到達に僅か数秒しか必要としない。デジタル化された情報の入手であれば，我々は距離と時間の持つ制約を克服することができる。

②　検索能力が優れている

デジタル情報の場合，到達した場所から必要なものを検索するのが容易である。過去に蓄積された情報のことをアーカイブ（archive）と呼ぶが，アーカイブが紙で蓄積されていれば，過去10年分の新聞などといった，その量が膨大な場合，1人の人間で特定事項を検索することは困難だが，デジタル化されている場合には膨大な量のアーカイブが存在していても，その検索はコンピューター上の僅かな操作で行うことができる[2]。

③　情報の加工が容易である

デジタルネット上から取り入れた情報は，そのまま加工することができる。デジタル文章であれば，全体のレイアウトやフォントの変更，語句のコピー，削除，記号や絵の挿入などが，手書き文章とは比較にならないほど容易となる。

近い将来，間違いなく現在の紙情報の多くがデジタル化されていくであろうし，その過程で，映像や音声を含むデジタル情報を加工する技術の向上が図られるであろう。

④　情報作成・加工の過程を記録している（優れた更新記録能力）

デジタル情報は，いつ誰が作成したのか，また，誰が新たに手を加えたのかを記録している。情報を次々に更新する際には，自動的に時間がスタンプされていく。よって，最新の情報を確認することが容易である。

⑤　情報の伝達が早い（瞬間的な電送能力）

情報への到達能力と同様に，情報伝達の場合でも，デジタル情報は，その電送速度が素晴らしく早い。瞬時に，たとえ地球の果てにでも情報を電送することができ[3]，しかも，複数の相手先に同じ情報を同時に発信することもできる。

⑥　デジタル情報は，情報を圧縮することができる（データの圧縮能力）

デジタル情報は，0と1を使い数値配列化していると述べたが，写真や絵の場合には，その数列が膨大なものになる。そこで，そうした情報を送る場合には，数列を圧縮することができる。したがって，デジタル情報は圧縮することで，電送できる情報量を増やすと同時に，情報の内容も豊富になる。

⑦　大容量の保存が容易で，しかも劣化しにくい（優れた保存能力）

大容量の情報でもデジタル化されたものであれば，その保存は容易である。一般的に使われている薄さ 3 mm のフロッピーディスク（FD）でさえ，新書版の本数冊分の情報を蓄えることができる。現在では，FD に代わり保存能力の高い MO（光磁気ディスク）や CD-RW などの利用も進んでいる。また，コンピューター本体の記憶装置ハードディスクも近年，大容量化が進んでいる。さらに，長期の間に新聞や本の紙情報が痛むことに比べて，デジタル情報はその劣化も少ない。そして，デジタル情報はいくらコピーを繰り返しても，文字や映像に劣化が起こらない。

⑧　事務処理コストの削減が可能である

事務処理の多くは，文書やデータの処理である。前述してきたように，受け取る文書データがデジタル化されていれば，その加工は容易になる。加工した文書を他者へ回覧（電送）する場合なども，ネット上で素早く行うことができる。さらに，政府や公的機関から出る統計資料や広報，多様な民間情報もデジタル化されており，情報収集の面でもコスト減となる。

⑨　情報開示コストが削減できる

情報開示に伴うコストも随分と安上がりになっている。個人でも十分負担できる金額で，ホームページを開設し不特定多数の人々へ情報開示することも可能である。コンピューター本体やデジタルネット関連機器の価格が下がり，ネットワーク参加への初期投資が低減化される一方，インターネット接続業者（プロバイダー）への手数料もリーズナブルなものとなっている。

3　デジタルネットワークのもたらす社会変化

(1)　デジタルネットワークへの参加

1998年1月12日に発表されたインターネット産業年鑑によると，1997年に全世界でインターネットの利用者は，9,996万人に達し1億人の大台まであと僅かと迫った[4)]。この数値から，全世界で約57人に1人がインターネットを利用していることになる。

国別では，米国が5,468万人でトップ，日本は797万人で2位だった。3位は英国の583万人，4位はカナダで433万人，5位はドイツの406万人であった。ちなみに，利用者が100万人以上いる国は，上位5カ国に加えて，オーストラリア，オランダ，スウェーデン，フィンランドなど計11カ国に上っている[5)]。

人口比で見ると，米国の4.8人に1人が利用しているのを筆頭に，カナダの6.8人に1人，イギリスの9.9人に1人，ドイツの20人に1人の割合と続いている。日本でも15人に1人が利用している[6)]。中でも米国の場合，利用者の半数は，ほぼ毎日アクセスをしているという。つまり，国民の9.6人に1人が毎日インターネット上で情報のやり取りをしているのである。

電話の利用回数にはまだまだ及ばないものの，インターネットをはじめとするデジタルネットへの参加者は今後も増加していくことが容易に想像できる。まさに，電話が各家庭に普及し，個々人に携帯型電話が急速に普及したようにである。

デジタルネットワークは，インターネットが最も社会的に認知されているが，パソコン通信，LAN，イントラネット（社内ネット），エクストラネット（限定的地域ネット）などもあり，また，インターネットとテレビの融合，インターネットとカーナビゲーションの融合など，その種類と可能性にも拡がりを持っている。

今後，電話を通じたコミュニケーションの姿が，インターネットを利用した，より簡易な，そして，低価格のものに置き換わっていくことも考えられる。

ここで改めて触れておきたいのだが，コンピューターの持つ能力のなかで，これから最も重視されるものは，情報への到達能力や情報の電送能力などを含む広範な「デジタル通信能力」である。前述のように，デジタルでは全ての情報をまったく同じ形態で（数値の束として）扱うので同じ回線でやり取りすることができ，かつ，情報を圧縮して一度に大量の多様な情報を扱うことが可能である。ツールとしても，インターネット電話が一部で利用され始めたように，キーボードに代わって音声による情報の入力と発信がごく近い将来可能になると思われる[7)]。情報が経済活動のなかで，重要度を増すいま，もっとコンピューターの通信ツール面の開発と，その通信ツールを扱える能力を育てる教育制度の拡充に社会的関心が集まり，デジタルネット参加者のための制度面での整備が進むことも見込まれるのである。

現在でも，多くの企業がインターネット上にホームページを開いているが，彼らは何も大企業ばかりではない。中小企業や個人商店，まさしく個人がネット上で多くの情報発信を行っている。これは，その通信費用と維持管理費用がこれまでの広告手段に比べ安上がりであることを意味している。

中には，個人が開いたホームページに300万を超えるアクセス数[8)]が集まることさえある。これまで，一個人が数十万人，数百万人へ情報を発信することは，莫大な費用と時間，労力の故に，ほぼ不可能であった。

しかし，いま，我々は大資本を持たなくても工夫次第で，これまでとは比較にならないほど，広い注目を集める情報発信を行うことが可能となった。情報発信に関して難解な知識や技能は必要としなくなっている[9)]。大袈裟ではなく，一個人でも情報発信が，全国規模，地球規模となる時代に，我々は足を踏み入れたのである。

⑵　市場への多様な参加者と主体的行動

デジタル化の伸展とネットワーク参加者の増加に伴い，社会的に幾つもの影響がもたらされる。一つは，人々の行動パターンの変化である。二つ目は，デジタル情報が長期的に物価の抑制効果を持っていること。三つ目は，デジタル情報の共有化がさまざまな分野で世界標準の確立を促す点である。

まず，「デジタル情報の共有化」が人々の行動に大きな影響をもたらした例として，阪神淡路大震災の際，神戸に集まった災害救援ボランティアの存在を取り上げる。

震災初日から通常の通信網が切断された被災地からリアルタイムで情報を流し続けたのは，パソコン通信の Nifty　Serve であった。パソコン通信上のデジタル情報は全世界へ瞬時に被災地の現状を伝え，被災地へこれまで見ることのなかった数多くの救援ボランティアを集める大きな原動力になった。ボランティアグループのなかには組織化され，それまでにも災害時に活躍したものがあったようだが，神戸では個々の人間が自らの判断で参加したケースが多く，しかも救援ボランティアをするのは初めてだということが珍しくなかった。このことは，情報をリアルタイムで共有することで，広く人々の行動様式に影響を与え得た好例であろう。さらに，集まった見ず知らずのボランティア同士が，自分達の情報を持ち寄り共有化することで，自分達の組織をネット上で作り上げ，効率的活動に努めたことにも注意を要するであろう。

阪神淡路大震災とそれ以前の災害時との最大の違いは，情報伝達の早さと広がりに格段の差が存在し，かつ，情報の双方向性（インタラクティブ）が確保されたかどうかである。瞬時に情報の共有化が可能になったことが，救援ボランティアを生み出した唯一の理由であるなどとは言わないが，神戸の場合は流される情報が新鮮な現場の体験者からのもので，しかも，バラバラの情報を容易に集積可能だったことが，ボランティア参加への大きな誘因効果を持っていたことは間違いないであろう。さらに，一定水準以上のデジタル情報網の整備がなされ，そのネット上で情報を受け取った側にも，情報に対する柔軟な対応能力と機動性が備わってきていたことが考えられる。

阪神淡路大震災の経験から言えることは，デジタルネット社会では，不特定多数に対して随時，情報が流されるので，多様な参加者が（市場へ）参加することと，バラバラの情報を集積し分析することで参加者各自の主体的行動が可能だということである[10)]。これまでのテレビ・ラジオ社会では情報の提供が一方通行で，与えられた情報に対して市場参加者がボールを投げ返すことは難しかった。また，同じ情報を受け取った多様な（市場）参加者が互いに連絡を取り合い，自ら組織を作り上げ主体的に行動することは実際上困難であった。この点，デジタルネット社会では多方向性コミュニケーションが実現しやすいことから，ネット上に仮想的なコミュニティーが誕生しやすくなっている。

実際，ネット上には数多くのバーチャルコミュニティー（仮想社会）が存在しており，そればかりではなく，その仮想社会を通じて現実社会へ関わりを持つ事例も見られるようになっている。見ず知らずの人間同士がネット上で結びつき，実際のボランティア活動に従事したことは述べてきたとおりだが，最近では，ネット上のコミュニティーで有名となった製品や人物などが，そこから，テレビ・ラジオ・雑誌などの旧来型メディアに登場する例が挙げられる。

今後は，多様な参加者が結びついたネットコミュニティーを如何に維持し，かつ，デジタルネット社会へ参加していない人との架け橋をどのように築いていくかが大きな課題となることが予測される。

(3)　物価の抑制効果

経済学を学んだ人であれば，その初回の講義で，需要と供給の話を聞いたことと思う。曰わく，需要が多く供給が少ないと，製品価格が上昇するという話である。しかし，デジタルの網の目が世界中に張り巡らされつつある現在，需給の逼迫要因は緩和されつつある[11)]。

デジタルネット社会では，情報が国境を越えて共有化されることで，人々は地球規模で製品やサービスの入手を考えるようになる。当然，特定の製品が国内にない場合でも，海外市場の情報を経て同種製品の調達は可能であろう。さらに，地球規模での製品やサービスの共通化が進んでいけば，海外市場でも国内と同じ製品を購入することが容易となる。

やがて消費者が国内市場と海外市場を区別する時代は終わり，彼らは情報の非対称性が解消された開放的なグローバルマーケットへ，手元のコンピューター端末から参入し，これまでとは違った消費行動を取ることが予測できる。

こうした動きのなかで注目されるのが，ネット上で結びついた消費者グループが企業に対して価格引き下げの要求を迫ることである。すなわち，特定の商品の購入を考えている消費者がインターネット上でグループを組み大量購入を図ることで，企業に対して単価の引下げを要求するのである。これは，「サイバー買付け団」などと呼ばれている[12)]。また，インターネット上でしばしば見られる「逆オークション」では，消費者が購入したい品物とその価格を提示し，それに対して複数の企業側が応札するというものである。

このようなインターネットの利用により，消費者が価格決定権を企業側から奪い取る一方，生産者自身は地球規模で（生産・販売の）競争相手が存在することになり，どうしても価格の抑制を考えざるを得ない状況が生まれる。デジタルネット社会の伸展に伴い，大都市，地方都市を問わず，経済学で言う独占的競争が成立する余地はなくなりつつある。

換言すると，消費者自らが主体的に情報を集め，そのうえで消費行動を起こすということは，生産者の適者生存が促されることに繋がっている。アダム・スミスが言う「神の見えざる手」は，市場参加者が市場に関する全ての情報を与えられ，そのうえで正しい選択を行うことから成立するものである。この意味で，デジタルネット社会では，本来的な競争市場が誕生する素地を持っている。デジタルネット社会では，情報の非対称性が緩和されることで，競争原理が働く地球規模の市場，グローバルコンペティティブマーケットが生まれることが予測される。

さらに，具体的に我が国の消費市場を眺めてみると，近年，アジア各国製品が日本国内へ大量に入ってきて一定の評価を得ており，以前のようなアジア製品に対する心理的バリアがなくなってきている。この点で，地域社会の独占的企業も，厳しい価格競争に曝され始めたと言える。これまで頻繁に通った地元流通業者と比較すると，インターネット上のアジア製品の価格は数分の一になっているなどということが多くなるであろう。今後，益々デジタルネット上で，アジア諸国を含む多くの外国小売業者のサイバー店舗が公開されていけば，国内生産者及び小売業者に対して大きな価格抑制力を持つこととなるだろう。

もう一つ，デジタルネット社会の伸展に伴い，物価の抑制効果を持つのが，コンピューターや関連機器，ネット情報サービスの価格の低下である[13)]。コンピューター産業は今や巨大産業であり[14)]，そこで生み出される製品の価格が一般の物価に影響を与えることは明白であろう。今後，状況が大きく変わり，コンピューターやその関連機器の価格が一気に上昇していくことは，少なくとも現在では考えにくい。

これまで，コンピューター価格は対性能比で見た場合，極端とも言える下落傾向を見せてきた。事実，5年前に購入したパソコンと昨年購入したパソコンを比べてみると，価格は昨年の方が安かったにも拘わらず，パソコンの基本性能は，おおよそ3倍の向上をしている。また，数年前までは高嶺の花でしかなかった画像取込装置や大容量記憶装置といった関連機器や学術情報検索などのネット情報サービスも，いまでは誰でもが気軽に利用できるものとなっている[15)]。

こうしたコンピューター関連機器や関連サービスの長期的価格下落傾向は，それ自体で物価の抑制効果を持つ一方，大多数の産業において生産効率の向上をもたらすものとなる。コンピューターはいまや，業態，企業規模の大小に関わらず，必要不可欠なものとなりつつある。したがって，安価な高性能コンピューターの導入は，多くの場で生産・販売効率を向上させ，当然広く，製品・サービス価格の上昇を抑制するであろう。

また，企業コストを削減する効果は，デジタルネット上で製品情報を流すことからも期待できる。広告媒体としてのインターネットは，テレビ・ラジオに比べ随分と安上がりであるし，ネット上の通信販売は対面販売や訪問販売に比べて人件費の削減に繋がる。例えば，航空各社はインターネット上で航空券の販売を行っているが，販売と同時に画面上では時刻表・運行状況等の情報提供もしており，顧客係が電話や店舗内で一々応対することを考えれば，大きなコスト削減である。

同様のコスト削減として，企業のなかには，すでに製品マニュアル（取扱説明書）を印刷・製本することを止め，「オンライン・マニュアル」と称してインターネット上に公開しているところもある。消費者が，必要な時に必要な部分だけ，自分のパソコンに取り込めば良いということである。最近，小売店で販売されているコンピューターソフトの箱（パッケージ）が小さくなってきたのも，箱の中に製品マニュアルを入れないためという[16]。パッケージ制作費用と輸送コストの削減，そして，製品マニュアル自体の印刷・製本費用がゼロとなれば，これもまた，企業にとっては大きなコスト削減となる。

(4)　世界標準の促進

デジタルネット社会が進展していくと，製品・サービス・社会制度などで，地球規模で（業界）標準の確立が促される。

先にも述べたように，情報が広く共有化されることで，人々は地球規模で製品やサービスの入手を考えるようになる。地球上のどの地域で作られた製品でも，性能に優れ適正価格であれば，世界中に顧客を持つことが可能となる。適者生存の法則が働くならば，デジタルネット社会では消費者のニーズを捉えた製品が地球規模で市場を席巻することとなる。世界市場で大きな市場シェアを獲得すれば，その製品に関しての「事実上の標準（defacto standard)」となるであろう。また，消費者の広範な支持を得た製品には，ライセンス供与等によって同仕様の追随品が出る。部品に関しても国内・海外を問わず，適応する部品が供給される体制が作られる。

社会制度や企業の経営行動に関しても，競争が地球規模で行われるので，各国間の違いを埋め合わせていく必要に迫られる[17]。社会制度や経営行動が地球規模の競争原理に照らし合わせて，不合理なものと判断されれば，消費者と生産者ともに，他の制度を採用する地域へネット上の移転（仮想社会での引越）を検討するであろうし，不合理とされる社会制度下では生産に必要とされる資本・技術・人材の確保が困難となっていくであろう[18]。現在，企業活動の多方面で「グローバル・スタンダード」への適応が叫ばれるのは，この流れに沿った動きであろう。

実際，多くの業界で標準の獲得に向けた競争が激しく行われている。デジタルネット社会の標準獲得競争では，何よりもスピードが重視される[19]。他を征する製品・サービス・制度を開発改良しネット上で公開，消費者の広範な支持を素早く得るのである。誰よりも早く「事実上の標準」を獲得することができれば，地球規模の市場では開発者利益は一定期間大きなものになる。同業他社に先んじて，業界標準を獲得すれば，利益が大きいことは現在でも当てはまるが，デジタルネット社会では，その規模に格段の差が出てくると考えられる。

そして，標準とは一度確立されると，それに代替する新たな標準の誕生を著しく阻害する傾向を持っている。端的な例は，カメラフィルムに見ることができる。我々が通常使うカメラフィルムは，どの企業のものもパッケージに135という数字が印字されている[20]。一般には，下二桁の35からフィルムの縦長のサイズと誤解され35mm判などと呼ばれているが，これは，コダック社がそのフィルムを開発した際に付けた開発番号である。コダック社は，数多くのフィルム試作品を作り出しているが，開発した順番に番号を付けており，その番号が今では全世界で使われているフィルムの製品名となっている[21]。最近でこそ，デジタルカメラフィルムやAPSなど，全く新しいタイプのフィルムが開発され販売されているが，「135フィルム」は実に50年以上にわたって，業界標準であり続け，未だにその地位を保っている[22]。

また，1995年の発売以来，瞬く間に世界中のコンピューターに搭載されることとなったウィンドウズ（コンピューターの基本ソフト=OS）も，業界標準獲得の具体例として取り上げられることが多い。先のフィルムにしろウィンドウズにしろ，開発企業は高い技術力を持ち，優れた製品を他社に先駆け，いち早く市場へ投入したのである。そして，圧倒的な市場シェアを奪い，業界標準を獲得した後は，同業他社が僅かな性能アップぐらいでは標準を変更することができない市場を確立している。

デジタルネット社会では，広範な情報の共有化により，地球規模の標準確立が容易となる一方，いち早く業界標準を摑んだ製品に対して対抗する者は苦戦を強いられることとなる。したがって，どのような業界でも，地球規模での競争を征するため，製品開発の速度を速め，標準の獲得に凌ぎを削ることとなる。特に，コンピューター関連産業では，技術進歩が著しいだけに，業界標準を巡る動きは急であろう。

4　デジタルネットワーク社会における可能性

(1)　情報の共有化によるビジネスの合理化

先に述べてきたように優れた特性を持つデジタル情報をネット上で取り扱うことで，ビジネスの現場でも合理化をもたらすことができる。

①　組織のスリム化

情報の配布が瞬時に行われるので，これまでのビジネスで多大の労力を要していた組織内の「共通認識」を醸成する時間が短縮できる。また，受け取った情報を加工して，それを次に配布することも容易なので，組織内の意見交換と意思決定が素早く行われる。さらに，幾つかの地域に従業員が分散している場合でも共通のデジタルデータベースを用いた情報の共有が可能なので，従業員の効率的な配置転換が行える。こうしたことは，中間管理職や情報の配布だけを専門としていた部署の削減をもたらすことになり，組織のスリム化を促す。

②　市場への素早い対応

第一には，企業は電子的に顧客と直接結びつくことで広範な顧客ニーズを取り込みやすくなる。これまでは，マーケティングの専門家が多くの時間を割いて対面式の市場調査を行っていたが，ネット上では恒常的に顧客からの要求を聴取することが可能となっている。このことで，顧客の望む製品を素早く市場へ投入することが可能となる。

第二には，ネット上では製品の流通経路をチェックすることが容易となるので，効率的な流通経路を構築したり，倉庫にある緩衝在庫を減らしたりすることが可能となる。このことで，企業は市場の望む製品を適時適量，供給することができるようになる。

③　生産性の向上

研究・設計・製造・販売などの複数の部門が同じ規格の電子情報を共有することで，製品及びサービスの開発と改善に要する時間が短縮される。特に，電子的な手段で製造工程の意思決定を行うことで生産プロセスの時間を短くし，生産性の向上が可能となる。

④　品質の向上

複数の部門にわたる製品開発プロセスで，同一基準のデジタル情報が利用されると，開発に関わるデータの標準化や統計的な処理の正確さが向上することとなる。このことは当然，総合的な品質の向上に結びつく。

⑤　製造ラインの効率化

デジタルネットワークを利用することで，設計の変更や顧客からの要望を素早く製造ラインに活かしやすくなる。これは，製品やサービスのイノベーションを促しやすく，かつ，経営トップの生産コントロールが容易になることを意味している。

⑥　グローバルな業務展開

複数の国にまたがって業務展開する企業の経営効率を高めることが可能である。仮に，距離的に隔絶された国に海外支社がある場合でも，デジタルネットワークを利用すれば情報交換は容易である。インターネット会議が一般的となれば，国際間における業務の意志決定もより迅速に行うことが可能である。時差がある場合でも，デジタル情報を相手方のコンピューターへ送信しておけば，仕事の遅滞なく業務は展開されていく。

⑦　部品調達の広域化と最適化

デジタルネットワークを利用することで，複数の地域からの部品調達が容易になる。同時に，製造工程の情報を部品供給企業と最終組立企業が共有することで，部品納入の最適化が図られやすくなる。これは多段階の生産工程を持つ企業の生産効率を向上させることを可能とする。

⑵　スピード経営

グローバルデジタルエコノミーの時代を迎え，企業経営には何よりも意思決定と製品開発や事業立ち上げのスピードが求められている。なぜなら先述のように，いち早くネットに受け入れられる製品やサービスを開発することで，業界標準から生じる圧倒的な利益を手にすることが可能となったからである。例えるならば，ネット市場で最初に種を蒔いた企業が，その後で生まれる多くの果実を刈り入れることができるのである。

一方，第2章で述べたように，多くの企業でこれまでのような業務の多角化は見直され，業務の絞り込みが始まっている。つまり，大きな利益を生み出すであろう分野，ないしは自らが最も得意とする分野へ経営資源を集中させることで，ネット市場での生き残りを賭けようとしているのである。

実際1990年代を通じて，米国の先進的な企業の多くはすでにデジタル情報網の有効利用を模索するとともに，事業の選択と集中に力を注いでいる。その過程では，積極的にIT（情報技術）を活用し新しいビジネスモデルを構築することが重視された。すなわち，自らの中核部門（コア・コンピタンス）を選別し，そこに経営資源の集中を図り経営の効率化を成し遂げる一方，デジタル情報網の活用を通じて新しいビジネスモデルを構築しようとしたのである。

こうしたスピード重視型の経営スタイルがこれからの時代に求められるのは，先のごとく，ネットワーク社会では情報の拡散と収集がこれまでと比較して格段に安く早くなり，そのシステムを誰でもが使えるようになったからである。かつ，デジタルネットワークが21世紀の早い段階で全世界的な広がりを見せることは間違いなく，このことは強烈なインパクトを産業社会及び我々の日常生活へも与えることになると多くの企業経営者が考えているからであろう。

具体的なデジタルネットワークを利用したスピード経営の実例は，企業間電子商取引に見ることができる。企業間電子商取引とは，複数の企業が設計・開発の段階から部品や機材の調達，生産，物流，販売までのあらゆる段階で，インターネットを活用してデータ交換や受注・発注作業，決済を実施することである[23)]。

例えば，図11―1ではデジタル情報の共有化で共同作業を効率化し製品開発に要する時間を短縮しようと，開発現場に3DCAD（三次元コンピューターによる設計）と3DCG（三次元コンピューターグラフィクス）を導入している例を示している。

図11ー１：デジタル情報の共有化と開発作業の３Ｄ化

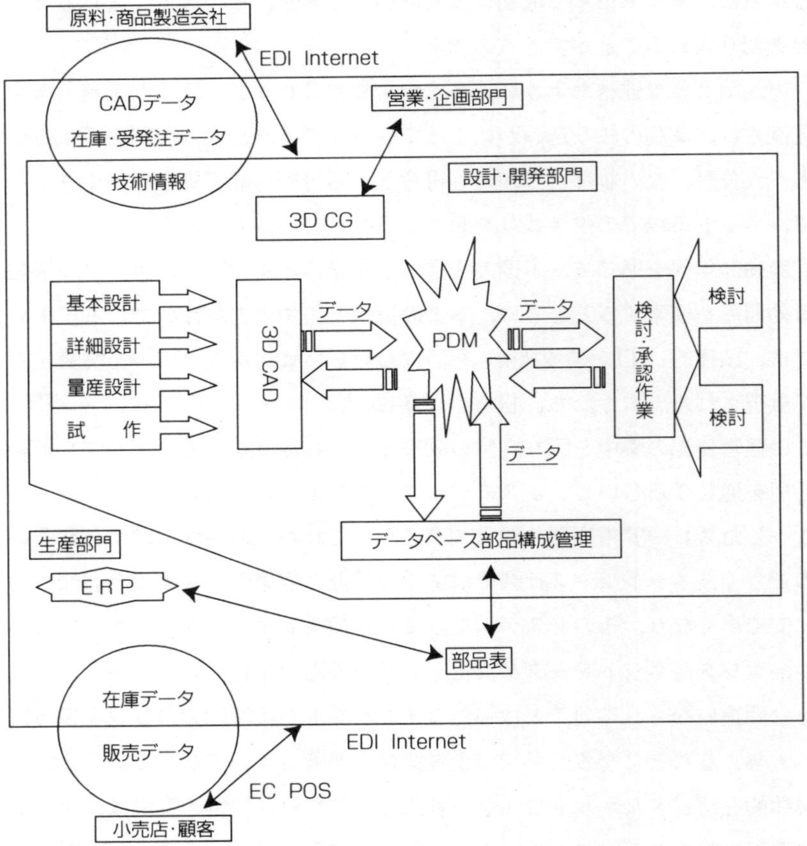

（資料）「日本経済新聞」1999年９月29日より作成。

3 DCADは，開発段階の製品を立体的に見ることができるので，設計上の誤りなどを素早く確認することに繋がる。また，実際の製品イメージに近いものを見られるので，図面の素人である他部門との緊密な意志疎通も図れるのである。したがって，3 DCADデータは手戻り作業の削減に加えて，従来は非同期的なプロセスであった設計から試作に至る流れをコンカレント化するのである。[24)]

そして，図中のPDMとは，製品定義データや図面データ，設計変更プロセス，部品構成データなど，設計・開発にかかわる製品データを一元管理するデータベースシステムである。PDMは文書管理を効率化し，類似設計へのデータ流用や部品の共通化を可能とする[25)]。また，紙ベースの文書管理とは異なり，デジタル電子データによるワークフローを利用すれば，検討・承認プロセスも効率化できるのである[26)]。

さらに，設計・開発部門や関連部門，協力会社，小売業者との情報共有を進め，共同作業のコンカレント化を行うために，グループウェアやEDI（電子データ交換）を導入しているのである[27)]。

これからは，スピード経営を実践するため，図にあるような社内の複数部門及び外部組織とがデジタル情報を製品設計の段階から共有することと，開発部門の3D化が進んでいくことが考えられるのである。

5　企業によるデジタルネットワークの活用

(1)　米国企業の取り組み

現在，米国の優良企業が次々とインターネットを利用したビジネスモデルを立ち上げようとしている。日用品最大手のプロクター・アンド・ギャンブル（P&G）がネット通販に乗り出すほか，ゼネラル・モーターズ（GM）とフォードはそれぞれ部品取引に関して企業間電子商取引を利用することとなった。インターネットを利用したビジネスモデルでは，新興のベンチャー企業が先導役となってきたが，世界的な規模で業務展開を行う巨大企業が参入することで，米国における情報化投資は一段と拡大することは間違いない状況となっている[28)]。

GMとフォードがそれぞれ2000年から企業間電子商取引を行うのは，開発から販売までの迅速な実施と取引コストの低減化が狙いである。面白いことに両社ともが「自社の電子市場が世界最大のサイバーマーケットになる」と宣言している。自動車販売とそれを巡るサービスの販売に新たな競争の場が出現したことになる[29)]。

実は，フォードの取引先は自動車部品ばかりではなくオフィス用品などの企業を含め3万社を超えており，年間の部品・資材・機材などの購入費は800億ドルに達する。GMの購入費はさらに大きく，自社の取引分だけでインターネット通販のアマゾン・ドット・コムの年商を2桁上回っている。

GMとフォードは既存の取引をインターネット上に移し替えるだけではなく，自社のサイトを他の企業同士の取引にも解放し，取引高の0.25～0.5%程度の仲介手数料を得ることも計画しているという。[30)]

自動車メーカー同士は，これまで電子データ交換（EDI）技術を使って主要部品会社との取引をオンライン化してきた。しかし，EDIは拡張性が悪いうえ，コストが高く，中小企業には導入が難しかった。低コストのインターネットの普及で，誰もが気軽に参加できるサイバーマーケットへの道筋が開かれた。

GMとフォードは，自らの巨大な購買力を梃子にして多くの企業を自社のサイトに引き寄せ「企業間取引の総合マーケット」を目指すという。[31)]

図11－2　GMとフォードの新しい販売及び部品取引

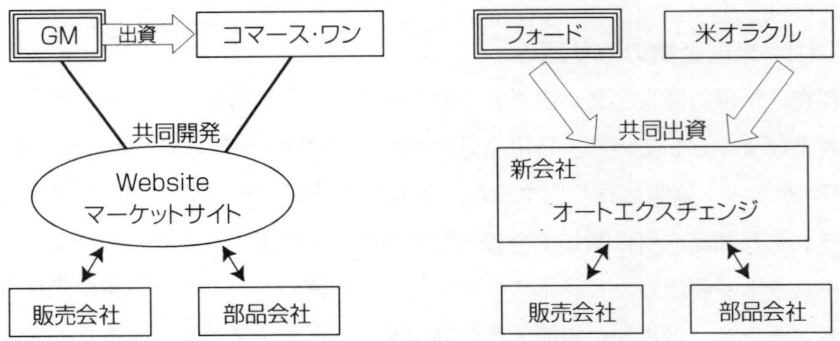

（注）　双方向矢印は，受発注，決済，競売などを意味する。
（資料）「日本経済新聞」1999年11月4日より作成。

図11－2のように，GMは企業向けネット取引の支援サービスを提供する「コマース・ワン」と，また，フォードはソフトウエア大手の「オラクル」と提携して自動車販売及び部品調達に関して電子商取引を実施するわけだが，デ

ジタルネットの利用により在庫を持たない「ネット（ウェッブ）・ジャスト・イン・タイム」方式の導入と見ることもできよう。

また，部品調達については，現在，両者の年間部品調達額はそれぞれ700億ドルから1,000億ドルに達している。この部品調達が，デジタルネット上で取引されることになれば，ネット上の競売を通じて世界中の部品メーカーが同じ土俵で競争を行うことになる。かつ，GMとフォードにとっては部品調達部門の人員削減に結びつくため，大きなコスト削減効果を生み出すこととなるのである。

(2) トヨタ自動車の取り組み

上述したような動きは，日系の自動車メーカーや部品メーカーにも波及していくことが予測される。特に，GM・フォードと取引関係を持つ部品メーカーにとっては，世界の部品大手メーカーとの厳しい価格競争へ突入することを意味している一方で，全ての部品メーカーに，新たな，そして巨大な商機をもたらすことをも意味しているのである。

実際すでに，トヨタ自動車が先述のインターネットを利用した部品調達システムをGMと共同利用することを検討している。トヨタ自動車としては，「地球規模の最適調達」を目指して，ネット上に散らばる世界中の部品メーカーとの取引関係を開始できるメリットがある。また，世界中の部品メーカーと随時，互いの情報を双方向でやり取りすることで，取引のスピードアップに繋がることも考えられる。

インターネットを利用した取引の進展は，完成車メーカーにとっては，最適な部品調達先を世界中から発掘し臨機応変に契約できるということで，これまでの日本的系列に基づく部品調達の姿を一変させる可能性がある。今後は，トヨタ自動車が部品調達先をネット上で選別する際，重視するのは価格の安さと相手先の技術力であって，これまでの系列関係の持つしがらみは考慮されないことであろう。

また，部品メーカー同士の競争が激しくなると同時に，部品メーカー同士の提携や共同作業が増えていくことも予測される。この一つの動きとしては，複数の部品メーカーが，あらかじめ複数の部品を組み立てた上で納入するモジュール（複合）化として現れるであろう。これは，補完的な部品を供給する部品メーカーにとって，自動車メーカー向けへの売り込み戦略といえよう。

2003年には，トヨタ自動車をはじめ日系自動車メーカーが国内で行う部品関連のネット取引は約17兆5,000億円に達すると予測されている[32)]。

図11―3　系列取引とネット取引

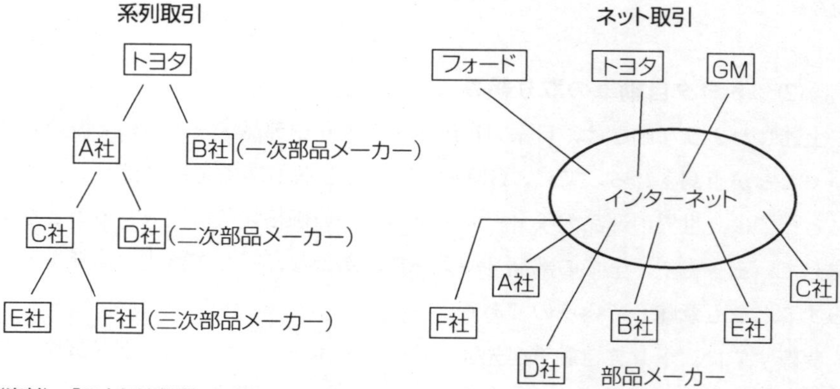

（資料）「日本経済新聞」1999年12月30日より作成。

6　おわりに

情報ネットワークの伸展は，個々の企業の生産効率を上昇させるばかりでなく，産業構造全体の分解と再構築を促し，その過程で従来とは全く異なる新たなビジネスチャンスを生み出しつつある。米国が1990年代前半の不況を克服したのは，情報ネットワークを活用した新しいビジネスモデルを積極的に構築した結果，数多くの有力なベンチャー企業が育つ一方，既存企業も成長分野へ経営資源を集中投下できたためとされている。

事実，1990年代を通じて米国のGDPに占める情報化投資の比率は一貫して上昇し1999年には３％近くに達している。こうした流れは，日本企業にも及んでおり，1994年までは落ち込んでいた我が国の情報化投資はその後反転し，1999年にはGDP比2.5%に達している。

確かに，新たなビジネススタイルの模索は端緒についたばかりである。しかし，GDPに対する情報化投資比率の高まりからも，日本企業が自らの生き残りを賭けて果敢な情報化投資を行い，新たなビジネスの芽を育てようと新時代に向けてスタートを切ったことは明らかである。そして，今後の企業経営を考える際には，大きな転換期だからこそ，それに相応しい大きなビジネスチャンスが用意されていることを先ずもって知っておくべきであろう。

(参考資料)

1)　0と1という2進法の数値が八つ並ぶこと（つまり8 bit）で1 byteになる。
2)　野口悠紀雄著『「超」整理法』中公新書，1994年，pp.105-118参照。
3)「グローバルスター」と呼ばれる衛星システムでは，高度1,414キロ・メートルに八個の衛星を配置し，「ゲートウエー」と呼ばれる地上部に設置されている設備とあわせ，肉声での通話のほか，データやFAXなども送ることができる。このカバー範囲は，海洋の一部や南極や北極の一部を除き，地球上の99.9%の人達が生活している地域を含んでいる。
{サイバートーク}「読売新聞」1998年1月14日。
4)「読売新聞夕刊」1998年1月13日。
5)「毎日新聞夕刊」1998年1月13日。
6) 各国の人口に関しては，総務庁統計局編『世界の統計1997』の数値を利用した。
7)　すでに，音声入力用のコンピューターソフトは販売されている。ただし，性能的には多くの改善すべき点が指摘されている。
8)　あくまでホームページを見に来た回数であって，人数を意味するものではない。実際の検索に関しては，立花隆著『インターネット探検』講談社，1996年，pp. 22-34参照。
9)　同上書，pp.6-7。
10)　伊藤洋一著『スピードの経済』日本経済新聞社，1997年，pp.108-109。
11)　同上書，pp.113-114。
12)「日本経済新聞」2000年1月5日。
13)　伊藤洋一著，前掲書，p.111。
14)　例えば，米国のインテル社の半導体売上額だけでも10億8,300万ドル（97年度）

に達している。「読売新聞」1998年1月16日。

15）「日経PC21」日経BP出版サービス，1998年1月，pp.58-61。

16）「SOHO」CYBIZ co.,ltd, Feb, 1988，p.20.

17）Anderson & Blackhurst, *Regional Integration and The Global Trading System,* Harvester Wheatsheaf, 1993，p.200.

18）*Ibid.* pp.204-206.

19）伊藤洋一著　前掲書　p.122。

20）坂口義弘著『小西六は富士を倒せるか』エール出版，1979年，pp.16-22。

21）小西六写真工業㈱社史編纂室編『写真とともに百年』小西六株式会社，1973年，pp.161-162。

22）Mainichi Daily News, Dec. 7，1997.

23）米国では1998年の企業間取引の市場規模が19兆5,000億円，2003年には165兆3,000億円に達する見通し。これに対して日本の企業間電子商取引の市場規模は1998年が8兆6,200億円，2003年でも68兆4,000億円の見通し。国内メーカーは専用回線による受発注データのやり取りに止まり，インターネットを利用した電子商取引はまだ実施していない。「日本経済新聞」1999年11月4日。

24）「日本経済新聞」1999年9月29日。

25）同上。

26）同上。

27）同上。

28）「日本経済新聞夕刊」1999年11月4日，他多数参照。

29）「日本経済新聞」1999年11月25日。

30）同上。

31）同上。

32）通産省とアンダーセン・コンサルティングの共同予測調査による。この調査に従えば，日本国内の企業間電子取引の総額は1998年の8兆6,200億円から2003年には68兆4,000億円へ拡大する。「日本経済新聞」1999年12月30日。

（加　藤　　巌）

第12章　市場機能を補完する第三の主体NPO

1　は じ め に

人が人間社会を構成し発展していく過程において，自給自足時代から物々交換時代を経て，貨幣経済へと移行してきたことは，歴史の示すところである。人間社会の飽くなき欲求は，さらなる利潤獲得経済へと発展し，市場開拓の範囲を広め，産業革命を期に新たな大企業の出現を伴い，さまざまな人間の努力が実って，成熟した市場経済社会において豊かな人間生活の営みを次々と実現してきた。

しかし一方では，人間社会は生活に必要な環境整備のほとんどを，企業や行政に委ねた結果，自ら担う仕事の大部分を放棄して，高度に発達した「企業セクター」や「行政セクター」に依存することになった。ところが，今日，高度成長化した人間社会は，産業構造の転換とその結果としての失業問題，都市の衰退，高齢化問題，資源問題，地球環境問題など，多くの深刻な問題を抱え，非常に困難な未来に直面している。そこで，一般市民の意識のなかにも，人間本来の「生きる価値」を求めようとする希求が盛んになり，反面，企業も本来の単なる利潤追求だけにとどまらず，人間社会が構築している社会制度の構成メンバーとして，その社会的責任を果たすことが不可避の条件となり，社会貢献への関心をはらわざるをえなくなった。

企業経営の理念と方法について，高い見識をもつP.F.ドラッカーはその著書『非営利企業の経営』(Managing the Nonprofit Organization) のなかで「アメリカ社会は，非営利企業を理解することなしには理解することはできない」として，「アメリカの成人の二人に一人は非営利機関で無償のスタッフとして，ごくあたりまえのように働いている」と述べている。同じようなことを，長年アメリカで数学やネットワークの研究を続けてきた金子郁容教授が，『ボランティア―もうひとつの情報社会』（岩波新書93年版）のなかでも，普通のサラリーマンが，利害を超えて社会生活のなかで奉仕活動を行っている実体が紹介されている。

NPOという言葉を新聞紙上などで見かけるようになり，日本国内に普及し始めたのは，少なくとも90年代に入ってからであるが，これが普及し始めると，比較的短期間のうちに一般にも受け入れられるようになった。

95年の阪神・淡路大震災でのボランティアの活動などが注目を集め，ボランティアに対する社会の見方も大きく変わってきたと思われる。そして，98年3月，NPOの活動を支援する特定非営利活動促進法（NPO法）が成立し，市民活動に法律上明確な位置づけがなされた。それによって，社会的な信頼感が増し，社会福祉制度においても具体的な期待が持てるようになった。

1999年9月19日付け地方紙の朝刊に次のような記事がでた。

「来年度導入の介護保険制度で救済されない64歳以下の難病患者の生活を支援しようと，福岡難病連絡会北九州支部と北九州市腎友会が無料ヘルプ事業に乗り出す。患者同士が福祉施策の隙間を埋めて助け合う全国初の試みで，非営利団体（NPO）の認可申請を済ませ，19日に“ホームヘルプ事業いきいき北九州”を設立。10月から炊事，洗濯，買い物などの派遣サービスを提供する」

この団体の患者は，大半が重い障害認定者で，在宅での生活支援を要する人が多いが，64歳以下は介護保険が適用されないため，北九州市がこの団体に事業を委託することになった。このようにNPO法成立をきっかけにして，市民主導による情報交換や連携が，今後ますます盛んになることが期待される。

こうした市民意識の高まりのなかで，利潤追求を目的とせず，社会貢献そのものを目的とした組織の重要性が増してきた。従来，これらの社会問題の解決には，善意の慈善家や篤志家の恩恵によるか，企業の社会支援を受けるか，あるいは行政の手腕に委ねることが多かった。しかし，いまや市民が求めている「人間的な行き届いたサービスの提供」には，行政や企業の善意だけでは限界があり，今までの「行政」と「企業」という二つのセクターに加えて，単にボランティアという個人的な意思による活動だけではなく，組織化された市民中心の「第3セクター」が必要ではないか，との考え方が芽生え，それによって市民自らが，主体的に生活を自分の手に取り戻そうと動き始めた。

こうしたことから，NPOへの期待は市民活動組織の間にも高まっており，世界的にもNPOを「第3のセクター」とする「新しい社会構造」が広まっている。そこで，特にこの章では，本来企業の経営共同体としての最終目的である利潤追求とは一見相矛盾するかにみえる非営利組織の経営体に触れ，将来への展望と課題に言及してみようと試みた。

2　NPOとは何か

かつて，日本が農村社会であって頃，協同労働の習慣として「ゆい」が存在していた。「ゆい」は「結ぶ」とか「結う」の語感から，結合・共同の意味を表わしているが，手間換えとか手間借りとかいわれ，自然発生的に農繁期には労働力を提供して協力し合う風習があった。これが農繁期だけでなく隣人の助け合いに発展し，貨幣経済の浸透や農業技術の進歩にともなって雇用労働化することにより，農作業の体系も変わったが，隣人同士の助け合いの姿は，形を変えて現代の社会福祉の精神に残っている。

また，一方では教会や寺院，病院などが中心となって広く社会福祉や学問の普及に貢献した役割も小さくない。NPOという言葉がアメリカで使われるようになり，その意義が重視されるようになったが，もともとアメリカは移民社会であり，フロンティア精神にもとづいて自由に利益を追求し，新しい市場を開拓して地域社会を自らの手で築き，自らの手で守っていく。そのために，単に国家から保護と規制を受けるだけでなく，自然発生的に助け合いの精神が市民活動として定着していった，と思われる。

NPO（Non−Profit Organization）は，民間非営利組織，民間公益団体と訳され，利他主義の観点に立って提供された寄付金や会費を主財源とし，ボランティア[1]を含む組織会員が，利潤追求を目的としないで社会貢献を行う組織である。イギリスではこれをボランティア組織とよび，アメリカでは民間の非営利組織をNPOとして一括し，各州法によって設立を認め，保健医療，社会福祉サービス，文化芸術部門までのあらゆる慈善活動や支援活動を含意している。

国際的に通用するNPOとしては，①会則を有し，代表者を持つ組織，②政府機関の一部でないこと，③利潤追求や利益分配をしないこと，④独立の意志決定権をもつ，⑤ボランタリーな要素をもつことを提唱している。この意味ではNGO（Non-Governmental Organization）とNPOとは同義と解されるが，NGOは，特に国連の場において，政府機関とは区別して，発展途上国の社会開発に従事している社会福祉団体，労働組合，女性団体，経営者団体，専門家集団，宗教団体などさまざまな分野と組織形態の協力民間団体を指していう。

ここで社会セクターを三つに区分すれば，第1セクターが政府，第2セクターが営利企業となり，第3セクターが非営利組織となる。この第3セクターは，市民団体・ボランティア団体・財団法人・社団法人・NPO法人などの公益法人によって構成され，行政からは相対的に独立した団体であり，ノンプロフィット・セクター，インデペンデント・セクターともいう。ただ，NPOを先述したように英語を直訳すると，非営利組織（営利を目的としない社会奉仕団体）となり，この第3セクター全体を指すことになるが，後述するNPO法が制定された後に認定された団体を指して，特にこれをNPO法人と呼ぶ説[2]もあり，意見の分かれるところである。

非営利組織（広義のNPO）の社会的役割は，まず第一に身近な地域社会から問題点やニーズを見つけ，それを当事者の観点から解決しようとする発掘者の役割，第二は，社会的ニーズの充足や問題解決に自分たちでできる範囲で立ち向かい，社会サービスの供給者になること，第三は，社会サービスを担うなかで，諸問題の背景や関連する問題を明確に社会に提起し，共有化することで解決の糸口となる資料収集を社会に呼びかけること，第四は，得られた社会からの情報や資源を活動の生産性と質的向上のために活用し，市民活動の継続と拡大を図ることである。

市民活動の社会的意義が強調される一方，行政が市民に対して，企業が株主に対して情報を公開し，報告を行う義務があるように，非営利組織もまた，活動内容や判断資料を関係者に公開し，報告・説明する義務を負うことはいうまでもない。本来，普通名詞としのアカウンタビリテイ（accountability）は，義務，責任，説明などと訳されるが，企業の会計用語として用いる場合は，企業は資本提供者に対して，提供された資本を有効に管理・運営するという受託責任（stewsrdship）を負い，この受託責任の一環として，とくに資本の管理・運営状態とその結果を報告するための責任を指す。

財務会計は，このような会計責任を遂行するための会計として存在するものであり，その会計責任は，資本提供者から資本を受託することによって発生し，その管理運営の結果として企業の手元に残る財産をその資本提供者（株主など）に返済することによってその目的が達成されるという。継続企業（going concern）の会計公準に立脚した企業会計においては，一会計期間における委託資本の運用状況とその結果を財務諸表に表示して，株主総会に提出して承認を得てその責任が解除されるのである。このことを民間団体としてのNPOにあてはめるならば，その団体を支えている寄付者や被援助者に対して，個々の会計責任や受託責任を負うのは当然である。

非営利組織の一つとして病院を例にあげると，まず病院の組織性としては，

① 人間の生命に関与しているために，倫理性・非営利的組織であり，聖職者の集団であること。

② 医療サービスが第一であるため，医療の効率性や生産性がなおざりになりがちである。

③ 医師以外の医療専門職の行為が医師法など法律上で医師の監督・指示が必要な医師中心の組織であること。

④ 主治医制度の存在により，院長の医師に対するトップ・ダウン方式の意志決定が困難であること。

⑤ 患者の発病は不確実であり，疾病は多種多様であるため，「多品種少量生産型」の経営形態を有すること。

⑥　高度専門職組織であるため，職業志向性が優先する。
⑦　アウトプット（診療成果）の定義と評価が困難である。
⑧　医療現場ではチーム医療が徹底しているため，相互依存的コミュニケーションが形成され，医師と関連企業との密接な協力が必要とされる。
⑨　医療行為は高度な技術を要するため，エンドレスの進歩のなかで，弾力的で柔軟な思考と判断力が必要である。
⑩　医療行為は緊急性を要する。
⑪　医療行為は常に適正でなければならず，曖昧さや誤りは許されないが，患者と医師との間で医療情報の乖離が見られる。
⑫　医師と医療関係機関においては，共同責任と役割混同の問題を生じさせる専門職能的権限の二重性がある。
⑬　医療行為は高度に専門分化されてくる。
⑭　主として医師の権限と指示によって病院組織の業務分担や業務量および費用が決定される。

ここでNPO法の成立について，若干触れておきたい。特定非営利活動促進法（NPO法）が1998年３月，国会で全員一致で可決されて成立し，12月１日から施行された。約３年にわたって市民団体と国会議員の有志の間で検討が続けられ，議員立法として成立したものである。阪神・淡路大震災における市民ボランティア活動などが法実現の強い引き金となったことはいうまでもない。

法人組織はその目的によって営利法人と公益法人に分けられ，公益法人は営利を目的とせず，宗教，慈善，学術など社会全体の利益を目的として設立された財団法人や社団法人を指し，前述した病院も医療法人として財団法人か社団法人[3)]の形態をとり，非営利の特殊性を考慮した経営上の利点を有するが，民法や特別法によって定められ，設立の認定に当たっては定款作成などの厳しい条件や，数千万の基金を要する。たとえば年間予算が１億数千万円を有する環境保護団体や，長い歴史を持つ消費者連盟なども法人格を取得することが困難なため，電話１本引くにもすべて個人名義となり，負債についても個人が責任を負わねばならない。

そこでNPO法は，そのような非営利組織にも法人格を取得できる道を開いたものである。つまり，ボランティア活動をはじめとする市民団体が，自由な社会貢献活動としての特定非営利活動の健全な発展を促進させ，公益の増進に寄与することを目的として成立したものであり，保険・医療・福祉の増進，社会教育，まちづくりの推進，文化・芸術・スポーツの振興，環境の保全，災害救援活動，地域安全活動，人権擁護と平和の促進，国際協力の活動，男女協同参画社会の促進，子供の健全育成などの活動を行う民間団体の運営・活動に関する連絡・助言・援助などを規定したものである。

具体的には，法の施行から3年以内に措置を講ずることになっており，税制上の優遇措置については今後の課題になっているため，現実的な効果については不明な点も見られるが，「官」でも「企業」でもない社会の機構要素を，国が認めざるを得なくなったところに重大な意味があるといえる。ただし，認証された団体は経済企画庁長官の監督下に入るので，市民運動の統制につながるという危惧の声もある。

3　NPOの必要性

わが国が後進の資本主義国家として明治以後，近代化・工業化・産業化をより効果的に進め，世界を相手に大きな戦争を二度も体験した後，今日では世界でトップクラスの経済大国になった。それを可能にしたのは国家の行政システムや財政システムと相まって，経済運営も国家主導で行われ，これに加えて企業が経済繁栄を押し進めてきたから，とも思われる。

しかし，このような日本型社会システムは，今大きな岐路に立たされており，中央集権的な社会のあり方から地方分散型の方向へ，また，国営から民営化へと変化させるべき時にきているといえる。さらに，人間社会を取り巻く社会環境は，高度成長期に特有な各工場から排出される膨大な産業廃棄物や，家庭から出るゴミのリサイクル問題，一方では高齢化にともなう支援活動，障害者救援活動，自然環境保護活動などさまざまな自主的市民活動が盛んに行われるようになり，一大転換期を迎えようとしている。

とりわけ，阪神･淡路大震災後の100万人を超える内外からのボランティア活動は，画期的な出来事として人々の脳裏に刻まれたことであった。同時に，このような市民活動をより効果的に遂行するためには，活動の内容をよく理解し，仕事を円滑に調整するリーダーや市民組織が必要なこともわかってきた。福祉事業一つをとっても，今までのように行政に依存するだけではなく，分権化するかあるいは民営化することによって，より効率的に動きやすくなるのではないかという考え方が広まった。特に社会福祉事業に対する関心が社会に広まるなか，平成５年に厚生省が示した「国民の社会福祉活動への参加基本方針」と，中央社会福祉協議会が同年７月に発表した「ボランティア活動の中長期的振興方策」では，ボランティア活動に対する意義付けや支援の原則，具体的なあり方について論じている。

その後，趣旨に基づいて広範囲なボランティア団体や市民活動団体が設立されて行った。それらの活動の振興にあたっては，あくまで市民中心的な参加型福祉活動であり，そのような社会活動は，行政から独立・分権化した社会にあっては市民の多様で多元的な価値観を許容し，同時に政府行政機関も多元化[4]，多様化した運営を行わなければならない。国と地方行政における集権と分権，公・民関係における集権と分権，そこに求められるのは，人間の尊厳を基調にした自他相互の扶助・支援関係であろう。

NPO法が議員立法によって成立し，にわかに法人格を得たかに見えたNPOであるが，わが国における歴史はそれほど新しくはない。かつて農村社会に「ゆい」という形で相互扶助の習慣が存在したことは前述したが，地域住民の環境や人権を侵されてやむにやまれず立ち上がった市民運動の歴史でもある。産業社会に入ってから生まれた初期の奉仕活動の担い手の多くは，地域の名士であり，このごくわずかな担い手から一般の人々へと広がって行くまでには時間を要した。我が国において，奉仕活動が一般的な形で始められたのは，ようやく1970年代入ってからのことで，これも一挙に進んだわけではなく，名士とその周辺の人々が少しずつ参加することで始まった。

この段階の奉仕活動の性格は，あくまで慈善型，奉仕型であり，その後奉仕する人と受ける人との双方向性や互酬性が意識されるボランティア活動が生まれるのは，1980年代になってからであった。その大きなきっかけが生まれたのが，1995年の阪神・淡路大震災や1997年の日本海重油流出事故におけるボランティア活動などであり，人々の間にボランティアという言葉が自然に出るようになり，市民社会の新しい勢力となってきた。またこのような災害支援活動だけでなく，市民の日常生活のなかにも，例えば障害者介護や高齢者の在宅ケア，地域文化の育成などのボランティアとして，営利を目的としない市民事業による活動の場が広がってきたのである。

このように奉仕活動あるいは市民活動[5)]が盛んになるに従って，現実問題として，人の善意による活動には限界があり，その活動を拒む原因も出始めた。例えば，障害者を支援する団体では，ボランティアはあくまで無償で行うものであるが，会費も予算も少なく，このまま続けるには資金が不足し，協同作業所を運営して行くにしても，善意の個人的な資力には限界があり，そのためにも法人化された市民団体の設立が強く望まる，といった事情である。

ボランティア活動は大きく分けると，生活支援型と災害救助型（生命維持型），平和・環境・文化・町作り型などになろうか。NPOという言葉は，ボランティア活動や市民活動に参加する人々にかぎらず，最近ようやく社会のあり方に関心を持つ人々の間にも知られるようになってきたが，これは前述したように1998年の通常国会において，議員立法として「特定非営利活動促進法」（NPO法）の成立によって法制化されたのをきっかけに急速に広まってきたのである。

そのことによって，NPO制度の中身でもあるボランティア活動を行う市民団体が，法人格を確保することによって社会的信頼度を増し，税法的にも優遇措置が得られ，支援活動の継続性や財政的な裏付けが可能となったのである。

さらにこのことが，これまでさまざまな形で社会に貢献してきた医療法人や学校法人，財団・社団法人，宗教法人などを含めた広義の非営利組織についても，すでにその法人の特殊性から，税法上の優遇措置や経営上の優遇策が講じられてきた。その経営上の問題点や倫理性などを含めて，今後のありかたを検討し，発展的に思考する良い機会になったものと思われる。

図12―１　多元社会における非営利組織の位置づけ

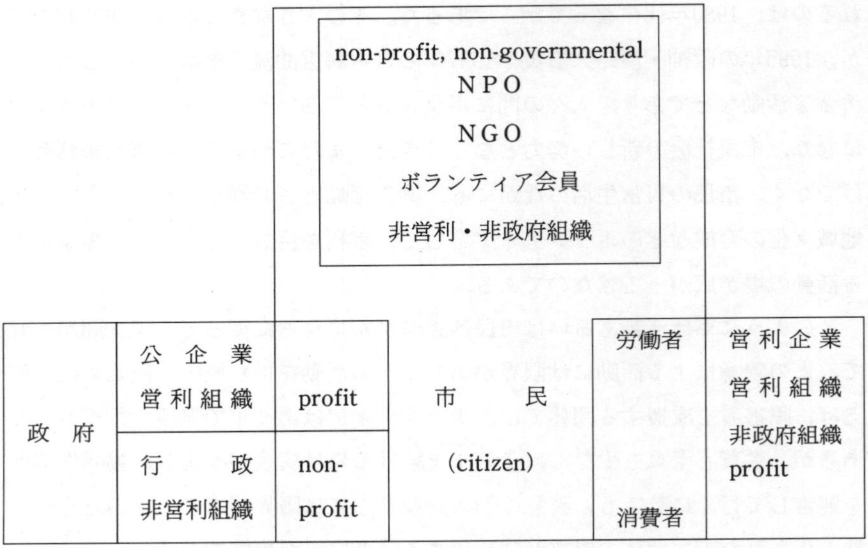

（出所）山岡義典著「NPO 基礎講座」ぎょうせい出版社，1997年。
島田　恒著「非営利組織のマネジメント」東洋経済新報社より引用一部修正。

4　マネジメントとミッション
―営利企業と非営利組織の共通性と異質性―

マネジメント[6)]は経営ないし管理，経営法あるいは経営管理とも表現されるが，経営学の基礎概念であり，これは営利企業における実務上の根本的な枠組みのなかで定義付けられるものであろう。すなわち，経営学の主要関心事は，いかによりよいマネジメントを行うかにあり，とりわけ伝統的な経営学においては，マネジメントのコンセプト[7)]の精緻化，機能の分析，原則の確立，技法の改善に取り組んできた。したがって，マネジメントとは人を通して目的達成（企業におけるそれは高利潤を獲得することが最終目的とされる）の合理的な方法といえる。

このことは，営利企業の組織，経営体に関わる普遍的事態であって，業種や規模のいかんにかかわらず，企業のトップはもちろんそれぞれの職場においてもマネジメントは存在するのであるが，非営利企業にとってもマネジメントは必要であろうかという疑問がある。マネジメントを単に営利企業にとっての最終目的である最大利益獲得の技術とのみ考えるならば，非営利企業にとっては無縁のものかもしれない。

しかし，非営利組織にとって必要なことは，社会に対する奉仕活動を行うという「使命」（ミッション[8)]）を果たすために，組織員が自ら自分たちの頭で考え，自分たちの足で動くことによって，組織の活動に必要な人や資源，資金，情報を自分たちで生産し，拡大していかねばならないことである。このことについて，ドラッカーは『非営利組織の経営』のなかで，次のようなことを述べている[9)]。

「非営利組織の事業内容が社会奉仕という倫理的なものであっても，具体的な追求の仕方はある一定の成果を出すものでなければならない。非営利組織にとって社会奉仕は正しいことだからという理由だけで，限られた資源を浪費するのではなく，成果が出るように資源を使い分ける義務がある」

非営利組織は，その組織に寄付をした人，会員，組織を利用する人（例えば介護保護を必要とする在宅老人），組織で働いているスタッフなどに対して，この義務を負うことになる。

ここで，改めて，ミッションについて言及してみよう。もともと，キリスト教のなかで，伝道するという宗教的使命感の意味に使われるが，今日では，営利企業にも企業目的としてミッションという言葉が使われるようになった。企業目的，企業目標は古くて新しい問題とよくいわれる。経済学の支配的立場では，企業目標は，利益または収益目標の極大化という形で単一化しているが，この利益極大化についても解釈が分かれており，一つ一つの取引における利益極大化もあり，一定期間における総収益と総費用の差額，つまり期間計算における利益の極大化もある。一般には，期間利益とそれを得るために投下された資本の関係を収益性とよび，最小の資本で最大の利益を上げることを目標としている。

しかし，最近の経営学の動きとして注目されるドラッカーの説によれば，企業には顧客の創造という究極の目的はあるものの，利益が企業にとっての最終目的ではないことを強調し，企業の種類，経済状態，規模に関係なく，次の事項を挙げている。

(1)　市場の地位を高める。
(2)　イノベーション[10)]の導入。
(3)　生産性と付加価値を高める。
(4)　物的・財務的資源の開発。
(5)　収益性を高める。
(6)　経営・管理者の業績と育成を図る。
(7)　従業員の業績と態度の向上を図る。
(8)　社会的責任を果たす。

紙面の関係で詳細は省くが，ドラッカーはイノベーション実現の機会について，次のような指摘をしている。

(1)　予期せぬこととして，予期せぬ失敗もイノベーションの機会として重要である。
(2)　業績上のギャップや現実と認識のギャップもイノベーションの機会になる。
(3)　ニーズの存在として日本車の例がある。道路の不備は標識によって補われる。複雑な交差点でも事故を比較的少なくしてくれるこの小さなイノベーションは，ニーズのおかげである。
(4)　産業構造の変化については，一夜で変わることもある。市場への取り組み，市場の定義の仕方，組織のあり方など，つねに新しいものに目を向けねばならない。
(5)　人口構造の変化については，日本のロボットの例があり，これは人口構造の変化にいち早く気づいて，日本はロボットの導入によって他の先進国より遙かに先行した。
(6)　認識の変化については，コンピューターの例がある。かつて，コンピューターが大会社だけのものであったのが，今日では，そこで働く労働者の所得税計算に使われている。

(7) 新しい知識の獲得として，知識によるイノベーションを管理することは難しいが，これは決して不可能ではない。

知識によってイノベーションを成功させるためには，そのイノベーションに必要な知識そのものについて分析することが必要となり，これが起業家精神につながっていくと解く。さしずめ，ドラッカーが述べているこのイノベーションの考え方は，非営利組織の管理・運営上にも合い通じるものがある。

5　非営利企業のマーケティング

マーケティング[11)]は，一般に営利企業の立場で，生産者から消費者の隔離を橋渡しし，調整を図る手段であり，商品の生産から販売，サービスに至る一切の企業活動の総称である。また，AMA（American Marketing Association）の定義委員会が，1995年に設定した定義によると「マーケティングとは，個人及び組織の目標を達成する交換を創出するためのアイデア，財産，サービスの構想（ないしは概念化），価格設定，プロモーション，流通を計画し，実施することの過程である」としている。このことは，営利企業ばかりでなく，非営利組織（学校，病院，市民活動を行う諸団体，官公庁）や個人もマーケティングの主体となり，財貨やサービスのほかアイデアもその対象となり，また交換をマーケティングの中心におくことによって，計画と実施の過程を重視するという現代的広範囲な定義となっている。

とはいえ，やはり経営用語として定着している，マーケティング戦略なりマーケティング・リサーチなどの語感から，競争に打ち勝つとか，いかにして商品市場を引き込んで，獲得に結びつけるかといった営利目的の手段として調査し使用されるものであり，むしろ非営利組織にあっては受益者に届かないマーケティング活動に，善意による貴重な財産を消費することは許されないというイメージが強いのではなかろうか。そこで，本来の営利企業におけるマーケティングについて考察しながら，はたして非営利組織にとってのマーケティングがありうるのか，また，実際に必要なのかを探ってみよう。

現代の経済社会にあって，大量生産が進み，供給が需要を上回ってくると，営利企業にとっては，いかにして顧客が買ってくれる物を見い出し，それを生産し，市場を獲得するかという視点に立たねばならない。このことを怠れば，たちまちにして売れ残り商品の山ができるのである。大量生産を成し遂げたアメリカで，マーケティングが発展していったのは，至極当然であり，それによって，アメリカは大量生産を大量消費につなげ，営利企業の成功が経済発展に寄与したといえる。

さて，このことを非営利組織に当てはめたとき，どうなるであろうか。マーケティングは，組織の目的実現の基本的機能であることは否定できないが，非営利組織にあっては，組織の目的としての使命（ミッション）があり，このミッションを進展させるための機能をマーケティングに求めることはできないであろうか。

非営利組織は，受益者（例えば，病院の患者や介護保護を受ける対象の在宅老人など）のニーズを見て，自らの使命（ミッション）と一体化して行く，つまり受益者の志向に合わせたマーケティングであるべきではないか。非営利組織にとっては，もともと営利が目的ではないという前提である以上，受益者の立場を考えて，そのニーズに応えようとするところに原点があると思われる。このことについて，ドラッカーも，この受益者のことを営利企業用語の顧客という言葉を使って説明している。例えば，私立学校にとって，学生は受益者であり，病院にとっては患者が受益者である以上，学校には学校なりのミッション，病院は病院のミッションを確立し，魅力ある組織として，教師や医師の環境を整備してこそ，真の意味の社会貢献が可能になる，ということである。

次に，マーケティング戦略について簡単に述べておこう。やはり，戦略という言葉から，営利企業が経済市場で生き残るための戦略というイメージが強いが，ドラッカーはこれについても，ミッションそのものに対して，

(1)　われわれの事業は何か。

(2)　われわれの事業はどうなるのか。

(3)　われわれの事業はどうあるべきか。

と問いかけている。(1)は事業の内容，現状理解であり，(2)は組織を取り巻く内外の環境変化に対する予測，(3)は組織独自の将来を設計し，いかにすれば卓越した存在になりうるかということであろうか[12)]。また，戦術という言葉をとっても，戦略を効果的に実現するための手段であり，戦略は戦争用語で，戦争における総合的な全局面にわたる兵力運用の方策を指し，最終目標（企業であれば市場獲得）を達成するための長期的策略をいい，戦術は，この戦略を効果的に実現するための手段とされる。

このことをそのまま非営利組織に当てはめることは困難かもしれないが，ミッションに基づく目標達成とみれば，受益者のニーズ・欲求に応じたミッションを実現することである。経営に必要な資源の吸引力を強める効果に利用し，組織を活性化することによって，さらに受益者によりよい効果を与え，社会参加への意欲を増すことにもつながっていくものと思われる。

営利企業にとってのマーケティングは，厳しい市場競争のなかで生まれたものである以上，顧客志向の原点に立っていることはいうまでもないが，非営利組織は，あくまでも営利を目的としない立場にあり，そこに自ずから非営利組織としてのミッションの上に立ったマーケティングが存在しなければならない。営利企業のような営利決算の結果を示す財務諸表だけでは，真の評価は得られ

図12―2　非営利組織の二重システム

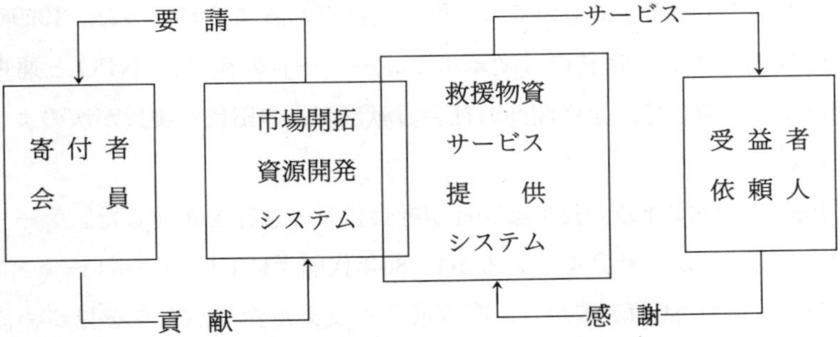

（出所）島田　恒著『非営利組織のマネジメント』東洋経済新報社より，参照して一部修正した。

ない。さらに，営利企業が物（財貨）に重点を置いたマーケティングあるならば，非営利組織のそれは人間が中心であり，非営利組織のマーケティングの対象は，営利企業における金銭による企業と顧客間の単なるギブ・アンド・テークではない。経済的・精神的サービスの提供に対して受益者からは感謝やお礼といった無償の満足が返還されることが多いということを前提として，営利企業のような純市場志向ではない。このことを付け加えておきたい。

6　む　す　び―これからの展望と課題―

市場経済社会は生産と消費を分離し，営利企業が市場獲得，利潤追求を最大目的として掲げ，そこにマネジメントが生まれ，マーケティングの発達を促し，結果としてそのことが市民生活を豊かにし，社会の発展に寄与した。このことを否定はできない。しかし，いまや，物質的に恵まれすぎた人間社会にあって，非営利組織を中心とした市民活動が盛んになるにつれ，消費者が生産者をコントロールするとともに，生産・サービスの担い手となり，人間優先の視点から再編成されようとしている。さらにこのことはコミュニティ（地域社会，市民団体）の存在を重視することにつながり，多数の非営利組織が自己の使命を実現するためのマネジメントを確立しようと努力を重ねることによって，今までの合理主義一辺倒になりがちな営利企業への大きな警告にもなるのではないだろうか。

最近，新聞でもNPOについてよく取り上げられるようになった。1999年12月10日付け朝日新聞の朝刊の［変革のサポーター］の欄で，「NPOと連携し価値創造を」と題して，元経団連の社会貢献部課長の田代正美氏が次のように語っている。

「1998年に経団連の会員企業50社が社会貢献の意味を議論した。テーマは「会社を変えるか，社会を変えるか」。80年代前半にCI（コーポレート・アイデンティティー[13]）活動が広がり，高度成長を支えた企業が自らを見つめ直そうとしたが，社名や，ロゴ[14]を変える程度に終わっていた。変わらなければという閉そく感が企業社会にあり，海外進出企業は，「地域」に協力しないと受け入れられない現実に触れた。新人類が入社し，「会社人間からの脱皮」が叫ばれ始めて，利益追求だけではだめだという意識が広がった。経団連は80年，利益の1％を社会に還元しようという「1％クラブ」を提案した。90年代の特徴はNPOとのつき合いが始まり，社員のボランティア参加を含め会社全体で取り組むことになったことである。制度だけ作って満足するケースやマンネリ化もみられたが，工夫を凝らした自主企画も出てきた。21世紀の社会貢献は，「会社の変革」から一歩進んで，「新しい社会の価値」の創造に企業がどうかかわるかがカギになるだろう。NPOとの関係作りが不可欠だ」

1998年12月に「NPO法」が施行され，福祉，災害救援，スポーツ，教育，文化などに支援する活動団体に都道府県や経済企画庁が法人格を与え，1999年11月末現在ですでに1,005の団体が法人格を取得し，そのなかには，退職後仲間を募ってわずか10人足らずで発足し，家屋の修理や老人の相談に応じる事業を始めた福岡の団体や，介護保護を中心に，病院とタイアップして援助活動を行っている北九州の団体など，各地でさまざまな活躍が展開され，NPO・社会貢献活動を促進する条例を制定した地方自治体も出てきた。

各都道府県は収益事業をしないNPOの法人住民税の減税に踏み切った。政府の緊急雇用対策では，NPOに一部行政事業を委託し，雇用を創出する方針が「国策」として盛り込まれた。しかし一方では，NPO法人が認定されたといっても，申請の形が整っていれば簡単に認定されるという便宜性がある反面，必ずしも国や都道府県の「お墨付き」がついたわけではないので，アメリカなどのように事業評価のシステムを作って，貢献度の参考にするなどの試みも始まったばかりである。「ボランティア元年」といわれてから5年が過ぎようとしている。はたしてこれから，行政や企業に頼り切らない市民団体もしくは市民社会が，本当に生まれるのだろうかという疑問がある。

「NPOが，行政や企業ではできなかった良質の公共サービスすべてを提供できるという期待は過酷すぎる」との大阪大学の山内助教授の見解（朝日新聞

1999年12月1日朝刊より）があるが，従来の日本の縦割り型，中央集権型の社会を変革していく活力になるとの期待もある。これからは，行政，営利企業，非営利組織それぞれが自らの特色を生かし，相互に補完し，影響し合って，人間本来のバランスのとれた社会を形成していくことが大きな課題であろう。

筆者も現在，ささやかながら小さな町のボランティア活動の一環として，障害者も楽しく出かけられる町づくりをめざして，「福祉マップ作成実行委員会」の仕事に携わっている。限られた少ない予算で果たしてどれだけの効果があるかわからない。ドラッカーのいう「ここでは，自分は何をしているのか，自分はコミュニティの一員として社会に貢献しているのか」という実感はまだないが，2000年3月完成予定の「福祉マップ」がいささかなりとも小さな地域社会に貢献できることを楽しみにして，アンケートの集約から編集に取りかかる計画である。

「ニコマコス倫理学[15)]」でアリストテレスは，見返りを期待しない行為について次にように述べている。

「あらゆる，ないしはたいがいの人々は，うるわしいことがらを願いはしても，やはり有利なことがらに傾きやすい。報償を受けることを当てにしないで友によくすることはうるわしいことがらなのではあるが，善を施されるということは有利なことがらに属している。それのできる人は，だから，自分の受けた値だけのものを返却しなくてはならない。それも自ら進んでしなくてはならない。けだし，人は相手がそれを好まないのにその友人になることは避けなくてはならぬ。(第8巻，第13章。高田三郎訳，岩波文庫)。

つまり，人は，見返りを期待しない行為をしたいと思いながら，実際には自分の得になることを選びがちであり，逆に，人は相手に麗しい行為をしてもらうことを期待しないで，もらったぶんは返礼すべきであるといっている。この言葉は，経営学を学ぶ者にとって，一見無関係にも思えるが，物質的な豊かさにあふれた現代社会にあって，真の豊かさとは何かについて，改めて問いかけ，警告を発しているのではあるまいか。

（参考文献）

個々に参考資料として引用したもの，しなかったものが多数にのぼるが，下記の文献に多大に負っている。

ボランティア活動研究会編『全国ボランティア　グループガイド』1998年。
金子郁容著『ボランティア　もうひとつの情報社会』岩波新書，1993年。
中江章浩著『日本のNPOシステム』厚生省国立医療・病院管理研究所，エヌピー通信社，1998年。
大内俊一・小松浩一共著『福祉ビジネス　見えてきた巨大マーケット』日本評論社，1999年。
『NPOとまちづくり』建設省政策課　推薦，風土社，1997年。
『月間福祉』全国社会福祉協議会出版部全編，1998年8月号。
田中尚輝著『ボランティアの時代（NPOが社会を変える）』（NPOサポートセンター事務局長），岩波書店，1998年。
『コミュニティ財団のすべて』財団法人大阪コミュニティ財団編，1997年。
M. マグレガー，S. ジェイムス，D. ケイターJ. ジェランド共著『ボランティア・ガイドブック』大阪ボランティア協会監修，誠信書房，1998年。
澤登信子・細内信孝・田中尚輝共著『市民起業』日本短波放送，1999年。
C.I. バーナード著，山本安次郎他訳『新訳　経営者の役割』ダイヤモンド社，1999年。
島田　恒著『非営利組織のマネージメント（使命・責任・成果）』東洋経済新報社，1999年。
P.F. ドラッカー著，上田惇生訳『非営利組織の経営』ダイヤモンド社，1998年。
P.F. ドラッカー著，上田惇生他訳『すでに起こった未来』ダイヤモンド社，1997年。
P.F. ドラッカー著，上田惇生他訳『未来企業―生き残る組織の条件―』ダイヤモンド社，1997年。
P.F. ドラッカー著，上田惇生他訳『P.Fドラッカー経営論集』ダイアモンド社，1998年。
二神恭一編著『ビジネス・経営学辞典』中央経済社，1999年。
井沢良智他共著『現代企業と経営』創成社社，1998年。
宮本康夫著『第3セクター経営路理論と実務』ぎょうせい，1998年。
太田昭和監査法人　公会計本部編『第3セクターの経営』中央経済社，1997年。
泰　辰也著『ボランティアの考え方』岩波書店，1998年。

（矢 野 富 夫）

事 項 索 引

【き】

【く】

【け】

【こ】

【さ】

【し】

【す】

【せ】

【そ】

【た】

人 名 索 引

著者略歴（執筆順）

井沢良智—1938年長崎県生まれ，1961年京都大学法学部卒業
現在九州産業大学経営学部教授，**（専攻）** 国際経営論，多国籍企業論，経営戦略論
（著書・論文）『共生と自助—棲み分け経営の研究』（中央経済社，1990）『国際経営概論』（創成社，1993）『日本企業グローバル化の構図』（学文社，1996）ほか

加藤　巌—1965年大阪府生まれ，1989年中央大学経済学部卒業，1995年福岡大学大学院経済学研究科博士後期課程満期退学，
現在中京学院大学経営学部専任講師，**（専攻）** 産業組織論，企業立地論
（著者・論文）『九州企業の国際経営戦略の実態調査』（共著，九州生産性本部，1991），「都市開発における土地の有効利用及び商業不動産の価値に関する考察」（日本経済政策学会編『経済発展と制度転換—21世紀に向けての日本の進路』勁草書房，1997）ほか

井上善海—1954年佐賀県生まれ，1979年神奈川大学法学部卒業，1998年福岡大学大学院商学研究科博士後期課程満期退学，
現在九州情報大学経営情報学部専任講師，**（専攻）** 経営戦略論，中小企業論，
（著書・論文）『経営計画ここがポイント』（経林書房，1994）「ミッションマネジメントと中小企業」（九州情報大学学術研究所『研究編集』第1巻第1号，1999）「戦略ビジョン策定のための諸課題」（同上第2巻第1号，2000）ほか

杉原英夫—1938年福岡県生まれ，1964年久留米大学商学部卒業，
現在九州共立大学経済学部教授，**（専攻）** 労務管理論，経営管理論
（著書・論文）『現代の企業経営』（共著，白桃書房，1990）『現代企業の経営戦略』（共著，同文舘，1992）『現代企業と経営』（共著，創成社，1994）ほか

大場敏男—1932年福岡県生まれ，1955年長崎大学経済学部卒業
元東海大学福岡短期大学教授，**（専攻）** 経営倫理論，財務管理論，会計学
（著書・論文）『現代企業と経営』（共著，創成社，1994）『現代簿記概説』（共著，税務経理協会，1999）「複式簿記の構造について—江州中井家帳合法を基点として」（東海大学短期大学紀要第27号，東海大学出版会，1993）ほか

矢野富夫—1934年熊本県生まれ，1956年大分大学経済学部卒業
東筑紫短期大学他にて非常勤講師，**（専攻）** 簿記会計，企業経営論，消費者行動論
（著書・論文）「財務管理の実態」（福岡県高等学校商業教育研究第13号，1965）「電子計算機を利用した財務諸表分析」（福岡県教育センター紀要，1975）「簿記会計学習上の問題点」（福岡県高等学校商業教育研究第15号，1977）ほか

平成12年4月10日　初版第1刷発行

転換期の日本企業
—その適応の戦略と管理—

編著者	井沢良智 杉原英夫
発行者	大坪嘉春
写植	システムワールド㈱
印刷所	税経印刷株式会社
製本所	株式会社三森製本所

発行所　東京都新宿区下落合2丁目5番13号　株式会社 税務経理協会

郵便番号 161-0033　振替 00190-2-187408　電話 (03) 3953-3301 (編集部)
FAX (03) 3565-3391　(03) 3953-3325 (営業部)
URL http://www.zeikei.co.jp/
乱丁・落丁の場合はお取り替えいたします。

Printed in Japan

ISBN4-419-03556-0　C1034